AD 2/80

Josef Mühlberger
Berühmte und berüchtigte Frauen

Josef Mühlberger

Berühmte und berüchtigte Frauen

Bechtle

Im Medaillon des Schutzumschlags ist Beatrice Cenci
nach einem Gemälde von Guido Reni dargestellt.
Foto: Süddeutscher Verlag, Bilderdienst, München

© 1979 Bechtle Verlag, Esslingen am Neckar
Alle Rechte vorbehalten
Umschlaggestaltung: Christel Aumann
Gesamtherstellung: Druckerei Auer, Donauwörth
Printed in Germany 1979
ISBN 3-7628-0390-0

Inhaltsverzeichnis

Vorwort

Es heißt, daß die besten Frauen jene sind, von denen am wenigsten gesprochen wird. Hier wird von Frauen berichtet, über die seit tausend Jahren gesprochen wird. Es verlockt, sie in die Erinnerung zurückzurufen.

Es geht um das Schicksal von zehn Frauen, die dadurch, daß sie berüchtigt waren, berühmt wurden. Frauen, die von zerstörenden Leidenschaften bewegt waren, durch die sie selbst zerstört wurden. Unbeherrschte Gefühle – Habgier, Herrschsucht, Rache und sinnliche Liebe – treiben auf schwindelerregende Höhen und stürzen in Abgründe.

Die Frauen lebten in einer dahingegangenen Zeit, die sich dennoch immer wieder begibt wie die menschlichen Leidenschaften, hier das Ewig-Unmenschliche auch im Ewig-Weibliche.

Die zeitlich Näherstehenden treten an den Anfang, um von ihnen zu Frauen in entlegenen Epochen zu führen: von der Königin Christine von Schweden im 17. Jahrhundert zurück zur merowingischen Fredegunde im 6. Jahrhundert und zu drei Griechinnen, die byzantinische Kaiserinnen wurden.

Auch die Länder und Städte, in denen die Frauen lebten, sind weit gespannt: von Stockholm über Rom und Paris nach Neapel, Venedig, Konstantinopel und Jerusalem. Wie die Örtlichkeiten wird auch der jeweilige geschichtliche Hintergrund gegenwärtig als Bühne des großen Welttheaters, auf der die Frauen agieren.

Zeiten und Orte sind verschieden; mit ihnen ändert sich die Form der Darstellung; dazu kommt, daß die Gestalten aus der näherliegenden Zeit durch Überlieferungen

und Quellen bekannter sind als die aus ferneren Jahrhunderten.
Die Handschrift dieses Buches wurde im Winter 1977 auf 1978 abgeschlossen.

Josef Mühlberger
Dezember 1978

Königin Christine von Schweden

Discordia concors

»Es war einmal eine Königin. Sie war eine mächtige Königin, denn sie herrschte über Schweden, Goten und Vandalen. Diese Königin legte, als sie noch jung war, ihre Krone und ihren ererbten Glauben ab und zog nach Rom.«

So könnte die Geschichte der Königin Christine von Schweden beginnen, wenn man sie als Märchen erzählen wollte. Es würde ein buntes, ein verworrenes und auch böses Märchen.

Die Lebensgeschichte Christines von Schweden bestürzt in einem Maße, daß man zu verzweifeln beginnt. Und nicht nur die Geschichte dieser Frau, sondern auch die der Menschen und Vorgänge an Fürstenhöfen, in königlichen Residenzen und im Vatikan, wohin der abenteuerliche Lebensweg Christines führte. Die Geschichte einer Epoche wird stellvertretend für die Geschichte der Menschheit: Unsinn, Wahnsinn, Irrsinn, denen nachträglich ein Sinn zugeschrieben und angedichtet wird; fern dem, was der Mensch als Vernunft bezeichnet. Ist sie nicht nur eine Erfindung, die der Mensch für sich in Anspruch nimmt? Aus der Lebensgeschichte jener Königin, ihrer Umwelt und Zeit drängen sich nicht nur Zweifel, sondern schon Verzweiflung auf: »Menschentum ist ein Verkehrtes . . .«

Uns will scheinen, der Baum, der vor unserem Fenster wächst, die Schwalbe, die unterm Dach unseres Hauses nistet, selbst der Stein der Schwelle vor unserer Haustür, über den wir täglich schreiten, lebe aus Besserem als aus dem, was der Mensch sich als Vernunft zuspricht.

Auch die Epoche: Pathetik bis zur Wucherung, in ihren

Äußerungen auf Überschwang und pompöse Wirkung bedacht – Bernini, Marino. Jacob Burckhardt spricht von einer »unerhörten Vielartigkeit des Lebens«, vielartig und labyrinthisch in der Politik, in den Seelen. »Von einem hohen und fernen Standpunkt aus, wie der des Historikers sein soll, klingen Glocken zusammen schön, ob sie in der Nähe disharmonieren oder nicht: Discordia concors.«

Versuchen wir, diesen Standpunkt zu erreichen, den Zusammenklang aus der Disharmonie herauszuhören.

Eine vorläufige Porträtskizze

Als Christine in einer Winternacht des Jahres 1626 in Stockholm geboren wurde, war ihr Vater Gustav II. Adolf wie fast immer in kriegerische Auseinandersetzungen verwickelt. Kriegsgeschrei und Waffenlärm umgaben Christines Geburt und Kindheit.

Christine ist nicht nur das Kind eines vielgerühmten Vaters, obwohl es durch ihn so geprägt wurde, daß die Mutter meist übersehen wird, aber Christine ist in ihrer verwirrenden Eigenart zugleich das Kind dieser Mutter. Marie Eleonore, Prinzessin von Braunschweig, war eine derart ruhelose und überspannte Frau, daß der König befahl, sie von der Erziehung des Kindes und von allen Regierungsgeschäften fernzuhalten. Er hätte das nicht befehlen müssen. Die Mutter, die schon zwei Mädchen geboren und verloren hatte und sehnlichst einen Knaben erwartete, konnte die unerwünschte Christine nicht leiden und kümmerte sich nicht um sie. So wuchs sie, nur von Fremden betreut, ohne Mutter auf, aber auch ohne Vater, der ständig in irgendeinem Lande, zumeist in Deutschland, Krieg führte.

Christine wurde am 8. Dezember alten Stils geboren. So heftig war die Abneigung der schwedischen Lutheraner gegen alles Päpstliche, daß sie den von Gregor VIII. eingeführten neuen Kalender nicht angenommen hatten; nach diesem wäre der Geburtstag Christines der 18. Dezember.

Das Kind war bei seiner Geburt am ganzen Körper behaart; man wußte nicht recht, was aus dem Neugeborenen werden würde, Knabe oder Mädchen. Hatte sich die Natur geirrt?

Das konnte nie in Erfahrung gebracht werden, man blieb auf Symptome im Verhalten Christines angewiesen. Ihre Vorliebe für Männerkleidung tat das Ihre dazu, über ihr Geschlecht zu rätseln. Als sie in Rom, einmal ausnahmsweise in Frauenkleidung, vom Pferd fiel, soll sie den Rock hochgezogen und die Gaffenden aufgefordert haben, sich nicht zu schämen und ja genau hinzusehen, um sich davon zu überzeugen, daß sie kein Hermaphrodit sei – das nämlich hatte sich herumgesprochen. Offenbar war dem Papst auch davon berichtet worden, sie gäbe sich mit Dienstmädchen ab. Andererseits haßte sie die Damen ihres Standes – auch ihre Mutter hatte sie nicht geliebt – und fühlte sich nur in Männergesellschaft wohl.

Einer ihrer Geliebten soll der Marchese Giovanni Monaldeschi gewesen sein; als ihr zugetragen wurde, er betrüge sie, ließ sie sein Gepäck durchsuchen, und es wurden Abschriften von Briefen an seine Freundin gefunden, in denen der Marchese von seinem Abscheu gegen den »fantasque corps« der Königin und von ihren »Gebrechen« schrieb. Was damit gemeint war, erfahren wir nicht. (Christine ließ Monaldeschi wegen seiner Untreue oder Indiskretion ermorden.)

Einmal versuchte die junge Königin zum Entsetzen des Generals Wrangel, eine Truppeneinheit zu kommandieren. Sie war eine Verehrerin des französischen Feldherrn Condé. Im Alter bedauerte sie, nie eine Schlacht geführt zu haben. Sprach daraus die Tochter des kriegerischen Vaters? Aber ihn achtete sie geringer als die großen griechischen und römischen Feldherrn. Ihre martialische Neigung befriedigte sie dadurch, daß sie einige Male mit ihren eigenen Soldaten einen Kleinkrieg inszenierte und ihre männlichen und weiblichen Dienstboten mit dem Stock verprügelte oder mit Fäusten malträtierte.

Ein anschaulicher Bericht aus dem Geheimarchiv des Vatikans fügt einige Züge hinzu: »Die Königin von Schweden ist klein von Gestalt und hat eine geräumige Stirn und große, klare und freundliche Augen. Ihre Nase ist schmal und adlerförmig gebogen. Ihre Stimme, ihre Art zu sprechen, ihre Gangart und ihre Gesten sind durchaus männlich. Sie reitet wie ein Husar. Man möchte glauben, sie sei ein Mann, bis man sie aus der Nähe sieht. Wenn sie ausreitet, trägt sie einen Hut und Mantel nach spanischer Mode, und man erkennt erst an ihrem langen Kleid, daß sie eine Frau ist. Sie reitet Galopp, ohne die Füße in die Steigbügel zu setzen, und niemand vermag ihr zu folgen.«
Das sind, auch im äußeren Aussehen, vom Vater ererbte Eigenschaften, »Ihr Reitkostüm ist so gewöhnlich, daß es nicht einmal fünf Goldscudi gekostet haben kann. Sie trägt sogar bei Hofe ganz gewöhnliche Kleidung. Auch trägt sie niemals Schmuck, nur einen Ring. Ihr Hemd ist von all ihrer vielen Schreiberei häufig von Tinte befleckt und zuweilen auch zerrissen und ausgefranst. Wenn man ihr nahelegt, sie solle sich etwas mehr pflegen, antwortet sie, das sei für Leute, die nichts zu tun haben.«
Sie war also eine Schlampe. In ihren Regierungsgeschäften hingegen war sie überfleißig und pedantisch. Ihr Eifer hielt nicht an und wechselte sprunghaft das Ziel. Nur ihrer Beschäftigung mit den Wissenschaften oblag sie von Kind an bis ins hohe Alter eifrig und regelmäßig. –
Eine sorgfältige oder gar liebevolle Erziehung war dem mutter- und vaterlosen Kind nicht zuteil geworden. Es gab seltsame Unfälle, bei denen sie nur knapp mit dem Leben davonkam. Einmal fiel ein Balken aus der Decke neben ihr Bettchen und verletzte sie so, daß sie eine hohe Schulter behielt, was sie durch geschickte Kleidung zu verbergen versuchte. Sie war oft krank, wie auch später

im Leben, was durch ihre nachlässige Lebensweise verursacht wurde.

Ihr Erzieher und Hofmeister war Axel Bauer, mit dem König Gustav Adolf so vertraut war, daß er ihn bei sich schlafen ließ. Axel Bauer war körperlich gewandt; Christine lernte bei ihm vortrefflich reiten, wurde von ihm wie ein Knabe erzogen. Der reizbare und heftige Mann sprach dem Wein zu; vielleicht hatte Christine deswegen eine Abneigung dagegen, so daß sie nur Wasser trank. Axel Bauer war wie die meisten Vornehmen ungebildet, aber der Kanzler legte Wert auf eine gründliche wissenschaftliche Erziehung Christines. Sie war so lernbegierig, daß sie nur fünf Stunden schlief; sie las unglaublich viel, obwohl sie schlecht sah. In kürzester Zeit erlernte sie eine neue Sprache. Sie konnte die griechischen Tragiker in der Ursprache lesen, das Französische und Italienische beherrschte sie, als seien sie ihre Muttersprache. Sie beschäftigte sich mit den verschiedensten Wissenschaften, mit Geschichte, Mathematik und Astronomie, es schien nichts zu geben, wofür sie nicht Interesse gehabt hätte. Sie versuchte auch in den verschiedenen Religionen Wesen und Zusammenhänge zu ergründen. Sie hatte ein phänomenales Gedächtnis.

»Jeden Vormittag widmet sie sich den öffentlichen Angelegenheiten und wohnt jeden Tag dem Kronrat bei und tat dies auch, als sie einmal sechzehn Tage lang hohes Fieber hatte. Sie empfängt die Botschaften der gekrönten Häupter und antwortet ihnen auch allein. Heerführer, deren Waffengewalt Deutschland in Schrecken versetzt hat, zittern vor ihr. Sie ist zu einer solchen Frau aufgewachsen, daß sie in einem freien Königreich gänzlich frei geblieben ist. Sie liebt alle Völker, und in jedermann liebt sie das Gute und nichts sonst; sie sagt, es gäbe nur zwei

Arten von Menschen in der Welt: anständige Menschen und bösartige Menschen.«

Dieses zeitgenössische Urteil schmeichelt der jungen Königin. Ihr Verhalten widerspricht ihm. Sie war nicht nur hochmütig und egoistisch, sondern auch zynisch und bissig, nachtragend und alles andere als das Gute liebend. Sie kannte ihre Fehler und gestand sie ein.

Über ihre Beziehungen zu Männern in ihrer schwedischen Zeit gibt es nur Vermutungen. Ihre Abwehr gegen eine Heirat war und blieb hartnäckig und heftig. Der einzige Mensch, mit dem sie eine leidenschaftliche Freundschaft verband, war ihr Hoffräulein Ebba Sparre, die bewundernswürdig schön und klug war. Den Abschied von ihr verwand sie nie; noch nach Jahren schrieb sie ihr laufend und berichtete über ihre Reisen und aus Rom. Durch den emphatischen Briefstil der Zeit klingt der Ton einer liebevollen Zuneigung: »Eine Freundschaft, welche durch dreijährige Abwesenheit bewährt ist, darf Ihnen nicht verdächtig sein; und wenn Sie das Recht, das Sie über mich haben, noch kennen, so werden Sie sich erinnern, daß ich schon seit zwölf Jahren im Besitz Ihrer Liebe bin; ich gehöre Ihnen so ganz an, daß es unmöglich ist, daß Sie mich verlieren können; und nur mit dem Leben werde ich aufhören, Sie zu lieben.«

Ebba Sparre war die Tochter eines schwedischen Kammerherrn. Sie ist jung gestorben.

Die nordische Minerva

Um König Gustav Adolf und um sein Land wurde eine protestantische Legende gesponnen. Sie wurde inzwischen auf das rechte Maß, das den Realitäten entspricht, entmythologisiert. Schweden im 17. Jahrhundert ist als Umwelt zu betrachten, von der Christine geprägt wurde.

Seit 1611, dem Regierungsantritt Gustav Adolfs, bis zu seinem Tod in der Schlacht bei Lützen 1632 befand sich Schweden in einem dauernden Kriegszustand gegen Dänemark und Polen, wegen der Ostseeprovinzen gegen Rußland im Kampf um Riga, Livland und die preußischen Häfen an der Ostsee, schließlich, mit Frankreich verbündet, gegen das spanisch-habsburgische Österreich. Gustav Adolf führte diese Kriege nicht allein wegen des protestantischen Glaubens, auch er hielt, wie alle Regenten jener Epoche, Macht für Glück.

Schweden wurde zwar nicht zum Kriegsschauplatz, aber es mußte die Kriege mitbezahlen, weil die Beute in den eroberten Ländern nicht ausreichte. Schweden wurde zu einer Waffenschmiede, zum Lieferanten an Material für die Feldzüge des Königs und seiner Generale. Der Unterhalt der großen Heere, die Bezahlung der Offiziere kosteten viel Geld, das aus Kontributionen allein nicht aufgebracht werden konnte.

Gustav Adolf schuf eine Heeresreform und eine neue Verwaltung, deren Durchführung nur durch Steuern und Lasten möglich war, die vor allem die Bauern zu tragen hatten. Die aufgestellten Landschaftsregimenter, die nach niederländischem Muster gedrillt wurden, brachten Schweden große Verluste an Menschen. Die Machtpositionen, die sich der König vom Baltikum und von Polen über Norddeutschland bis Dänemark schuf, waren kostspielig.

Christine, nach dem Tod des Vaters Mitregentin geworden, stellte sich gegen die Last, auf Kosten des Landes und seiner Menschen Krieg zu führen und zu erobern; damit machte sie sich beim Kanzler Axel Oxenstierna und dem Adel unbeliebt. Sie drängte auf Abschluß des Westfälischen Friedens. Im Gegensatz zum Adel hat ihr das schwedische Volk über ihre Abdankung hinaus seine Liebe bewahrt.

Bei dem König ist kaum zu unterscheiden, was den Vorrang hatte, sein protestantischer Glaube oder seine Eroberungssucht. Er glaubte unerschütterlich an den lutherischen Gott als feste Burg, zugleich war er ein handfester Krieger, der darauf aus war, Länder im Norden und Osten Europas unter seine Herrschaft zu bringen, vielleicht heimlich die deutsche Kaiserkrone zu erlangen wünschte. Er schloß mit dem katholischen Kardinal Richelieu ein Bündnis zum Kampf für und gegen Deutschland, das war ein Kampf gegen Habsburg und Österreich, und erhielt dafür von Frankreich ausgiebige materielle Unterstützung. Richelieu wie auch seinem Nachfolger Mazarin ging die Staatsräson über die Konfession; das gleiche gilt für Gustav Adolf.

Schweden war nicht mehr ein Land nur von Bauern, Waldarbeitern und Fischern. Die Kriege Gustav Adolfs veränderten es. Das Land verdankt seine politische, militärische und wirtschaftliche Vorrangstellung einigen bedeutenden Männern des In- und Auslands; vor allem seinem Kanzler Axel Oxenstierna, der das wegen des meist abwesenden Königs wichtige Amt von 1612 bis zu seinem Tod innehatte. Er war einer der fünf kronrätlichen Vormünder, die für die Erziehung der frühverwai-

sten Christine und deren Einübung in die Regierungsgeschäfte zu sorgen hatte. Er starb am 24. August 1654,
zwei Monate nach der Abdankung Christines.

Die Männer, die nach Stockholm berufen wurden, waren
auf ihren Gebieten hervorragende Fachleute, zugleich
geistig interessiert und allgemein gebildet.

Die Handel und Wandel in Schweden beherrschende Un-
ternehmerpersönlichkeit war Louis de Geer, ein Hollän-
der, hervorragender Bankier und Techniker, der die gesamte Rüstungsindustrie in die Hand bekam und aus
Schweden eine Waffenschmiede machte. Ohne ihn wären
die Kriege und Eroberungen des Königs nicht möglich
gewesen. Er erschloß den Bergbau und erkannte die Vorteile des Dannemora-Erzes für die Stahlfabrikation. Sein
Hauptinteresse galt der Eisen- und Stahlindustrie.

In einem Jahr lieferte de Geer der schwedischen Armee
20000 Musketen, 13670 Piken und 4700 Reiterharnische;
1631 wurden von ihm 32 Infanterieregimenter und 8000
Kavalleristen ausgerüstet. In diesem Jahr verdiente de
Geer 250000 Taler. Er besorgte auch Transport und
Handel, was die Anlage von Reedereien zur Voraussetz-
zung hatte. 1644 stellte er den Schweden dreißig Kriegs-
schiffe zur Verfügung. Textilindustrie, Gießereien, Pa-
piermühlen und andere Manufakturen ergänzten die
Ausrüstung mit Waffen. De Geer war ein Kriegsgewinn-
ler, nicht immer mit sauberen Händen.

1635 trat der niederländische Staats- und Völkerrechtler
Hugo Grotius in den Dienst Schwedens; er war nicht nur
Jurist, sondern auch Theologe, Humanist, Übersetzer
von griechischen und neulateinischen Dichtern, ein Poly-
histor. Die noch junge Christine mag durch seine Unterweisungen die Grundlagen für ihr späteres enormes Wissen erhalten haben.

Als Grotius nach Schweden kam, hatte er ein abenteuerliches Leben hinter sich, eine glänzende Laufbahn vor sich. In seiner Heimat war er, wegen seiner theologischen Ansichten über den Calvinismus zu lebenslanger Haft verurteilt, von seiner Frau in einer Bücherkiste aus dem Gefängnis befreit worden. Als Maurer entkam er nach Antwerpen und Frankreich. Axel Oxenstierna machte ihn zum schwedischen Gesandten in Paris, wo er sich mit Richelieu zerstritt. Auf seiner Rückreise nach Schweden geriet er auf See in einen Sturm, erkrankte und starb 1645 in Rostock.

Er blieb nicht der einzige bedeutende Mann, der im Dienst Schwedens starb. Auch Descartes, der philosophische und mathematische Lehrer Christines, starb 1650 in Stockholm. Christine hatte darauf bestanden, den Unterricht schon morgens um fünf Uhr zu beginnen. Weil sie keine warmen Zimmer liebte, fand der Unterricht, auch im Winter, in der kalten Bibliothek statt. Dort erkältete sich Descartes und starb innerhalb dreier Tage an einer Lungenentzündung.

Die wirtschaftliche Blüte des Landes sollte durch ein reformiertes Schulwesen ergänzt werden. Es ist für jene universal ausgerichtete Zeit kennzeichnend, daß der Wirtschaftsunternehmer de Geer dem Kanzler den bedeutendsten Pädagogen der Zeit empfahl, Jan Amos Comenius. Axel Oxenstierna lud Comenius zur Ausarbeitung der Unterrichtspläne nach Schweden ein. Comenius blieb nur kurze Zeit in Stockholm und ging von dort in das damals schwedische Elbing, wo er seine bedeutenden Lehrbücher ausarbeitete. Sie wurden auch von Christine benutzt – noch der junge Goethe lernte sein Latein aus dem »Orbis pictus« des Comenius. Das gute Verhältnis de Geers zu Comenius übertrug sich auf den Sohn de

Geers, der die Gesamtausgabe der Werke des Comenius in Amsterdam veröffentlichte.

An der geistigen Welt, welche durch die bedeutenden Männer nach Stockholm gebracht wurde, nahm Christine unmittelbar Anteil, auch in die Staatsgeschäfte, an denen sie auf Wunsch des Vaters teilnahm, wurde sie eingeführt. Von klein auf wurde sie auf vielen Gebieten gründlich geschult; vielleicht zu früh und zu vielseitig, so daß sie mit Gelehrsamkeit vollgestopft wurde. Andererseits lag das frühe und enzyklopädische Lernen im Geist der Zeit. Christine war eine unermüdliche, schier gierig Lernende. Sie studierte vom frühesten Morgen bis in die Nacht hinein, selbst in den Pausen während der Sitzungen des Staatsrates.

Nach dem Tod ihres Vaters – sie war sechs Jahre – änderte sich ihr Leben nicht. Ab ihrem achtzehnten Lebensjahr nahm sie als Nachfolgerin ihres Vaters an den Regierungsgeschäften teil. Noch tobte der Dreißigjährige Krieg in Deutschland. Dorther ließ sie Bücher und Kunstwerke, ganze Schiffsladungen, nach Schweden bringen. 1648 wurden die riesigen Kunstschätze Kaiser Rudolfs II. auf der Prager Burg ihre Beute. Aus dem Garten des Wallenstein-Palais kamen damals die mächtigen Bronzefiguren des Adrian de Vries nach Drottningholm, wo sie sich noch heute befinden. Christine ließ in ganz Deutschland »sammeln«, Möbel, Lüster, Gobelins, Porzellan, Gläser, Gemälde, Plastiken, Edelsteine, Kunsthandwerk, vor allem Bücher. (In Strängnäs stieß ich auf die Universitäts-Bibliothek aus Olmütz in Mähren.)

In einem »Avviso«, einem Geheimbericht an den Vatikan, heißt es: »Sie versteht zehn oder zwölf Sprachen, sogar das Sarazenische der Hebräer und Araber. Sie hat alle alten Dichter und die modernen französischen und italienischen Schriftsteller gelesen und die antike Philosophie studiert. Was die alten Kirchenväter angeht, so hat sie Augustinus und Tertullian zum größten Teil gelesen, schätzt sie aber nicht sehr. Großen Genuß hingegen bereitet ihr Lactantius, Clemens von Alexandria, Ambrosius und ganz besonders Hieronymus und Cyprian. Ihr Gedächtnis ist übermenschlich. Sie hat hochgelehrte Männer aus Italien, Deutschland und Frankreich nach Schweden geholt.«

Wie in der Zeit üblich, sammelte sie eifrig Münzen und Medaillen. Sie selbst ließ später zu verschiedenen Anlässen und für verschiedene Persönlichkeiten Medaillen gießen und prägen. Das sehr selbstbewußte Zeitalter legte Wert darauf, sich zu dokumentieren.

Nach der Ankunft in Rom ließ sie zur Gründung ihrer Akademie eine Medaille herstellen, die auf der einen Seite ihr Bildnis als nordische Minerva, die Göttin der Wissenschaften und Künste, auf der anderen den Vogel Phönix zeigt, ein damals durch die Lektüre der Metamorphosen des Ovid modisch gewordenes Symbol – man lebte in einer olympischen und arkadischen Kulissenwelt und spielte darin Leben. Über dem Phönix stand in griechischen Buchstaben das Wort »makalös«. Sie hatte ihren zynischen Spaß daran, daß die römischen Gelehrten sich über das Wort den Kopf zerbrachen, ohne es entziffern zu können. Sie beendete das Rätselraten, indem sie erklärte, es handle sich um ein schwedisches Wort und bedeute: unvergleichlich, unübertrefflich, ohnegleichen.

Damit meinte sie sich selbst, so wie sie behauptete, einem Cyrus, Alexander und den Scipionen näherzustehen als ihrem Vater. Neben all den vielen Arten ihrer Narretei war sie im zunehmenden Alter auch größenwahnsinnig. Davon hatte das ganze barocke Zeitalter etwas in sich, die Epoche hysterischer Übersteigerung.

Kennst du das Land?

1649, ein Jahr nach dem Westfälischen Frieden, wurde Christine unter großer Prachtentfaltung zur Königin gekrönt.

Später wurde sie in Italien und besonders in Frankreich am Hof Ludwigs XIV. wegen ihres rüden Benehmens als Barbarin aus dem Norden bezeichnet. Sie selbst hatte keine patriotischen Gefühle; sie hing nicht an ihrem Vaterland; Deutschland verabscheute sie, ihre echt nordische Sehnsucht galt dem Süden, Italien, ihrem Ideal von einem Leben in Licht, Schönheit und Ungebundenheit.

In den Berichten an den Vatikan heißt es: »Nur eines mangelt dieser wahrhaften Königin, und das ist der wahre Glaube. Aber die Gesetze des Königreichs verbieten es, ihn auch nur zu erörtern. Denn wenn sie zum katholischen Glauben überträte, würde sie ihre Stellung als Königin und ihr Königreich verlieren.«

Unter den vielen ausländischen Persönlichkeiten, die am Hofe der Königin ein- und ausgingen, waren in der Überzahl Katholiken, so auch Descartes; in den philosophischen Disputationen mit ihm mochte sie schon früh mit dem Katholizismus vertraut geworden sein; Descartes war ein überzeugter Katholik.

Aber auch ihr Religionslehrer Johannes Matthiä, der spätere Bischof von Upsala, war, im Gegensatz zur starren und militanten protestantischen Geistlichkeit Schwedens, die auch Christine einengte und bedrängte, ein toleranter Mann, der der aufgeschlossenen jungen Königin gegenüber seine Freisinnigkeit nicht verbarg. Matthiä wurde, als für den orthodoxen Protestantismus untragbar, seines

25

Amtes enthoben. Von Rom aus setzte sich Christine für ihn ein, konnte ihm aber nur schaden.

Die Franzosen, die als Diplomaten oder Gelehrte nach Stockholm kamen und mit denen Christine in enger Verbindung stand und auch später blieb, waren durchwegs katholisch und wirkten an der Religionsänderung Christines mit: der französische Gesandte Chanut, aus dessen Memoiren wir viel über Christine erfahren, der Arzt Michon Bourdelet, der spanische Gesandte Antonio Pimentel. Durch Jahre wirkten verschiedene Einflüsse und Gespräche mit, welche in Christine den Entschluß ausreiften, zu konvertieren. Durch die Diplomaten trat sie schon mit deren Ländern in Verbindung, die sich nach ihrem Übertritt um sie bemühten, so daß Christine noch unentschlossen war, ob sie nach Frankreich oder in das mit Frankreich verfeindete Spanien oder nach Rom gehen sollte.

Christine bekannte später, sie habe sich bei den protestantischen Gottesdiensten wegen ihrer Nüchternheit und bei den für ihren Geschmack zu trockenen, zu moralischen und zu langen Predigten zu Tode gelangweilt.

1650 kam der Jesuit Anton Macedo wieder nach Stockholm. Er nahm auch an den Krönungsfeierlichkeiten teil und schrieb darüber, vorsichtshalber in der spanischen Gesandtschaft, ein überschwengliches Gedicht.

Macedo folgten, von dem General der Gesellschaft Jesu gesandt, die gelehrten Jesuiten Francesco Malines und Paolo Cassati, die Bekehrung Christines zu fördern.

Welchen Sieg würde die Konversion der Tochter Gustav Adolfs für die damals leidenschaftlich durchgeführte Gegenreformation bedeuten! Die Augen ganz Europas würden auf diese Tatsache gelenkt werden. In dem Bericht des Francesco Malines an den Vatikan heißt es: »Die höchst durchlauchtigste Königin Christine von Schweden hatte seit einiger Zeit Mißklänge in der lutherischen Sekte verspürt, in der sie aufgewachsen war, und beschloß, mittels genauer Studien den wahren Glauben festzustellen. Sie wollte den Wert der Substanz und der Grundlagen einer jeden Religion und Sekte selbst ermessen, und nicht zufrieden damit, wünschte und schuf sie Gelegenheit, die Sache mit Männern zu erörtern, die sich in ihrem Land befanden, und darüber hinaus die Bekanntschaft der berühmtesten unter ihnen zu machen, und lud sie mit großen Belohnungen an ihren Hof unter dem Vorwand, sich ihr Wissen anzueignen, in Wahrheit aber, um ihren Glauben zu untersuchen. So begann sie die Wahrheit des katholischen Glaubens zu entdecken und verlangte nach Mitgliedern der Orden, die sie in vollem Umfang unterweisen konnten.«

Die Brüder der Societas Jesu, die getarnt nach Stockholm kamen, taten es behutsam und gründlich.

Der, dem am meisten an der Konversion gelegen sein mußte, war der Papst. Innozenz X. hätte bei dem Unglück und der Erfolglosigkeit seines Pontifikats die Bekehrung einer protestantischen Königin willkommen sein müssen. Als die Vermutung auftauchte, Christine wolle ihren Aufenthalt in Rom nehmen, riet die über den Papst allmächtig herrschende Schwägerin, Donna Olympia Maidalchini, ab; sie, die den Papst ausbeutete und durch ihre Habgier zugrunde richtete, fürchtete eine Nebenbuhlerin.

Noch eine Person tritt in den Verhandlungen um Christines Konversion in den Vordergrund, der Kardinal Decio Azzolino, ein Günstling des Papstes, der als Sekretär de breve die Avvisi über Christine in die Hand bekam. Auf diese Weise kannte er die Königin bereits, bevor sie nach

27

Rom kam. Er sollte ihr bis zu ihrem Tode verbündet bleiben, galt er doch als ihr Geliebter.

Mißtrauisch, wie er an und für sich war, verhielt sich der Papst vorsichtig. Avvisi hatte ihm gemeldet, die Königin halte nicht viel von Moral und auch nicht von Dogmen, sie sei eine Skeptikerin, stehe mit dem gefährlichen Pascal in Verbindung, der den allmächtigen Jesuitenorden zu beschimpfen wage; über die Königin gehe das Wort um: »Elle connut tout et crut rien.«

Könnte die Bekehrung, von der schon gesprochen wurde, nicht zu einem Skandal werden, falls sie mißglückte? Hatte er nicht Ärger genug? In England hatte nach der Hinrichtung König Karls I. unter Cromwell die Verfolgung der Katholiken begonnen. Er hatte unter der Rache der Spanier zu leiden, nachdem in Neapel die Revolution Masaniellos gegen die rücksichtslosen spanischen Unterdrücker gescheitert war. Auch mit Frankreich, dessen Parteigänger er war, gab es Reibereien. Und die drohende Türkengefahr? –

Paolo Cassati war zu klug, um direkt auf die guten Beziehungen der Königin zu Pascal und dessen gegenjesuitische »Lettres provenciales« zu sprechen zu kommen.

»Was haben Majestät hier für ein hübsches Spielzeug?« fragte er während der Unterhaltung in der Bibliothek, auf ein seltsames Instrument zeigend, das vor den Bücherrücken stand.

»Spielzeug nennen Sie das?« fragte die Königin zynisch zurück.

»Was könnte es sonst sein?«

»Une machine de roulette.«

»Ei, ei! Eine Rechenmaschine also. Überlassen Sie das Rechnen Gott, der Mensch verrechnet sich. Dum Deus calculat, fit mundus.«

»Monsieur Pascal hatte die Liebenswürdigkeit, mir das gelehrte Spielzeug zu schicken.«

»Monsieur Pascal ist ein kranker Mann.«

»Certainement. Er leidet viel an mal de tête. Aber er hat ein frommes Herz.«

»Doch einen verwirrenden Geist. Wir werden für ihn beten, Majestät.« –

Oh, die spitzen Nasen dieser Jesuiten! Widerliche Asketennasen! Überall schnüffeln sie herum. Sicher haben sie auch schon ihren Briefwechsel mit Paolo Giordano Orsini gerochen!

Orsini – diesen Namen umträumt sie, die oft zu seltsamen Träumereien neigende kluge Königin.

Sie blickt sich um, vergewissert sich, daß sie allein ist, holt ein an der Brust verborgenes Blatt hervor, tritt ans Fenster und versucht, den Brief im grauen Schneelicht zu lesen. Sie prüft das Datum. Fünfunddreißig Tage war der Brief unterwegs. Mon Dieu!

»Liegt bei Ihnen schon Schnee?« fragt der Brief.

Viel Schnee, und es schneit noch immer, antwortet ihm Christine.

Sie liest weiter: »Als ich in meiner Jugend in Ihrem Lande war – es ist an die dreißig oder mehr Jahre her – o, wie bin ich auf Ihr Land eifersüchtig, weil Sie, Königin meines Herzens, die Königin jenes Landes sind!«

Orsini – er heißt wie sein Großvater Paolo Giordano – ist der schreckliche Geliebte der schönen und grausamen Vittoria Accoramboni. Mit einem Schauder hat sie von den Morden jener Liebschaft erzählen gehört.

»Ich blicke von meinem Schloß über die Landschaft von Bracciano, in welcher der Herbst lieblicher und milder ist als der Frühling. Dennoch weilte ich jetzt lieber im Schnee des Landes meiner Sacra Real Maestà.

Sie müßten Italien kennenlernen, das Land aller Länder dieser Erde, oh, ich wage nicht zu denken, daß das möglich sein könnte, aber ich wage auszusprechen, daß das Tor meines Hauses auf dem Monte Giordano für Sie bei Tag und Nacht weit offen steht ...«

Im fünfzigjährigen Paolo Giordano ist das wilde Bärenblut der Orsini ruhig geworden, jetzt brennt es nur noch in Liebe zu der fernen Königin, und es wird daraus eine fantastische Liebesbeziehung, wie sie in Briefen weit Entfernter, die sich nie gesehen haben, entsteht.

Duca Paolo Giordano Orsini ist das alles: Dichter, Musiker, Maler, Bildhauer, Erfinder der »rosidra«, eines neuen Musikinstruments – ist der »mit eisernen Fesseln an die Real Maestà gefesselte Sklave« – ein echter Sohn seines Landes.

Christine holt aus einem Geheimfach das mit Edelsteinen geschmückte Elfenbeinkästchen, nimmt daraus einen der Briefe Orsinis, liest ihn, liest ihn noch einmal, verschlingt, was er ihr von Rom berichtet – »ach, geliebte Teure, Guarinis neue Komödie ›Pastor fido‹ ist detestabilissime, ach, wo sind sie, die bell' ingegni? ...«

Sie greift nach Orsinis Buch »Il Canzoniere e le Satire«, das Orsini in seiner Offizin für sie hatte drucken und prächtig ausstatten und binden lassen, blättert darin, liest die Satire auf ein schamloses Ladenmädchen, lacht über das Gedicht an eine schielende Römerin, liest, liest und merkt nicht, daß das Kammermädchen eine Kerze nach der anderen anzündet. Sie schreibt an dem Brief bis tief in die Nacht hinein, unterschreibt mit »Votre affectionée cousine et amie Christine«, schreibt ein Postskript, fragt: »Ist Berninis Fontäne auf der Piazza Navone fertig?«, streut Sand über das Blatt, blickt auf – das Fensterkreuz hebt sich schwarz von der Morgenröte ab.

Es klopft.

Christine rafft die Papiere zusammen und stopft sie in die Schublade des Schreibtisches.

Die Tür schiebt sich auf.

»Kanslern ber.«

Wie scheußlich diese Sprache klingt! Hartes Holz mit Knoten und Ästen.

Was der Kanzler bitte, fragt sie.

»Riksdagen är samlad.«

»Jag kommer«, sagt sie ungehalten.

»Kanslern ber att komma in i kapellet.«

»Perché?«

In die Kapelle! Wieder eine lange trockene Predigt, wieder ein zäher Choral, wieder, wieder . . .

Sie beeilt sich. Kaum daß sie, die nur eine Wolldecke umgeworfen hat, sitzt, erscheint der Pastor und predigt von der Schlacht bei Lützen und gedenkt des Todes des großen und ruhmreichen Königs.

Sie, die es auch im Winter nur in ungeheizten Zimmern aushalten kann, friert. Sie zieht die Wolldecke enger um die Schultern.

. . . Als der tote König von Schweden, ihr Vater, angekommen war, hatte sich die Mutter auf Christine, als das lebendige Abbild des Toten, gestürzt, sie mit Tränen übergossen, hatte sich ihrer bemächtigt und sie in das Gemach geschleppt, das mit schwarzen Tüchern über Wänden, Decke und Fußboden in eine Totenkammer verwandelt worden war. Am Bett funkelte im Schein der Wachsfackeln die goldene Kapsel mit dem Herzen des Königs, den sie nie geliebt hatte und den sie nun, so lange sie lebte, nicht bestatten lassen wollte. Christine mußte die Kapsel mit dem toten Herzen des Vaters küssen, mußte tagelang in diesem Grabgewölbe mit der Mutter, einer Priesterin des Todes, bleiben, während an der ihr so fremden Frau der Wahnsinn eines unerklärlichen Schmerzes fraß. Schließlich war sie, von einem anderen Dämon getrieben, heimlich aus Schweden ins feindliche Dänemark geflohen, nur von wenigen Hofleuten begleitet – aber die Hofnarren und Zwerge hatte sie mitgenommen ...

Die alten Männer sitzen tief gebeugt in den Chorstühlen, als zögen die schweren Amtsketten sie nach vorn, und sie murmeln das Gebet, erheben sich und singen in der Sprache Martin Luthers:

> Bei dir gilt nichts denn Gnad und Gonst,
> Die Sünden zu vergeben.
> Es ist doch unser Tun umsonst,
> Auch in dem besten Leben.
> Vor dir sich niemand ruhmen kann,
> Des muß sich furchten jedermann
> Und deiner Gnaden leben ...

Die Berichte der Jesuiten an den Papst werden deutlicher: »Sobald wir in Stockholm eingetroffen waren, wurden wir von der Königin in Audienz empfangen. Nach außen hin waren wir zwei vornehme Reisende; insgeheim waren wir Ordensbrüder. Zu unserem Erstaunen entdeckten wir in der fünfundzwanzigjährigen Fürstin eine Seele, die von der Eitelkeit menschlicher Größe zutiefst desillusioniert war. Nicht lange danach erklärte sie unmißverständlich, sie beabsichtige mit Bestimmtheit, zum katholischen Glauben überzutreten und dieserhalb auf das Königreich zu verzichten, in welchem sie nicht nur geachtet, sondern verehrt wird und stärkere und unbedingtere Autorität besitzt als sogar ihr Vater hatte.«

Am 16. Juni 1654 dankte Christine ab, nachdem sie von ihrem 18. bis 27. Lebensjahr regiert hatte. Am Morgen um sieben Uhr wurde in Anwesenheit ihres Nachfolgers, des Prinzen Karl Gustav von Pfalz-Zweibrücken, die Abdankungsurkunde verlesen und mit 300 roten Siegeln versehen. Die obersten Reichsbeamten legten Christine den blauen, mit goldenen Krönchen bestickten, hermelingefütterten königlichen Mantel um, setzten ihr die Krone aufs Haupt und reichten ihr Zepter und Reichsapfel; zwei Reichsräte trugen das Schwert und die Schlüssel vor dem Zug, der sich in den großen Saal des Schlosses begab. Die Königin saß auf dem silbernen Thron über dem Prinzen. Vor den versammelten Ständen, dem Hofstaat und den fremden Gesandten wurde die Abdankungsurkunde verlesen und dem Prinzen übergeben. Graf Brahe sollte Christine die Krone abnehmen, zögerte aber vor Ergriffenheit, es zu tun, und Christine nahm sie selbst ab. Hohe Reichsbeamte entkleideten sie der königlichen Insignien. Christine, nur noch in schneeweißem Kleid, hielt eine Abschiedsrede.

Noch am selben Tag wurde der neue König gekrönt. Christine nahm an den Feierlichkeiten nicht teil. Erst beim Krönungsmahl war sie zugegen und verabschiedete sich von den Reichsräten und Kronbeamten.

Am 24. Dezember desselben Jahres legte sie um Mitternacht heimlich das katholische Glaubensbekenntnis ab.

Die Reise nach Rom

Zur Zeit der Abdankung Christines war Schweden ein ansehnliches Reich. Nach dem Westfälischen Frieden, auf dessen Abschluß sie gegen den Kanzler Axel Oxenstierna gedrängt hatte, besaß Schweden in Deutschland Vorpommern mit Stettin und der Odermündung, Wismar, die Herzogtümer Bremen (ohne die Stadt Bremen) und Verden mit der Elbe- und Wesermündung; durch diese Besitzungen hatte Schweden die Reichsstandschaft erworben.

Nach der Abdankung Christines wurde ihr Vetter aus dem Hause Pfalz-Zweibrücken, den zu heiraten sie abgelehnt hatte, als Karl X. Gustav König von Schweden. Unter ihm sollte die schwedische Expansion vor allem nach dem Osten einen Höhepunkt erreichen, wodurch das Kriegführen kein Ende nahm.

Christine behielt den Rang einer Königin und ihren Hofstaat, über den sie frei verfügen konnte; ihn nahm sie bei ihrer Abreise aus Schweden mit, wie auch ihre kostbaren Besitztümer, einschließlich ihrer großen Bibliothek. In Brüssel, wo sie als Potentatin empfangen und geehrt wurde, legte sie noch einmal das Glaubensbekenntnis ab, allerdings noch immer geheim.

Während ihres Aufenthaltes in Brüssel starb Papst Innozenz X. unter erbärmlichen Umständen. Der neue Papst Alexander VII., der als Kardinal Fabio Chigi an der Konversion Christines mitgewirkt hatte, war bemüht, die Bekehrung in gebührender Weise als Sieg des Katholizismus zu feiern.

Einer der Kardinäle hat Alexander VII. so beschrieben: »Der Papst verlangt in allen Dingen exquisite Verfeinerung, besonders in solchen, die mit Kleidung und Speise zu tun haben. Er hat gern Roben und Ornate mit allem erdenklichen Schmuck, die ihm ein schönes Aussehen verleihen. Wenn er sich aufs Land begibt, trägt er Schmuck mit kleinen Diamantknöpfen ... Beim Empfang der Königin von Schweden unterließ er nichts, um ihn ruhmreich und den Triumphen der Römer ebenbürtig zu gestalten. Und er selbst mit seinem prachtvollen Antlitz ließ alles vor Erregung beben.«

Noch war es nicht soweit. Alexander wollte Christine erst in seinem Kirchenstaat empfangen, nachdem er ihrer Konversion sicher war. So legte sie noch einmal, öffentlich und feierlich, das Gelübde ab, der römischen Kirche anzugehören und die Vorschriften des Tridentiner Konzils zu befolgen. Das geschah in Innsbruck, in der Hofkirche, vor dem mächtigen Grabmal Kaiser Maximilians I., einer prächtigen Kulisse für die Heimkehr der Königin in den alten und wahren Glauben. Prächtig wurde ihr Zug durch Italien bis an die Grenze des Kirchenstaates. Der Papst hatte Christine den Monsignore Lukas Holstenius entgegengesandt, der ebenfalls Konvertit und Oberbibliothekar im Vatikan war, ein hochgelehrter Mann. Der Papst hatte den richtigen Mann für diese Mission gewählt.

Christine, die in männlicher Kleidung reiste, hatte nun schon den Decknamen eines Grafen Dohna, unter dem sie Schweden verlassen hatte, abgelegt. (Die Dohna waren ein altes sächsisches Grafen- und Dynastengeschlecht; zur Zeit Christines war Karl Hannibal Dohna, der Sohn des Kammerpräsidenten Abraham II. von Dohna, einer der eifrigsten Gegenreformatoren Kaiser Ferdinands II.) Überall wurde ihr, der ein vielfacher Ruhm und Ruf vorausging, ein festlicher Empfang bereitet. In Ferrara hießen sie Kanonenschüsse willkommen, der Hauptplatz in Todi war in einen blühenden Wald verwandelt worden, in Assisi nahm sie an einem Gottesdienst in der Kirche des hl. Franziskus teil, in Spoleto wurde sie in Gedichten und Liedern gepriesen. In Bracciano traf sie mit dem Herzog Paolo Giordano Orsini zusammen, mit dem sie eine so lange und innige Brieffreundschaft verband. Hier wurde haltgemacht. Hierher kam die päpstliche Kavalkade, um die Königin willkommen zu heißen und nach Rom zu geleiten.

Es wurde ein Empfang, wie er seit den Tagen Karls des Großen kaum einem Kaiser oder König bereitet worden war.

»Zuerst kamen zwei rot gekleidete Pagen, dann die Trompeter, gefolgt von einem Heerbann mit Schilden ... Dann eine große Anzahl von Adelsherrn, Italienern und Deutschen, den Kardinälen und dem römischen Adel ... Dann kamen die Wagen und Kutschen der Kardinäle, eine jede von sechs Pferden gezogen, was zu wenig war für das Gewicht der Kostbarkeiten, mit denen sie verziert waren.«

Am 21. November, einem Sonntag, betrat Christine, geleitet von drei Kompanien Berittener, den Kirchenstaat. Darüber berichten die vatikanischen Miszellaneen: »Unser Herr ernannte vier Nuntien, die sie an der Grenze des päpstlichen Gebiets zu empfangen und zu begrüßen hatten. Er befahl, daß eine der edelsten Kutschen, zwei prächtige Betten, zwei Baldachine und dazu passende Hocker aus Goldstoff sowie eine kostbare Kredenz ganz aus Gold und Silber mit den erforderlichen Bedienten zur Stelle sei, damit die Königin nicht nur von seiner Liebe und Zuneigung, sondern auch von seiner päpstlichen Prachtentfaltung eine Vorstellung erhalte.«

Über den Empfang in Rom hatte die vatikanische Riten-
kongregation lange Zeit und bis in Einzelheiten beraten.
Endlich war es soweit.

In Olgiate, unweit Roms, begrüßten der Kardinal Carlo
de' Medici und der Markgraf von Hessen die Königin
und baten sie, zu ihnen in den Wagen zu steigen. Die
Sitzordnung war vorher genau geregelt worden, galt es
doch, eine königliche Potentatin zu empfangen, wobei
nicht gegen die Etikette verstoßen werden durfte.

Die Ankunft in Rom sollte zunächst inkognito stattfin-
den, aber der Wagen, in dem die Königin saß, hatte
Mühe, durch das Gedränge der Neugierigen zu kommen.
Im Vatikan angelangt, wurde Christine vom Papst
begrüßt.

Trotz des Verbotes, Frauen im päpstlichen Palast einzu-
quartieren, wurde Christine im Belvedere untergebracht.
Der eigentliche festliche Einzug durch die Porta del Popolo fand erst nach zwei Tagen statt. Inzwischen wurde
die Königin im Belvedere mit Empfängen, Vergnügungen, Konzerten und Unterhaltungen jeder Art über-
schüttet.

Beim öffentlichen Einzug verglich man Christine, die,
umgeben von der Schweizer Garde, einen Schimmel ritt,
mit der Königin von Saba. Die Damen des Adels nahmen
an ihrem männlichen Reitkostüm Anstoß; man beruhigte
sie damit, daß das einer Heldin, die gegen die Dänen
gekämpft habe, zustehe. Die Porta del Popolo war mit
dem von Bernini geschaffenen päpstlichen Sternenwap-
pen und dem Garbenwappen der Königin geschmückt;
die Teppiche und Embleme zeigten Bilder von den ruhm-
vollen Taten der Königin. Der Adel prunkte mit auserlesenen Toiletten; die Gesetze gegen den übermäßigen Luxus waren für diesen Tag aufgehoben. Als die Königin

den Vatikan betrat und vor dem Altar der Sixtina kniete, donnerten die Kanonen. Sie wurde vom Papst gefirmt und erhielt den Namen Alexandra.

Am folgenden Tag fand das Festmahl statt. Entgegen der Vorschrift, daß der Papst allein speisen müsse, saß Christine an einem kleinen Tischchen neben dem des Papstes. Über dem Tisch Christines wölbte sich ein Baldachin.

Der Abstand zwischen beiden Tischen war nicht so groß, daß sich Papst und Königin nicht hätten unterhalten können. Die Predigt hielt der Jesuit Oliva. Bei der folgenden Disputation erregte Christine durch ihre Bibelkenntnisse Aufsehen.

Sie wurde reichlich beschenkt, vom Papst mit Bildern, Vasen aus Onyx und Achat und einem aus dem Holz des Kreuzes Christi geschnitzten Kruzifix, vom Adel mit Kostbarkeiten, Schmuck, Wagen und Pferden.

Christine nahm ihre Wohnung nicht in dem ihr von Orsini angebotenen Palast, sondern in dem der Farnese von Parma.

Der Papst ließ 214 goldene Münzen prägen, auf der Vorderseite mit seinem Porträt, auf dem Revers mit dem Einzug Christines in Rom. Die verschenkten Münzen sollten in ganz Europa die Rückkehr der Königin Christine Alexandra von Schweden in den Schoß der alleinseligmachenden Kirche verkünden und preisen.

Erste Mißhelligkeiten

Nach den festlichen Tagen des Empfanges begann für die Königin der Alltag. Dieser war für die Menschen des Barock hart und anstrengend. Ein Fest, ein Vergnügen jagte das andere, Theater, Opern, Konzerte, Feuerwerke, Bälle, Sorge um Toiletten und Frisuren; man wollte sehen und bewundert werden, man wollte auffallen, man wollte jedes Bonmot des Stadtklatsches erfahren; Kunstkäufe erregten die Gemüter, man jagte einander Dichter, Sänger, Tänzer ab, man führte endlose Konversationen bis zum Anbruch des Tages, und das alles wurde getragen von Liebesabenteuern, Liebestragödien. Man spann, alle gegen alle, ein Netz von Intrigen, trug Kämpfe der politischen Parteiungen aus. Wenn dann der Morgen dämmerte, sank man erschöpft in die prachtvollen Betten, um den Tag zu verschlafen. Wie hätte man da Zeit zur Arbeit finden können? Zu welcher denn? Man hatte ein Heer von Domestiken.

Der Papst hatte nun seine bekehrte Königin in Rom – er mußte zusehen, wie er mit ihr auskam, und sie mit ihm. Leicht wurde es nicht. Christine war eine femme fantasque et fatale. Der Papst hatte ihr bei der Firmung den Namen Alessandra gegeben, aus der Vorliebe der Königin für den großen Alexander, dem sie sich verwandt fühlte. Was Voltaire über den späteren ungestümen schwedischen König Karl XII. schreiben sollte, dieser Alexander sei zugleich ein närrischer Don Quichote, das galt, ins Weibliche übertragen, für Christine. Ihr gegenüber versagte selbst die Psychologie der Jesuiten.

Sie tat, was zu einer großen Dame in Rom gehörte: Sie gründete eine Akademie.

Sie setzte ihre Tätigkeit von daheim fort.

Ihre römische Akademie führte den hochtrabenden Titel »Academia delle scienze morali«. Nach den gelehrten Gesprächen und dichterischen Lesungen gab es zur Entspannung ein Konzert. Die Versammlungen der Gelehrten und Dichter nahmen ein rasches Ende; in Neapel wütete eine Seuche, und man fürchtete, sie könne nach Rom verschleppt werden; um Ansteckungen vorzubeugen, wurden Zusammenkünfte verboten.

Christine konnte es nicht unterlassen, sich in die politischen Auseinandersetzungen einzulassen. Unter den Kardinälen und dem Adel hatte sich je eine Partei für Frankreich oder Spanien entschieden; das führte zu heftigen Auseinandersetzungen. Christine stand auf der Seite der Franzosen, was zu Mißhelligkeiten mit dem ihr befreundeten Pimentel, dem ehemaligen spanischen Gesandten in Stockholm, führte. Die spanischen Jesuiten wurden ihre Gegner. Zwei Kastilianer verfaßten Schmähschriften gegen sie; sie beschwerte sich darüber in Madrid und beim Papst, der die Poeten gefangensetzen ließ. Sie entließ die Spanier aus ihren Diensten. Monsignore Colonna beschloß, Christine auf dem Korso durch Masken öffentlich zu verspotten. Christine schlug zurück und erließ gegen die spanische Partei ein »Manifeste della Regina di Svezia«. Zu Theateraufführungen, zu denen sie von ihr nicht genehmen Adligen eingeladen wurde, kam sie erst nach Mitternacht und störte durch bissige Bemerkungen, lautes Lachen und Mitsprechen einzelner Stellen. Die spanische Partei und die in Rom lebenden Spanier beschlossen, die Heuvorräte Roms in Brand zu stecken – ein großer Schaden bei den vielen Pferden –, die Stadt zu plündern und den Papst und Christine gefangenzunehmen. Der Plan wurde verraten und vereitelt. Die Königin verstärkte daraufhin ihre Garde. Als diese unter ihrem Kommando exerzierte, ließ sie zur Übung den Palast des spanienfreundlichen Kardinals Medici beschießen. Die Kugeln reichten nicht weit genug.

Inzwischen ging es in Christines Palazzo Farnese drunter und drüber. Zwar wurden darin Feste gefeiert und Konzerte veranstaltet, aber in den Hofstaat hatten sich allerlei zwielichtige Gestalten eingeschlichen, die stahlen, was nicht niet- und nagelfest war; sie verkauften kostbares Mobiliar und ersetzten es durch minderwertiges. Den Wagen des spanischen Gesandten, der vor dem Palazzo stand, plünderten sie. Sie redeten sich damit heraus, daß sie schlecht oder gar nicht bezahlt würden. In der Tat, Christines Finanzen waren in Unordnung geraten, kurz gesagt: das Geld ging ihr aus.

Aber noch immer erwies man ihr Ehre. Der ehemalige Kardinal Camillo Pamfili, der auf den Purpur verzichtet und die schöne, geistvolle und reiche Olympia Aldobrandini-Rossano geheiratet hatte, ließ für sie Maskeraden und Wettrennen veranstalten; ein Bankett zu Ehren der Königin soll ihn 40000 Taler gekostet haben. Ihr zur Freude ließ man ein Melodram dichten, komponieren und aufführen: »Il trionfo della pietà o sia la vita umana« – fromme Barmherzigkeit und Humanität machten sich gut aus als Schaustellung auf einer Bühne mit Springbrunnen, Pferden, Elefanten und Büffeln.

Schonungsvoll wurde die ungezogene und boshafte Königin behandelt, deren Sarkasmus nichts schonte. Der Gouverneur von Rom ließ die Statuen im Haus und Garten ihres Palazzo unter der Hüfte dezent bekleiden, woraufhin die Königin die unanständigsten Gemälde kaufen ließ, die sie auftreiben konnte, und präsentierte sie in einer Ausstellung den Gästen.

Der König von Schweden hatte einen Teil Polens erobert und besetzt. Der Papst und die französische Partei kümmerten sich nicht um die Unterwerfung des katholischen Polen und standen zu den Schweden, weil dessen wachsende Macht die spanischen Habsburger bedrohte. Auch Christine fand die Besetzung Polens richtig und billig und forderte einen Anteil an polnischen Gütern als Ersatz für die spärlich und unregelmäßig einlaufenden Zahlungen aus Stockholm, die ihr vertraglich zustanden.

Sie mußte sich Geld leihen, wofür sie mit Edelsteinen und anderen Kostbarkeiten bürgte; manches teure Stück wanderte für eine geringe Summe in den Monte di Pietà, ins Pfandleihhaus.

Der Papst stand zu ihr; er durfte die berühmte Konvertitin nicht fallenlassen. Doch ihr Verhalten und Benehmen machten ihm genug Kummer. Ihre freie Art zu leben, erweckte im keineswegs puritanischen Rom Ärgernis. Sie nahm zu wenig an Andachten und kirchlichen Zeremonien teil, und der Papst stellte ihr vor, ein öffentlich gebetetes Ave sei verdienstvoller als ein still gebeteter Rosenkranz. Sie rechtfertigte sich, sie könne nichts nur zum Schein tun. Ihre spöttischen Bemerkungen über religiöse Dinge wurden in Rom kolportiert, ebenso ihre unstatthaften Fragen über Reliquien, die ihr während ihrer Reise durch Italien gezeigt und auch geschenkt worden waren; einen Stab, den man für den des Aaron ausgab, erkannte sie nicht an, weil der Stab Aarons aus Mandelholz gewesen sei, dieser aber nicht.

Der Papst war geduldig; er wußte, wo sie der Schuh drückte. Sie sprach davon, nach Schweden reisen zu wollen, um die Zahlung der ihr zustehenden Gelder einzufordern. Der Papst half aus und war nicht ungehalten, als sie sich anschickte, abzureisen. Er stellte ihr vier Galeeren

42

zur Überfahrt nach Marseille zur Verfügung und versah sie mit allem, was sie brauchte.

Im Juli 1656 brach sie auf, nicht nach Schweden, sondern nach Frankreich.

Der Mord in Fontainebleau

Noch mehr als in Rom erregte Christine im Paris Ludwigs XIV. unliebsames Aufsehen, Verstimmung und Ärger, soweit man sie überhaupt als Frau gelten ließ. Sie war entrüstet darüber, daß die Damen sie zur Begrüßung abküßten, und äußerte sich ärgerlich: »Welche Gier haben die Damen, mich zu küssen! Kommt es daher, daß ich einem Manne ähnlich sehe?«

Ihre Ankunft vollzog sich auch in Frankreich nach der für Potentaten üblichen Etikette. In Marseille wurde Christine im Namen des Königs vom Herzog von Guise begrüßt, in allen Städten, durch die sie reiste, wurden ihr die Schlüssel übergeben. Am 4. September traf sie in Fontainebleau ein, wo sie von Madame de Montpensier, der in Paris und am königlichen Hof maß- und tonangebenden Frau, empfangen wurde. Christine, vornehm herausgeputzt, machte auf sie den Eindruck eines hübschen Jungen in Frauenkleidern. Doch dieser hübsche Junge erwies sich als frech und ungezogen. Eine Theateraufführung störte Christine durch Zwischenrufe, Grimassenschneiden und Zappeln mit den Beinen. Bei dem feierlichen Einzug war aus dem Jungen ein Krieger geworden, der, mit Pistolen im Gürtel, von tausend bewaffneten Reitern begleitet, im Herrensitz auf einem Schimmel einritt. Beim Empfang durch Ludwig XIV. und seine Gemahlin machte sie einen peinlichen Eindruck und fiel durch Mangel an Takt auf, was an diesem nobelsten Hof Europas als Todsünde galt. Ihr Kleid war verwahrlost, die Perücke zerrauft, das Hemd und die Schuhe derb. Eine Hofdame nannte sie eine schamlose Ägypterin.

Mit dem Pariser Tratsch und Hofklatsch war sie alsbald

vertraut und berichtete darüber in ihren Briefen an den Kardinal Decio Azzolino nach Rom. Im großen und ganzen mochte sie sich in Paris als deplaziert empfinden und versuchte nur noch, mit dem Kardinal Mazarin, dem Nachfolger Richelieus, zwei Angelegenheiten in Ordnung zu bringen.

Sie erinnerte Mazarin an die 900 000 Taler, die Frankreich für die Kosten im Dreißigjährigen Krieg Schweden noch schuldete, und teilte ihm den Entschluß mit, in Neapel nach der Vertreibung der Spanier Königin werden zu wollen. Mazarin ging auf keinen der Wünsche und Pläne ein. So sehr er für die Spanier eine Turbulenz wünschte, sah er in Christines Plan ein Hirngespinst. Er verwies sie wegen dieser Angelegenheit an den Papst. Verärgert über Mazarin, der für sie doch nur ein Italiener (Mazarini) aus einem Dorf in den Abruzzen im Dienst der Franzosen war, verließ sie Frankreich und kehrte nach Italien zurück.

Ein besonderes Erlebnis dieser Frankreichreise war für Christine die Begegnung mit Anne de Lenclos, die Ninon genannt wurde. Das Haus der Vierzigjährigen war der Sammelplatz aller geistreichen Personen des Hofs und von Paris. Christine war entzückt von Ninon und wollte sie überreden, mit ihr nach Rom zu kommen. Es wäre tatsächlich ein Ereignis besonderer Art gewesen, wenn Ninon in Rom erschienen wäre, sie, deren erster Anbeter Richelieu gewesen, nach dessen Tod Coligny, Villarceaux, der Marquis von Sévigné, der Prinz von Condé, der Herzog von Rochefoucauld, der Marschall d'Albert, der Marschall d'Estrées, und deren Sohn sich erdolcht hatte, als sein Verhältnis mit der Mutter ruchbar geworden war.

Im November kam Christine nach Turin, wo sie vom

Herzog von Savoyen überschwenglich geehrt empfangen wurde. Der Aufenthalt am königlichen Hof in Paris hatte ihr Ansehen erhöht.

Sie konnte nicht nach Rom zurückkehren, wo 12 000 Menschen an der Pest gestorben waren. Sie ging nach Pesaro, wo sie in die Bruderschaft des hl. Antonius eintrat. Unerwartet trat sie von dort ihre zweite Reise nach Paris an, angeblich um am Karneval teilzunehmen, an dem der König tanzen würde.

Im Oktober 1657, ein Jahr nach ihrer Rückkehr von der ersten Reise, kam sie wieder in Fontainebleau an.

Nach den bunten Ereignissen und närrischen Abenteuern wollen wir, bevor wir Christine als Mörderin begegnen, das Augenmerk auf einige Menschen aus ihrer persönlichen Umwelt lenken.

Der Briefgeliebte der Sacra Real Maestà, Paolo Giordano Orsini, in dessen Schloß Bracciano sie auf dem Weg nach Rom Station gemacht hatte, war so unfreundlich gewesen, schon bald nach ihrer Ankunft in Italien zu sterben. Nun trat an die Stelle des Orsini, des Mannes der Briefliebschaft, ein Mann von Fleisch und Blut, der erst zweiunddreißigjährige, stattliche Kardinal Decio Azzolino (geboren 1623 in Fermo), ein integrer Mann, auch dadurch, daß er sich aus dem Kampf zwischen der französischen und spanischen Partei heraushielt und der sogenannten »squadrone volante« angehörte, die oft die Wahl eines neuen Papstes entschied. Er hatte lebhafte Augen, die unbefangen und fröhlich dreinschauten, war gebildet und klug und offenen Charakters. Auf einer von Christine in Auftrag gegebenen Medaille wird ihm als Symbol ein in die Sonne blickender Adler beigegeben.

Decio Azzolino war lebensklug, ein geschickter Diplomat, frei von Intrigen und Habsucht, wenngleich er selbst

46

nicht wohlhabend war. Seine wirtschaftliche Begabung kam den oft zerrütteten Geldverhältnissen Christines zugute, ja er rettete sie oft innerlich und äußerlich vor dem Schlimmsten. Die Freundschaft Christines zu ihm dauerte dreißig Jahre, bis zu ihrem Tod; er wurde Christines Haupterbe, starb aber schon zwei Monate nach ihr. Christines viele Briefe an ihn haben sich erhalten, die Geheimschrift, in der manche geschrieben wurden, konnte im 19. Jahrhundert entziffert werden. Azzolino hat seine Briefe an Christine höchstwahrscheinlich vernichtet.

Die oftmaligen und lange dauernden Besuche Decio Azzolinos bei der Königin weckten beim Papst die Vermutung, es handele sich um mehr als eine geistige Freundschaft. Decio Azzolino erfuhr den Verdacht und bat den Beichtvater des Papstes, einen Sforza, ihn als unberechtigt darzustellen.

Der Stallmeister der Königin war della Cueva, ein Spanier. Weil Azzolino als Freund der Franzosen galt, und wegen der häufigen Besuche Azzolinos bei Christine, kam es zu Auseinandersetzungen della Cuevas mit der Königin. Christine war über das Verhalten della Cuevas derart erbost, daß sie ihn am liebsten verprügelt hätte, aber er war ein spanischer General. Della Cueva erzwang trotz des Zuredens und angebotener Geschenke seine Entlassung; er ging mit der spanischen Garde der Königin nach Flandern. Christine rekrutierte eine neue Garde mit Soldaten aus Perugia.

Ihr Großkämmerer war Francesco Santinelli, ihr Großstallmeister Marquese Giovanni Monaldeschi, der einem vornehmen Adelsgeschlecht aus Ascoli entstammte. Ihn gebrauchte sie zu diplomatischen Aufträgen, vor allem nach Frankreich.

An della Cueva hatte die Königin allem Anschein nach

einen ehrlichen Mann gehabt; sein Weggang könnte aus Eifersucht wegen der Freundschaft Christines mit dem Kardinal Azzolino erfolgt sein. Bei Monaldeschi und Santinelli ist schwer zu entscheiden, wer die Königin in zweifacher Hinsicht mehr betrog; jedenfalls taten es beide. Beide gingen nach Frankreich, wohin sie von Christine als Gesandte und Geldeintreiber geschickt worden waren; sie brachten 15 000 Goldtaler statt der von der Königin erhofften 300 000. Sogleich begann Christine mit der Aufrüstung gegen Neapel, indem sie abenteuerlustige junge Italiener einkleidete und bewaffnete und allerlei niedere oder heruntergekommene Adlige an ihren Hof zog. Santinelli wurde von Frankreich nach Rom geschickt, um die verpfändeten Diamanten einzulösen und Azzolino zu übergeben; er verpfändete sie neuerdings den Juden und verwendete den Erlös, der für die Herrichtung des heruntergekommenen Palastes Farnese bestimmt war, für sich. Über dem Tor des Palastes ließ Santinelli sein Wappen anbringen. Was ermutigte ihn dazu? Wähnte er sich schon als Gemahl der Königin? Er verkaufte einen Teil des Hausrats, aus kostbaren Harfen ließ er Gold und Silber herausschmelzen, indem er das Holz verbrannte.

Die Königin war zu dieser Zeit schon in Fontainebleau. Ihr Domizil verwandelte sie in eine Rüstkammer und Schneiderwerkstatt für die Uniformen ihrer Garde zur Expedition gegen Neapel.

Monaldeschi und Santinelli hatten sich verfeindet und versuchten einander gegenseitig bei der Königin zu verleumden und zu schädigen. Da Santinelli in Rom war, meinte Monaldeschi leichtes Spiel zu haben. In Briefen, in denen er Santinellis Schrift nachahmte, sollte dieser in Verdacht gebracht werden. Monaldeschi richtete es ein, daß die an verschiedene Persönlichkeiten gerichteten Briefe in die Hände der Königin kamen. Dadurch erfuhr sie, daß Santinelli sie schamlos bestahl, Gerüchte über ihr Verhältnis zu Azzolino verbreitete und den Spaniern ihre Absicht gegen Neapel verraten habe. Christine schöpfte Verdacht, daß Monaldeschi der Verfasser der Briefe sei, durchsuchte seine Korrespondenz und fand Abschriften von Briefen an eine Italienerin, wahrscheinlich seine Geliebte, in denen er sich über die Königin lustig machte und von seinem Ekel vor ihrem Körper und ihren Gebrechen schrieb.

Die Bluttat, die Christine daraufhin ausführen ließ, bezeichnete sie als Strafe für Verrat und Betrug. Wodurch hatte Monaldeschi sie verraten und betrogen? Gewiß hatte er sie finanziell geschädigt, aber aus den Briefen läßt sich unschwer auf ein intimes Verhältnis schließen, welcher Art es immer gewesen sein mochte. Bestrafte sie als Königin einen Untertanen, oder nahm sie Rache als gedemütigte Frau?

Durch den Capitano ihrer Garde ließ sie Monaldeschi, der sich schon zur Flucht bereit gemacht hatte, in die Galerie de cerfs, die Hirschgalerie, bringen und die Türen durch Soldaten besetzen. Christine, auf ihren Ebenholzstock gestützt, ließ durch den Prior des Ordens der Dreifaltigkeit in Fontainebleau, Pater Lebel, Monaldeschi die Briefe zeigen und sprach ihn schuldig. Sie ließ Monaldeschi, der sich verteidigen wollte, nicht ausreden und befahl dem Prior, Monaldeschi auf den Tod vorzubereiten. Monaldeschi und den Prior, die kniefällig um Gnade baten, wies sie ab und verließ die Galerie. Der Priester, der ihr gefolgt war, fand sie unbewegt; sie beharrte auf ihrem Urteil und Befehl. Monaldeschi beichtete, dann schnitt ihm der Bruder Santinellis, Lodovico, die Kehle durch. Da Monaldeschi noch lebte, wurde er von den Männern, die mit bloßen Schwertern die Exekution überwacht hatten, getötet.

Christine schrieb Francesco Santinelli: »Marquis, ich sende Ihnen einen Bericht über den Tod Monaldeschis, der mich verraten hat und versuchte, mich glauben zu machen, Sie seien der Verräter. Dann schließlich, als Sterbender, gestand er sein Verbrechen und unsere Unschuld und bewies, daß er alle seine heftigen Anschuldigungen gegen uns frei erfunden hatte, um uns zugrundezurichten. Versuchen Sie nicht, meine Handlungen gegenüber irgend jemand zu rechtfertigen. Ich bin niemandem Rechenschaft schuldig außer Gott, der mich gestraft hätte, wenn ich dem Verräter verziehen hätte. Mein Gewissen weiß, daß ich nach göttlicher und menschlicher Gerechtigkeit gehandelt habe. Seien Sie glücklich und seien Sie versichert, daß ich unsere Handlungen gegenüber allen verteidigen werde. Christine Alexandra, Fontainebleau, 17. November 1657.«

Dieser Brief redet eine deutliche Sprache; besonders in den Sätzen, die von »uns« sprechen, kommt eine unanzweifelbare Gemeinsamkeit zwischen Christine und Santinelli zum Ausdruck.

Ludwig XIV. war über diese »Hinrichtung« entsetzt, denn nur der König hatte das Recht, Todesurteile zu fällen. Christine verteidigte sich, sie sei eine Königin und habe das Recht, den Verrat eines Untertanen zu bestrafen. Nicht von einem Mord könne die Rede sein, sondern von einer Hinrichtung.

Mazarin bat die Königin, die Nachricht zu verbreiten, Monaldeschi sei während eines Streits zwischen ihren Hofleuten getötet worden. Christine weigerte sich, diesem Wunsche nachzukommen.

Ihre Unberechenbarkeit bezeugt ihr unverschämter Wunsch an Mazarin, dem Bruder des Mörders Monaldeschis, Francesco Santinelli, eine Grafschaft zu verleihen. Mazarin lehnte dieses Ansinnen ab.

Sie darf den König tanzen sehen

Christine wurde wegen der Hinrichtung Monaldeschis getadelt, aber auch, besonders unter den Damen, bewundert.

Später schrieb sie an Santinelli nach Wien, wo er sich in diplomatischen Geschäften für die Königin aufhielt; es ist ein Brief einer gefährlich eifersüchtigen Frau: »Ich war erstaunt, Ihren Brief zu erhalten, aus irgendeinem Ort, den ich nicht aussprechen kann, mit einem so barbarischen Namen, daß ich sehr zweifle, ob er auf irgendeiner Landkarte außer Ihrer eigenen zu finden ist.« Sie befiehlt ihm, zurückzukommen und »nahe meiner Person zu bleiben«, und sie wünscht nicht, daß er ihr Geld auf törichte Weise ausgebe. »Und Sie sollten wissen, daß Sie, wenn Sie noch länger in Wien bleiben, dies auf Ihre eigenen Kosten tun, da Sie von mir weder Geld noch den Titel eines Botschafters erhalten werden. Ich spreche ganz klar und unverblümt mit Ihnen. Bedenken Sie, was Sie tun, und tun Sie nichts Törichtes, wenn Sie meinen Schutz wünschen. Haben Sie Glauben, Ehre, Vertrauen und Verstand, und ich werde mehr für Sie tun, als Sie verdienen, mehr als Sie erhoffen können, denn ich will nur alles Gute für Sie. Aber bitte, seien Sie nicht Ihr eigener Feind.« –

Ludwig XIV. scheint ihr ihre Tat oder Untat nicht nachgetragen zu haben, denn er machte der Königin mit seinem Bruder und dem Hofstaat einen Besuch. Ihre Gemächer im Louvre wurden ein Mittelpunkt der Pariser Gesellschaft, mit Mazarin führte sie politische Gespräche; mit etwas würde ihm die Königin, die an so vielen Dingen beteiligt und mit so vielen höchsten Persönlichkeiten bekannt und vertraut war, behilflich sein können. Sie hatte einen tollen Plan ausgeheckt: eine der Nichten Mazarins mit Cromwell zu verheiraten. Sie ging diplomatisch vor, indem sie Cromwell einen schmeichelhaften Glückwunsch zur Erlangung der Würde eines Lord-Protektors sandte und schließlich ihren Sekretär nach London schickte, in der Hoffnung, dorthin eingeladen zu werden. Das geschah natürlich nicht; Cromwell haßte und verfolgte die Katholiken.

Sie nahm an einer Sitzung der Académie Française teil. Mazarin erwies ihr allerlei Artigkeiten. Er ließ ihr eine bedeutende Summe aus den alten Schulden Frankreichs an Schweden auszahlen und seinen Palast in Rom für sie instandsetzen. Insgeheim hoffte Mazarin, ihre Rückreise nach Rom zu beschleunigen. Aber Christine blieb, sie wollte das große gesellschaftliche Ereignis, den Karneval in Paris, erleben. Sie wurde zu dem Ball, den der Hof veranstaltete, eingeladen, und sie durfte, was schon Wochen vorher angekündigt worden war, den König tanzen sehen.

Irrsale, Wirrsale

Christine traf am 15. Mai 1658 in Rom ein; sie zog in das ihr von Mazarin überlassene Palais.

Das war dem Papst, der über die Rückkehr Christines alles andere als erfreut war, höchst unangenehm, denn der Palazzo Mazarin lag in unmittelbarer Nähe des Quirinals mit dem Palast der Päpste, um den Christine ihr Netz wie eine Spinne weben konnte. Unangenehm war dem Papst auch, daß Christine noch immer ihren absurden neapolitanischen Plan verfolgte, wodurch der Papst in politische Unannehmlichkeiten geriet. Bei dem venezianischen Gesandten beklagte sich der Papst über die über alle Begriffe hochmütige Frau, die in einem barbarischen Lande geboren und erzogen worden sei und ihre barbarischen Gewohnheiten behalten habe.

Man nahm Christines rasch wechselnde Pläne, die ihren Launen entsprangen, noch immer ernst; sie verwirrten die Politiker und die Politik.

Die für das Heer gegen Neapel angefertigten Uniformen wurden im Getto versetzt, der kostbare Königsmantel wurde im Monte di Pietà verpfändet. Christine hatte sich auf ein anderes Projekt gestürzt.

Die Türken, an die Venedig einen großen Teil seines Kolonialbesitzes verloren hatte und mit denen Österreich trotz militärischer Erfolge einen ungünstigen Frieden geschlossen hatte, wurden zu einer Bedrohung Südosteuropas. Christine beabsichtigte, gegen sie einen Kreuzzug zu organisieren; sie trat deswegen mit dem am meisten bedrohten Venedig in Verbindung und wollte ein Heer aus Freiwilligen sammeln.

Ihre Bemühung, eine Union der christlichen Herrscher

Europas gegen die Türken zu organisieren, schlug fehl. Sie hatte nicht bedacht, daß durchaus nicht alle christlichen Herrscher ein Interesse daran hatten, die Türken zurückzudrängen. Frankreich sympathisierte mit ihnen, waren es doch die Türken, die das von Frankreich gehaßte Österreich bedrängten; auch der Papst zeigte keine Lust, sich in ein solches Unternehmen einzulassen.

Christine hatte die Kühnheit – manche nannten es Frechheit und Unverschämtheit –, Lodovico Santinelli, der Monaldeschi ermordet hatte, zum Befehlshaber des gegen die Türken angeworbenen Regiments zu machen. Sie unterstützte die Absicht Santinellis, Anna Maria Aldobrandini, die junge Witwe des Fürsten von Ceri, zu heiraten – wollte sie auf die erprobte Weise einen Liebhaber loswerden? Sie versuchte, den Papst für diese Heirat zu gewinnen. Der Papst schickte die Herzogin in ein Kloster und nötigte Santinelli, Rom zu verlassen.

Mehr noch verdroß den spanisch gesinnten Papst Christines enge Verbindung mit Frankreich, von dem er einen Einfall in den Kirchenstaat befürchtete. Er ließ Christine überwachen. Daraufhin zog sich Christine in ein Kloster zurück, merkte aber, daß sie hier von der Geistlichkeit noch besser überwacht werden konnte.

Auch zu Schweden verschlechterten sich ihre Beziehungen. Die ihr zustehenden Zahlungen flossen infolge der Kriege, die der König mit dem halben, gegen ihn verbündeten Europa führte, nur noch spärlich. Christine hielt diese Kriege für unnötig und für Schweden schädlich, forderte, daß der König Frieden schließe und die Regierung so weiterführe, wie sie sie begonnen hatte. Sie schickte ihren Sekretär Davison nach Stockholm, um ihre Forderungen anzumelden; Davison wurde als Katholik brüsk zurückgewiesen.

Alle Zeit über zeigte sich Christine trotz aller Mißhelligkeiten guter Laune, ja heiter und unermüdlich im
Schmieden neuer Pläne.

Der Türkenplan war wie eine bunte Seifenblase zerplatzt,
sofort wurde ein neuer Plan ausgeheckt.

Sie bemühte sich, den österreichischen Kaiser zu bewegen, seinen Feldherrn Montecuccoli mit 20 000 Mann
gegen die Schweden ins Feld zu schicken, um ihnen Pommern abzunehmen; Christine wollte die Einkünfte aus
Pommern bis zu ihrem Tod beziehen, dann sollte das
Land an den Kaiser fallen.

Natürlich wurde auch aus dem gegen ihr eigenes Vaterland gerichteten Plan nichts.

Die finanziellen Verhältnisse Christines waren heillos
zerrüttet, ihre Stellung zum Papst war mehr als abge-
kühlt, zumal Christine durch ihre Intrigen und unbere-
chenbaren Machenschaften die gesellschaftlichen Verhältnisse zu beeinflussen trachtete und durcheinander-
brachte. Schließlich gelang es dem Kardinal Decio Azzolino, sie zur Übersiedlung in den Palazzo Riario zu bewegen, wodurch sie wenigstens durch den Tiber vom Sitz
des Papstes getrennt war.

Azzolino war es auch, dem es gelang, ihre finanziellen
Verhältnisse zu regeln und überhaupt die verworrenen
Lebensfäden Christines halbwegs zusammenzuhalten.

Das 17. Jahrhundert hatte eigentümliche sittliche Verhältnisse – soweit dabei von Sitte noch die Rede sein
kann. Trotz der starren spanischen Etikette, die im hispa-
nisierten Italien nachgeahmt wurde, hatte sich das Cicis-
beat, die Hausfreundschaft, herausgebildet und eingeni-
stet, so daß man schließlich in »keiner der angesehenen
Familien mehr wußte, wessen Sohn, Vater oder Bruder
man war« (Jacob Burckhardt). Andere Zeiten, andere

Sitten und Unsitten! Die vielfachen amourösen Beziehungen waren, wie auch die eifrige Pflege der Künste und permanenten Kleinkriege, die Folge einer überschwenglichen Lebenslust und einer depressiven Langeweile.

Von Langeweile konnte bei der ruhelosen Christine zwar keine Rede sein, sie war neben ihrem politischen Spiel ständig in irgendwelche Liebesbeziehungen verstrickt. Schon in ihrem eigenen Hofkreis, der groß und mannigfaltig war, bot sich ihr Gelegenheit zu rasch wechselnden Verhältnissen. Man sagte ihr solche schon in ihrer Jugend nach, zu Doktor Bourdelet, einem angenehmen Franzosen, zu ihrem Stallmeister Steinberg, zu dem Diplomaten Dohna aus einem alten sächsischen Grafen- und Dynastengeschlecht, einem übereifrigen Gegenreformator (unter dem Namen Dohna war Christine aus Schweden abgereist), zu dem schwedisch-französischen Magnus Gabriel de la Gardie, einem damals Fünfundzwanzigjährigen, dem die zwanzigjährige Christine zugetan war und den sie in ungewöhnlich raschem Aufstieg zum Großmarschall machte und später ungerecht als Trunkenbold und Heuchler verleumdete. Als sie in Paris gewesen, wurde von ihrer rasch aufgeloderten Zuneigung zu dem Herzog von Guise gesprochen, der sie von Marseille nach Paris begleitet hatte. Damals war sie schon mit dem Kardinal Decio Azzolino eng liiert.

Azzolino stammte aus einem nicht sehr wohlhabenden Geschlecht aus Empoli-Vecchio, wo es die Villa Rinuccini bewohnte. Christine hatte ihn als Zweiunddreißigjährigen kennengelernt; die Beziehung dauerte trotz mancher Schwankungen dreißig Jahre, bis zu Christines Tod. Christine war mit Azzolino durch ihre politischen Intrigen bekanntgeworden, wobei die Fürstin von Rossano, die schöne und gescheite Olympia Aldobrandini, ihre

57

Rivalin war. Die Fürstin, die in zweiter Ehe den ehemaligen Kardinal Don Emilio Pamfili geheiratet hatte, soll die Geliebte Azzolinos gewesen sein; er hatte ihr nach der Sitte der Zeit – Literatur war ein Spiel der Gesellschaft geworden – Sonette gewidmet, die allerdings kaum starke Gefühle, vielmehr Freude an der Form und an allegorischen Vergleichen verraten.

Christine hatte in überschwenglichen Briefen beteuert, sie schätze das Glück, das ihr durch Azzolino zuteil geworden, höher als Zepter und Krone, höher als die Herrschaft über die ganze Welt. Das allerdings schrieb sie in hohem Alter und über ein vergangenes Glück. Der spöttische Monsignore Lascaris, der päpstliche Vizelegat in Pesaro, beschrieb die Königin anläßlich eines Besuches bei ihr: Er habe sie schöner gefunden als je, sie trug ein schwarzes, mit Bändern und einem männlichen Kragen garniertes Samtkleid. Sie sah so gut aus, daß man verrückt werden konnte, namentlich als sie eine französische Komödie in die Hand nahm und beim Schein einer Wachskerze vorzulesen begann.

Wie immer die Beziehung gewesen sein mag, der umsichtige und weltkluge Azzolino war es, der halbwegs Ordnung in das verworrene Leben Christines brachte. Er hatte durch ihre Übersiedlung in den Palazzo Riario einen Wunsch des Papstes erfüllt, Christine aus der Nähe des Quirinals zu entfernen, und den Papst bewogen, ihr eine Pension von 12000 Scudi zu bewilligen; das Verhältnis Azzolinos zu Christine, an dem der Papst Anstoß genommen hatte, war ihm hilfreich, und er förderte es wegen des guten Einflusses, den Azzolino auf Christine hatte.

Da trat ein Ereignis ein, das Christine zu einem neuen Entschluß bewegte. Ihr Nachfolger, König Karl X. Gu-

stav, war 1660 überraschend gestorben. Als Erben hinterließ er einen vierjährigen Knaben. Christine entschloß
sich, nach Schweden zu reisen.

In Schweden

Am 10. Oktober 1660 betrat Christine im Schloß zu Stockholm jene Gemächer, die sie vor sechs Jahren verlassen hatte. Sie bat den Hofmarschall von der Linde, der sie begleitet hatte, sie allein zu lassen. –

Sie setzt sich in einem Stuhl vor dem Fenster nieder, schaut in den frühherbstlichen Nebel, der die Welt verdeckt. Aus ihm stöhnen die Nebelhörner der Schiffe.

Sie ruft die eilig zurückgelegte Reise in die Erinnerung zurück.

Die Gerüchte, die ihr vorangegangen waren, fliegen wirren Flugs wie draußen die Möwen mit ihrem häßlichen Geschrei: Einige mit der Regierung unzufriedene Reichsräte hätten sie nach Schweden zurückgerufen, um nach dem Tod des Königs die Herrschaft wieder zu übernehmen; sie wolle heimlich den Jesuitenorden einführen; sie wolle den Prinzen Adolf Johann, den Bruder des toten Königs, heiraten, um die Krone wiederzuerlangen.

Christine stampft mit beiden Füßen gegen die Fußbank. Heiraten! Das kann jede Köchin – ihr grauste. Und ihn, den Säufer und Rohling. Ich habe ihm aus einem ganz anderen Grunde freundliche Briefe geschrieben . . .

Beim herrlichen, prächtigen Empfang in Kopenhagen hatte sich der König artig und höflich gezeigt, er, gegen den Schweden jahrelang Krieg geführt, der nichts anderes war als ein Bruderkrieg. Krieg! Haben die Männer nichts anderes im Kopf! Sie verabscheute, sie haßte ihn.

Als ihr Fuß die Erde ihres Vaterlandes berührt hatte – sie liebte es nicht –, hatte in Halmstad der Hofmarschall im Namen des vierjährigen Kronprinzen, der verwitweten Königin und des Reichsrats sie willkommen geheißen.

Sie lachte.

Willkommen! Um sie mit falscher Freundlichkeit von der Weiterreise nach Stockholm abzuhalten und zur Rückkehr zu bewegen.

Sie springt auf, geht mit großen Schritten eilig hin und her – ein gefangenes Tier im Käfig.

Sie hatte den Herren in Stockholm einen schönen Schrecken eingejagt – aber nicht allen. Da waren noch einige, die ihr wohlgesinnt waren, aber nicht wagten, sich dazu zu bekennen – das gibt ein amüsantes Kartenspiel. Wollen sehen, wer die Herzdame gewinnt.

Sie war nicht umgekehrt, sie hatte die Reise beschleunigt, vom Jubel des sie begrüßenden Volkes getragen.

Wie war das mit dem Mädchen gewesen, das sich für die wiedergekehrte Königin ausgegeben hatte und vom Volk begeistert begrüßt worden war? Dachte das Volk besser, hatte das Volk ein gerechteres Herz als die Hofschranzen? Ich möchte das Mädchen sehen – wer weiß, was sie mit ihm gemacht haben. Sie sucht, der Name fällt ihr ein: Anna Gyldener . . .

Vor dem Stockholmer Stadttor waren sie gestanden, ein frierender Haufen, um sie zu empfangen, die noch immer die Tochter ihres großen Vaters war. Allerdings eine verlorene Tochter, vom Väterglauben abgefallen, eine verhaßte Papistin.

Oder hofften sie, sie werde zerknirscht und reuevoll zum alten Glauben zurückkehren? Waren da gestanden: das Kronprinzchen – was für ein zartes Pflänzchen, zum Erbarmen!, durch ihre Gnade wollte der einmal König von Schweden werden! –, die Königswitwe, ihrer Sache nicht mehr sicher, die Reichswürdenträger, die Bürgerschaft unter Waffen, die Soldaten in Reih und Glied und starr wie bunt angemalte Holzfiguren. Die Geschütze des

Schlosses und der Flotte hatten gefeuert, als gälte es, einem Feind Schrecken einzuflößen . . .

Der französische Gesandte läßt bitten, der Königin seine Aufwartung machen zu dürfen.

Sie hält ihm die Hand zum Kuß hin, empfängt ihn freundlich, freudig. Endlich ein Gesicht unter den glotzenden Larven!

Terlon erkundigt sich nach dem Befinden der Königin.

»Bon, très bon, Chevalier Terlon. Darf ich Sie einladen? Ich habe eine heilige Messe richten lassen. Drüben im großen Saal, in welchem ich dem König, der jetzt tot ist, meine Krone geschenkt habe.« –

Sie nimmt an der Leichenfeierlichkeit für den toten König teil, die erst jetzt stattfindet. Der französische und der englische Gesandte führen sie. Vor Beginn der kirchlichen Zeremonien verläßt sie mit dem Chevalier Terlon und ihrem Gefolge, das aus lauter Italienern besteht, die Kirche.

Am selben Tag erscheint Terserus, der Bischof von Aby, vor ihr. Ein Bauer würde vornehmer auftreten. Er ist ein plumper, schwerer Mann mit einem runden fleischigen Gesicht und fettem Doppelkinn – sie möchten allesamt dem Martin Luther ähnlich sehen; die finnischen Züge im Gesicht des Bischofs stoßen sie ab. Der Teufel hat das Gesicht eines Mongolen oder Osmanen.

Der Bischof fragt ohne Umschweife, ob sie die Beschlüsse von Norrköping, anno 1604, und die von Örebro, anno 1617, kenne, die den papistischen Glauben im Königreich Schweden verbieten.

»Die wurden vor meiner Regierungszeit erlassen«, antwortet die Königin ruhig.

»Der jetzt zum Herrn eingegangene König hat sie um einige noch strengere ergänzt.«

»Sie gehen mich nichts an. Bedenken Sie, Bischof, daß mir die königliche Würde geblieben ist.«

Der Bischof stutzt.

»Ich habe vor meiner Reise schriftliche Zugeständnisse erhalten. Will man . . . ?«

Der Bischof fällt ihr ins Wort: »Ketzern braucht man nicht Wort zu halten.«

»Ich kenne den Heiligen Vater besser als Sie. Er gibt für eure Seelen allesamt nicht fünf Taler.«

»Und ich gebe für die Seele eines Papstes keinen roten Judenpfennig.«

Nun ist die Königin erschrocken. Wenn sie dieses Land je geliebt, war es wegen seiner klaren und kalten Luft gewesen. Von dem Bischof weht ihr Eiseskälte entgegen, Eiseskälte der Unduldsamkeit und des Hasses.

In diesem Augenblick hält die Welt einen Augenblick den Atem an, ist Schweigen.

Die rasselnde Stimme des Bischofs zerstört es:

»Die Gesetze unseres vielgeliebten Landes verbieten das Skandalon jeder papistischen Abgötterei. – Schämst du dich nicht? Dein Vater ließ dich auf den Namen Christine Augusta taufen, und du nennst und schreibst dich –«

Die Königin wartet, beherrscht sich, sagt ruhig:

»– mit dem Namen meiner heiligen Firmung Christine Alexandra. – Gehen Sie, Bischof Terserus! Man beginnt mit dem Totenmahl. Es wird Fasane geben. Sie sind ein Liebhaber von Fasanen.«

»Soll dies das Ende unserer Unterredung sein?«

»Sie hat schon zu lange gedauert.«

»Ich aber habe –«

»Schweigen Sie, Bischof. Sie wissen, daß Sie vor Ihrer Königin nur dann weitersprechen dürfen, wenn diese Ihnen die Erlaubnis dazu gibt.« –

Christine feiert die Messe nicht mehr im Schloß, sondern in der französischen Gesandtschaft. Dort begeht sie auch das Weihnachtsfest und empfängt die Kommunion.

Sie will keinen von der schwedischen Geistlichkeit mehr sehen, sie nimmt mit ihr den Papierkrieg auf, beruft sich auf den Vertrag, wodurch sie frei und niemandem verantwortlich ist.

Mit dem Reichsrat und Großschatzmeister Flemming geht sie sanft um. Er ist bei den Herren der Regierung nicht gut angeschrieben. Sie muß ihn schonen.

»Ich habe klare schriftliche Verträge, Flemming, aber Schweden zahlt mir nur noch kaum ein Zehntel der mir zustehenden Beträge. Soll sich eure Königin zu den Bettlerinnen an der Porta del Popolo stellen?«

»Die Kassen sind leer, Majestät.«

»Ich weiß es. Ihr mußtet das Geld erst zusammenscharren, um euren König halbwegs anständig bestatten zu können. Er war mir ein unwürdiger Nachfolger. Warum sind eure Kassen leer? Weil er sie geplündert hat. Kriege nähren kein Land, sondern verzehren es. Ich möchte unserem verarmten Schweden endlich Ruhe und Frieden bringen, deren es seit Jahrzehnten entbehrt, damit es aus seinen gesunden Wurzeln wieder grünen und Frucht tragen kann. Ich möchte Schwedens junge Männer hinter dem Pflug, nicht mit der Waffe in der Hand in der Schlacht sehen.«

Flemming erschrickt. –

Weil sie auch mit den Reichsräten nicht zurechtkommt, eröffnet sie auch hier den Papierkrieg, als handle es sich um diplomatische Auseinandersetzungen zwischen zwei feindlichen Staaten. Die Frau gegen den allmächtigen Reichsrat.

Sie verfaßt eine Protestationsschrift: Sie habe auf den

Thron zugunsten ihres Vetters Karl August verzichtet, das bedeutet zugunsten *eines* Königs. Nun ist dieser König tot.

Diese Schrift entsetzt die Stände. Sie verweigern es, sie anzunehmen. Christine gibt nicht nach.

Sie wendet sich an das ihr wohlgesinnte schwedische Volk und redet es mit »ihr Biederleute« an.

Der Reichsrat verfaßt eine Reprotestation. Er beruft sich auf die Verträge bei ihrem Thronverzicht, die er auf seine Art auslegt, wird hart und deutlich.

Bischof Terserus predigt gegen Christine, ohne bei der Wahrheit zu bleiben.

Christine beschwert sich, daß der Bischof von der Kanzel lüge.

Das Schloß wird von Soldaten umstellt. Christine ist empört. Der Reichsrat antwortet ihr, es geschehe zu ihrem Schutz.

Christine zieht sich nach Norrköping zurück, das zu ihrem unantastbaren Leibgedinge gehört. Dort will sie ihre Forderungen weiter vertreten und verteidigen.

Plötzlich verliert sie die Lust an diesem widerlichen Streit. Sie beginnt wieder, sich den Künsten und Wissenschaften zu widmen. Das nützt der Reichsrat aus. Er geht von der Verteidigung zum Angriff über. Eine Antwort an den Generalstatthalter offenbart ihre Verwirrung: »Wenn mir ein Schimpf widerfährt, so wird die Schande mehr den Kronrat und den Staat treffen als mich. Ich kann und will der Gewalt nichts als Bitten entgegensetzen; aber mögen sich die Herren an ihre eigene Ehre erinnern und bedenken, daß ich nie ihre Untergebene sein kann, wie unglücklich ich auch sein mag. Ich lasse Ihnen mein Vermögen und mein Leben und verlange keine andere Gnade, als aus Schweden gehen zu können, ohne meine

Ehre gekränkt und das Völkerrecht verletzt zu sehen, die gegen eine Person meines Ranges heilig sein sollten. Mögen Sie mir und meinen Leuten lieber das Leben nehmen, der Tod ist mir nicht so schrecklich als die Entehrung und der Schimpf, die sie mir durch Verletzung des Völkerrechts antun. Ich bin strafbarer als meine armen Diener, und ich will das Leben für sie wagen, indem ich meine Religion behaupte. Genügt es, die katholische Religion zu bekennen, um in Schweden nichts mehr hoffen zu dürfen?«

Dieser Abschiedsbrief an den Reichsrat in Stockholm ist der Ausdruck des Schmerzes über gekränkte Würde, angetanes Unrecht und ein hartnäckiges Bekenntnis zu der von ihr gewählten Religion, aber auch der Ausdruck des Zorns über Intoleranz. Ihre Toleranz, eine ihrer besten Eigenschaften, sollte sie später noch oft beweisen, auch wenn es galt, sich für Andersgläubige gegen den Papst und selbst gegen die damals allmächtigen Jesuiten einzusetzen.

Der Reichsrat machte ihr einige Konzessionen, um sie loszuwerden. Sie genügten ihr nicht. Sie reiste zwar Ostern 1662 aus Schweden ab, aber sie versicherte, daß sie nur Zeit gewinnen wolle und wiederkommen werde, um für ihre Rechte zu kämpfen.

Sie ging zunächst nach Hamburg, wo sie den fürstlichen Personen, fremden Gesandten und dem Magistrat ein glänzendes Fest gab. Dem jüdisch-portugiesischen Bankhaus Taxeira übertrug sie die Erledigung ihrer Geschäfte und die Einziehung ihrer Gelder.

Von Hamburg eilte sie nach Rom.

Wieder in Rom

Im Juni 1662 war Christine wieder in Rom. Sie war 36 Jahre alt geworden. Der Zustand, in dem Decio Azzolino sie antraf, nachdem er zwei Wochen in Terni auf ihre Ankunft gewartet hatte, war desolat. Sie war ungewaschen und ungekämmt, hatte ins Haar bunte Bänder geflochten, sah, wie man schon vorher hinter ihrem Rücken gesagt, einer Hexe ähnlich; durch einen fadenscheinigen Kaftan waren ihre mageren Beine zu sehen.

In Rom war sie sogleich wieder in Politik und Diplomatie verstrickt; sie wurde dem kränkelnden Papst hilfreich.

Zu den Männern, die Christine nicht ausstehen konnte, gehörte der französische Gesandte, der Duc de Créqui. Bei seinem Antrittsbesuch bot ihm Christine nur ein Taburett an, der Duc bestand auf einem Fauteuil. Christine bekam gegen eine Beschwerde des Duc beim Papst recht: ein Fauteuil stehe nur einem Kardinal zu.

Einen Streit wegen einer Beschwerde König Ludwigs XIV. regelte Christine zugunsten des Papstes. Nach einem Überfall der korsischen Garde des Papstes auf die Hofleute und den Palast Farnese des Duc de Créqui wendete Christine die bösen Folgen ab. Sie konnte Ludwig XIV. zur Nachgiebigkeit bewegen.

Diese geringfügigen Vorfälle waren das Zeichen einer tiefen Mißstimmung zwischen dem Papst und Ludwig XIV., der nach dem Sieg über Spanien und nach dem Abschluß des Pyrenäischen Friedens von 1659 von Geltungs- und Eroberungssucht befallen worden war. Das bekam der spanisch gesinnte Papst zu spüren, dessen Macht und Ansehen der König zu mindern versuchte. Ludwig XIV. bemühte sich, den Papst auf alle mögliche

Art zu demütigen, besetzte das päpstliche Avignon und bereitete einen Angriff auf den Kirchenstaat vor. Mit diplomatischem Geschick, Schläue und Charme griff Christine in den Konflikt ein, beschwichtigte den König und stellte ein halbwegs erträgliches Verhältnis her.

Das Entgegenkommen des Königs gegenüber Christine hatte seinen Grund. Infolge der schweren Erkrankung des Papstes erhoffte sich Ludwig XIV. die Hilfe Christines bei der Wahl eines ihm genehmen Nachfolgers, der ein Franzose sein sollte.

Neuen Glanz gewann der Hof Christines durch ihre Konzerte und Theateraufführungen, aber auch dadurch, daß jetzt erst ihre in Hamburg und Flandern gelagerten Kunstsammlungen nach Rom kamen. Unter ihnen befanden sich die Schätze aus den Kunstkammern Kaiser Rudolfs II., welche die Schweden nach der Eroberung Prags weggeführt hatten; darunter waren 130 wertvollste Gobelins, eine der größten Medaillensammlungen Europas, zahllose Gemälde und eine riesige Bibliothek.

Die in Christines Palazzo ausgestellten Sammlungen erregten selbst im kunstbesessenen Rom größtes Aufsehen und brachten der Königin neues Ansehen ein. Alles Künstlerische, einschließlich Theater, Oper, Musik, war eine höfische Angelegenheit und diente zur Ausschmükkung der Paläste, als Kulisse für prunkvolle Feste, gehörte zum guten Ton und diente der Prahlsucht. Das war die Zeit, war Rom in jener Zeit: als Ausgleich für seelischen Substanzverlust, zur Übertäubung der Langeweile eine universale Schauspielerei, Rausch, Sensation. (Nietzsche) Es gab noch keine öffentlichen Ausstellungen, keine Kunstkritik, entscheidend war der Geschmack der Betrachter, also des Adels und der hohen Geistlichkeit. Ausstellungswesen und Kunstkritik kamen erst hundert

Jahre später auf, im Pariser Salon und durch die Kunst-feuilletons Diderots.

In jener Zeit war Christines Maggiordomo der Duca di Poli, der Bruder des Kardinals Conti, ein guter Geist der Königin. Ihr Kammerdiener war eine skurrile Person, Clairet Poissonet.

Christine verschmähte nicht, zwielichtige Personen an ihren Hof zu ziehen und sie zu nutzen. Es waren Menschen aus dem Volk, das damals nichts zu sagen hatte; sie erwiesen sich durch ihre Natürlichkeit, verbunden mit Geschick und oft als Dummheit getarnte Schläue, als nützlich und hilfreich; Gestalten, die Molière zur Belustigung des Adels in seine Komödien einführte; noch bei Mozart finden wir sie. Einmal hochgekommen, machten sie sich unentbehrlich und nisteten sich in die Häuser der Aristokratie ein.

Clairet Poissonet war der Sohn eines französischen Gastwirts, der wegen seiner Wendigkeit, Verläßlichkeit und guten Manieren von einem Dienstherrn zum anderen immer höher aufstieg; zu Christine war er über den polnischen Kronprinzen Johann Casimir gekommen. Seine Spezialität war, Früchte einzukochen. Außerdem überwachte er bei Christine die Wäsche. Bei einer Festlichkeit fiel der als Frau gekleidete Poissonet so angenehm auf, daß Christine ihn zu ihrem Kammerherrn machte, den sie mit verschiedenen Aufträgen selbst ins Ausland schickte, denn Poissonet beherrschte einige Sprachen. Als er einmal für die Königin Geld abheben mußte, konnte er die Quittung nur mit drei Kreuzen versehen; er redete sich damit heraus, daß sein Arm einmal so verwundet worden war, daß er von da an gelähmt sei. In Wirklichkeit konnte er, der italienisch, polnisch und schwedisch fließend sprach, nicht schreiben.

Als der Papst ihm, den er gut leiden konnte, neben einer hochwertigen Medaille ein gegen alle Übel helfendes gedrucktes Gebet schenkte, fragte Poissonet, ob das Gebet auch wirke, wenn man es sich vorlesen lasse; der Papst riet ihm lachend, es an der Brust zu tragen.

Am wertvollsten war der überaus neugierige, zugleich verschwiegene Poissonet als Spion, der in den Osterien auf der Piazza di Spagna alles erkundete und herausbekam, was sich Neues zutrug; von betrunken gemachten Kammerdienern anderer Herrschaften erfuhr der stets nüchterne Poissonet, was in den Familien vorging. Diplomatische Ränke, politische Entscheidungen und Hausklatsch waren gleich wissenswert, auch wer in Rom ankam und aus Rom fortreiste. Für Christine war Poissonet ein nie versiegender Nachrichtendienst.

Weil sich das Leben des Papstes infolge einer schweren Krankheit dem Ende zuneigte, war Rom wie vor jeder Wahl eines neuen Papstes in hektischer Aufregung, voll von geheimen Absprachen, Vermutungen, Überredungsversuchen und Bestechungen. Die französische und die spanische Partei bekämpften und verleumdeten einander und versuchten Anhänger zu gewinnen. Zwischen den Parteien stand die Squadrone volante, die oft den Ausschlag gab; zu ihr gehörten Christine und der Kardinal Decio Azzolino. Sie warben für den Kardinal Giulio Rospigliosi.

Am 22. Mai 1667 starb im 68. Lebensjahr Alexander VII., der Papst, der die Bekehrung Christines als Triumph empfunden, später mit ihr viel Ärger gehabt hatte, schließlich gut mit ihr ausgekommen war.

Schon zu Lebzeiten des Papstes hatte Lorenzo Bernini dessen Grabmonument geschaffen. Gregorovius beschreibt es: »Auf Befehl des Papstes hatte der unermüd-

liche Künstler die prächtige Scala Regia im Vatikan und
die großartigen Kolonnaden des Sankt-Peters-Platzes erbaut, womit er dem ganzen Denkmal der Herrlichkeit
des Papsttums die Vollendung gab. Bernini errichtete
Alexander VII. in seinem höchsten Greisenalter auch das
Grabmal in Sankt Peter, und in ihm hat der barocke Stil
das Äußerste von Unnatur erreicht, in welche die Bild-
hauerei überhaupt verfallen konnte. Über der zur Sakri-
stei führenden Tür schwebt ein vergoldetes abscheuliches
Gerippe mit weit hingestrecktem Stundenglas aus einer
Draperie von Alabaster hervor. An dem übermäßig großen Piedestal steht eine ekelhafte ›Wahrheit‹, mit dem
Fuß eine Erdkugel zerdrückend, und eine affektierte ›Ka-
ritas‹. Der Papst (er war klein und graziös von Gestalt
und einst ein beredter und witziger Mann) kniet mit
gefalteten Händen auf einem Kissen. Hinter ihm tauchen
aus der Nische, worein sie versunken sind, noch die
Köpfe zweier Tugenden auf.«
Bernini, den Christine in seinem Atelier besuchte und mit
dem sie in ihrer Akademie weitläufige Kunstgespräche
führte, stand im Dienst auch des nachfolgenden Papstes
Klemens IX., für dessen Wahl Christine und Azzolino
sich eingesetzt hatten. Klemens war neun Jahre Nuntius
in Spanien gewesen und war dort literarisch ein Schüler
des Lope de Vega und Calderons. Er schrieb einige komi-
sche Opern, die, von bedeutenden Komponisten vertont,
in Berninis prunkvollen Inszenierungen im Privattheater
der Barberini aufgeführt wurden. Klemens war als Text-
dichter keineswegs nur Dilettant; er hat die Entwicklung
der römischen und neapolitanischen Oper wesentlich be-
einflußt.
Wir sind, um zusammenzufassen, den Ereignissen um
Christine vorausgeeilt. Sie war nicht in Rom, als Alexan-

der VII. starb und Klemens IX. gewählt wurde. An beiden Ereignissen sollte sie aber auf merkwürdige Weise
teilnehmen.

Sie war vor zwei Jahren in Stockholm gewesen, ohne ihre
Angelegenheiten ins reine bringen zu können. Das wollte
sie durch eine neuerliche Reise nach Schweden tun. Sie
beantragte bei den Reichsständen eine Erlaubnis zur
Rückkehr in ihr Vaterland. Sie erhielt sie, aber unter
harten Bedingungen, die die Ausübung ihrer Religion
betrafen; alles andere ließ man im Ungefähren.

Alles ist in diesem Land erfroren

Am 22. Mai 1666 um zwei Uhr nachts brach Christine mit einem Hofstab von nur sechzehn Personen auf. Azzolino, der die Verwaltung des römischen Haushalts der Königin übernommen hatte, begleitete sie bis Castelnuovo. Sie nahm schwer Abschied und weinte während der Weiterreise. Tat sie es aus Schmerz über die Trennung von Azzolino, aus Trauer darüber, Rom verlassen zu müssen, aus der Ahnung dessen, was ihr bevorstand?

Ihre Reisebriefe geben ein trostloses Bild von Deutschland und den Deutschen, die sie beide haßte. Ihre ersten Briefe an den Vater hatte sie als Mädchen in deutsch geschrieben. Sie bedachte nicht, daß sie durch ein Land reiste, das sich in den kaum zwanzig Jahren nach dem Dreißigjährigen Krieg noch nicht erholt hatte, an dessen Zerstörungen und Verwüstungen ihr Vater teilgenommen hatte.

In Braunschweig, wo sie im Stroh schlafen mußte, erleichterten deutsche Soldaten ihr Reisegepäck um einige Koffer. Sie nennt in ihren Briefen an Azzolino Deutschland kalt, stinkend und barbarisch; sie zieht einem Deutschen einen Ketzer vor, der sich immerhin bekehren könne, ein Vieh aber werde niemals vernünftig. Daß die deutschen Männer Trunkenbolde seien, darauf kommt sie auch aus ihrer Abneigung gegen das Weintrinken immer wieder zu sprechen. Der Landgraf Wilhelm Christoph von Homburg konnte ihr keine Aufwartung machen, weil er nach einer durchzechten Nacht das Bett hüten mußte; der Ruhm des Bischofs von Salzburg bestehe darin, täglich ein Fäßchen Wein leerzutrinken, ohne berauscht zu werden. Sie ermahnte Azzolino, für das

Konklave zur bevorstehenden Papstwahl genug Wein vorzubereiten, denn die drei deutschen Kardinäle würden davon mehr verbrauchen als das gesamte heilige Kollegium. In ihren Urteilen über die Deutschen spart sie nicht mit Vergleichen aus der Zoologie.

In Hamburg mußte sie sich länger aufhalten als sie vorgehabt, denn der Reichsrat in Stockholm stellte für die Einreise erniedrigende Bedingungen. Sie wohnte in dem Hause eines Geschäftsfreundes ihres Bankiers Texeira. Irgendwie mußte sich ihr eine Geldquelle erschlossen haben, denn sie begann wieder römisch zu leben, hatte einen sechsspännigen Wagen, bestellte für ihre Dienerschaft neue Livréen, gab Feste und Konzerte, hielt hof. Die nüchternen Hamburger hielten sie für toll und verrückt. Sie spielte Schach und Karten, aber ohne Geld, gab zu Ehren der Hochzeit des Fürsten Georg von Hessen-Homburg mit der Witwe Ahlenfeld ein Festessen.

Für den Fasching bereitete sie einen Maskenball vor. Von ihren Hofleuten – die deutschen Handwerker waren ihr zu ungeschickt und tölpelhaft – ließ sie als Schauplatz Armidas Zauberpalast aufbauen, in welchem die Gäste als Gestalten aus Torquato Tassos Epos »Das befreite Jerusalem« verkleidet erscheinen sollten. Als bekannt wurde, daß der schwedische Feldmarschall Karl Gustav Wrangel an dem Ball teilnehmen würde, traf die Stadt Kriegsvorbereitungen, weil vermutet wurde, die Königin wolle sich unter dem Vorwand des Festes mit der Hilfe Wrangels der Stadt bemächtigen. Die Straßen wurden durch Ketten gesperrt, die Geschütze der Festungswälle auf das Haus der Königin gerichtet. Ungeachtet dessen traf Christine ihre Vorbereitungen zu dem Fest, das, weil es in der Stadt keinen entsprechend großen Saal gab, in einer Remise stattfand. Es wurde ein prächtiges Fest. Der gepanzerte

Wrangel trat als Gottfried von Bouillon auf, Armida war die Fürstin Karoline von Sachsen-Lauenburg, den Zug der Gefangenen eröffnete die Königin, gefesselt und in einem kostbaren Kostüm; Christine erschien den Gästen unter den Rittern, Nymphen und Sklaven wie eine aus dem Olymp herabgestiegene Göttin. Das nachfolgende Bankett und der Tanz bis in den Morgen hatten der Königin nicht gut getan; sie mußte sich, wogegen sie sich stets gewehrt, zur Ader lassen.

Sie führte ein ungesundes Leben. Sie aß viel und rasch, machte sich wenig Bewegung, weswegen sie beleibt wurde. Sie las bis tief in die Nacht hinein im ungeheizten Zimmer nur bei einem brennenden Kienspan. Sie schrieb Azzolino, Deutschland habe ihr doch etwas Gutes getan; sie beginne abzunehmen. Auf den Rat Azzolinos, einen deutschen Arzt zu konsultieren, antwortete sie, sie würde eher ihr Stallpferd konsultieren; die deutschen Ärzte seien roh und gefühllos.

Trotz der unguten Bedingungen des schwedischen Reichsrats wagte Christine Ende April 1667 die Einreise, kam aber nur bis Norrköping. Wieder waren es Schwierigkeiten, die man ihr wegen ihres Glaubens machte; im Hintergrund aber stand beim Reichsrat die Angst vor der Sympathie, die das Volk der Königin entgegenbrachte. Es hatte die gute Zeit ihrer Regierung nicht vergessen.

Christine kam mit ihren Verhandlungen nicht von der Stelle und reiste nach Hamburg zurück, wo sie ihren Notenaustausch mit Stockholm fortsetzte. Sie widmete sich wieder ihren wissenschaftlichen Studien, wechselte eifrig Briefe mit dem französischen Arzt Michon Bourdelet, von dem sie Nachrichten über die politischen Vorgänge in Frankreich und die Übersendung neuer Bücher erbittet. Die Briefe an Azzolino fragen nach den Werken

Berninis. Sie studiert die »Essays Physiques« von Launoy, erwartet mit Ungeduld die neuen Elegien von Benserade, einem der bedeutendsten Dichter seiner Zeit. »Mein Unglück hält mich diesen Winter noch hier, und mein einziger Trost dabei sind die Briefe aus Rom und die Bücher aus Frankreich.«

Erkrankt, rät man ihr, sich Tierblut einspritzen zu lassen. Sie äußert sich sarkastisch: »Im Falle der Not . . . bin ich entschlossen, mich des Blutes eines Deutschen zu bedienen, der dasjenige Tier ist, welches von allen Tieren meiner Bekanntschaft am wenigsten gleicht; ich zweifle jedoch, ob man ihm Blut oder Wein abzapfen würde, man würde dadurch noch tierischer.«

Sie fühlt sich in Hamburg, wo sie noch immer eine günstige Wendung ihrer schwedischen Angelegenheit erwartet, unglücklich und schreibt mit Bezug auf ihre Beschäftigung mit der alten Literatur: »Sie wissen wohl, daß ich jetzt in einem Lande bin, wo die Unterhaltung mit den Toten über die mit den Lebenden trösten muß.«

Aus Rom erhält sie die wichtige Nachricht, daß der Kardinal Giulio Rospigliosi, für den sie geworben hatte, zum Papst Klemens IX. gewählt worden ist. Ihrer Freude darüber gibt sie in einem dreitägigen Fest Ausdruck, das bei den protestantischen Hamburgern Empörung auslöst. Dem Anraten des Magistrats, auf ein solches Fest zu verzichten, schenkte Christine kein Gehör. Sie lagerte, um Zwischenfällen gewachsen zu sein, in ihrem Hause Waffen und Munition. Zu dem Tedeum nach einer feierlichen Messe, die in einem großen Saal abgehalten worden war, ließ sie Freudenschüsse abfeuern. Nach dem Festessen am Abend gab es ein Feuerwerk. 600 Lampen bildeten eine Tiara, die Petrusschlüssel und die Schrift: »Klemens IX. Pont. Max. Vivat!« Das war den Protestanten Hamburgs zu viel. Zwar hatte Christine zur Ablenkung fürs Volk vor ihrem Hause einen Weinspringbrunnen aufbauen lassen, aber das Volk, vor allem die Matrosen, hatten sich daran zu gütlich getan. Als Christine sich schon zur Ruhe begeben hatte, wurden ihr von den Betrunkenen die Fenster eingeworfen, und gegen das Tor wurde gerammt. Christine ließ gegen die Angreifer das Feuer eröffnen, wobei es Tote gab. Die Haufen ergriffen die Flucht.

Über dieses Ereignis schrieb Christine für Azzolino eine Art Manifest, in welchem sie in dritter Person ihre Standhaftigkeit und ihren Mut pries, durch die sie mit wenigen Getreuen einen Überfall von achttausend zurückgeschlagen habe. Das war die Tochter Gustav Adolfs! Sie erwartete, daß dieses Manifest an den neuen Papst weitergereicht würde.

Von solchen Prunkfesten und Schaustellungen zog sie sich in dunkle Gelasse zurück, in denen sie sich, was sie schon in ihrer Jugend in Stockholm getan, der Magie ergab. Sie glaubte an die Alchimie, durch die Gold gewonnen, Gesundheit erworben, das Leben verlängert werden könnte; glaubte an Astrologie und versuchte, den Stein der Weisen zu finden. Darum bemühte sich auch Azzolino. Von diesen Dingen ist in seinen Briefen an Christine immer wieder die Rede.

Gläubig im echten Sinn war das Zeitalter nicht mehr, es war bigott geworden und abergläubisch.

Was man in Laboratorien und auf Sternwarten betrieb, waren Afterwissenschaften, hinter denen sich dennoch wissenschaftliche Bemühungen regten. Die Naturwissenschaften steckten in jener Zeit der Theologie, Jurisprudenz und Philosophie noch in den Kinderschuhen. Zu Wissenschaften waren die Kriegsführung und die Diplomatie geworden. Im barocken Prunk befand sich vieles im Zustand der Erstarrung und des Absterbens. Das Religiöse beherrschte die Welt zunehmend weniger, trotz des Pomps; das Religiöse hatte sich in den konfessionellen Kämpfen erschöpft und artete in dogmatische Polemik aus. An seine Stelle war eine profane Kabinettspolitik mit den verschlungenen Fäden der staatlichen Machtpolitik getreten. Auch Rom hatte sich, soweit es noch maßgebenden Einfluß ausüben konnte, von neuem verweltlicht. Macht zu gewinnen, galt jenem Zeitalter als Glück; ein Reich stark zu machen und immer mehr zu erweitern, dahin ging alles Streben. Das größte und schrecklichste Beispiel dafür ist Ludwig XIV., dessen Absolutismus, Expansionsdrang und Eroberungskriege Europa in Atem hielten. Die Päpste befürchteten einen Einmarsch des allerchristlichsten Königs in den Kirchenstaat, wenn Ludwig XIV. meinte, den Papst zur Räson bringen zu müssen; »Räson« bedeutete für den König Staatsräson.

In diesem kalten und brutalen Kampf um Macht fand der Mensch in den Geheimwissenschaften ein Gegengewicht. Neben Verhandlungen mit Diplomaten und Bankiers, in denen es auch Christine um Macht und Geld ging, führte sie ausführliche Disputationen mit dem Arzt und Alchimisten Giuseppe Francesco Bori, einem italienischen Jesuitenzögling, der zu ihr nach Hamburg gekommen war; wegen seiner schlechten Aufführung und Gewalttätigkeiten mußte er zum Leidwesen Christines die Stadt schon bald wieder verlassen, führte weiterhin ein abenteuerliches Leben und entzog sich der Inquisition durch die Flucht zum dänischen König Friedrich III. Es ist erstaunlich, wie viele Scharlatane damals an den Höfen unterkamen und ernstgenommen wurden.

Berichten Azzolinos über Bemühungen, den Stein der

Weisen zu suchen und Blei in Gold zu verwandeln, glaubte sie, so bekannte sie, wie dem Evangelium, und sie würde vor Freude sterben, wenn es Azzolino gelänge, den Stein der Weisen zu finden.

Christine trat in Verbindung mit Johann Rudolf Glauber, einem der bedeutendsten Chemiker der Zeit, einem profunden Forscher, der seine Erkenntnisse und Ergebnisse, mystifiziert, gegen hohe Preise verkaufte. Auch seinen exakt wissenschaftlichen, deutsch gedruckten Büchern gab er anlockende lateinische Titel (Miraculum mundi 1653). Er hat als erster das Natriumsulfat analysiert, beschrieben und seine Wirkung entdeckt; er nannte es Sal mirabile Glauberi, heute noch als Glaubersalz bekannt. Glauber war zudem ein weitblickender Nationalökonom (»Prosperitas Germaniae« 1657).

Christine holte Glauber nicht an ihren Hof, zwielichtige Elemente nützten ihre Leichtgläubigkeit aus.

Was ihre Verhandlungen mit Schweden betraf, erhielt sie von dort nur halbe Zugeständnisse und wegen einer neuerdings geplanten Reise nach Stockholm eine vorsichtigfreundliche Ablehnung.

Der eigentliche Grund der Vorsicht des Reichsrats gegenüber Christine war, daß er befürchtete, Christine könnte sich mit dem verwitweten König von Polen, Johann II. Kasimir, verheiraten.

Schweden stand zu Polen durch einen jahrelang geführten Krieg und seit dem Frieden von Oliva 1660 in einem gespannten Verhältnis. Christine spottete über den Verdacht des Reichsrats: Sie denke nicht daran, in der Nachfolge einer Königin auf den polnischen Thron zu gelangen; als Nachfolgerin eines Königs sei das allerdings nicht ausgeschlossen.

Der Spott enthielt einen wahren Kern – einen neuen Plan

oder eine Träumerei Christines, an dessen Verwirklichung sie glaubte, als Johann Kasimir auf den Thron verzichtete und nach Frankreich zu gehen beabsichtigte, wo Ludwig XIV. ihm einige ertragreiche Abteien als Geschenk anbot.

Christine begann sogleich durch den Zisterzienserabt von Oliva, Anton Racki, der in Hamburg ihr Hauskaplan war, ihre diplomatischen Fäden nach Warschau zu spinnen. Es ging ihr nicht nur um die Königskandidatur, sondern auch um den Nachlaß und das beträchtliche Erbe Johann Kasimirs, zu dem auch Gelder aus den ererbten Gütern Bari und Rossano gehörten. Christine war eine Verwandte Johann Kasimirs, beide waren Nachkommen der Wasa, Johann Kasimir zudem der letzte männliche des Geschlechts.

Auch der Papst war in diese Dinge einbezogen, natürlich auch der polnische Nuntius. Dieser beichtete den ihm anvertrauten Plan der noch geheimen Bewerbung Christines um die polnische Königskrone dem Bischof von Posen. Der schlug das Kreuz, als wolle er böse Geister von sich fernhalten, und beschwor den Nuntius, zu schweigen, wenn er nicht allgemein verlacht werden und sich nicht dem Spott der Welt aussetzen wolle. Wie er sich mit einem so verrückten Weib wie der abgedankten schwedischen Königin einlassen könne!

Christines Plan hatte von vornherein keine Aussicht auf Erfolg gehabt. Sie verlor den Wettlauf um die polnische Königskrone, nach der auch der russische Zar, der Herzog von Neuburg, der Prinz Condé, der Herzog von Lothringen, schließlich auch der Sultan gestrebt hatten. Vor allem hatte es Christine an Geld zur Bestechung der polnischen Magnaten gefehlt, die den Piasten Michael Wisniowiecki wählten. Christine blieb also weiterhin eine Königin ohne Reich, was ihr gleichbedeutend war mit einer Gottheit ohne Tempel.

Die Angelegenheiten um Johann II. Kasimir ließen Christine bis zu dessen Tod 1672 in Nevers nicht zur Ruhe kommen. Sie bemühte sich, in den Besitz seines Erbes oder doch eines Teils davon zu gelangen, zu dem auch Güter im Neapolitanischen gehörten, die Bona Sforza dem polnischen König Sigismund eingebracht hatte. Die Bemühungen Christines blieben erfolglos.

Einer, der ihr geradezu heftig geraten hatte, sich um die Krone Polens zu bewerben, war Azzolino gewesen. Er brachte die törichtesten Gründe vor, sogar den, daß die Königin noch durchaus in der Lage sei, den Polen einen Königssohn zu schenken. Azzolino war mit Johann Kasimir in Verbindung getreten und hatte Verhandlungen auch mit dem Papst geführt. Offensichtlich wollte Azzolino Christine von Rom fernhalten.

Über Christines Beziehung zu Azzolino sind wir durch ihre Briefe an ihn unterrichtet; sie wurden 1899, also zweihundert Jahre nach ihrem Tod, durch den schwedischen Diplomaten Baron de Bildt veröffentlicht, der auch die verwendete Geheimschrift entziffert hat. Die Briefe Azzolinos an Christine sind bisher nicht gefunden worden, wahrscheinlich hat Azzolino sie vernichtet. Durch die Antwortschreiben Christines können wir auf sie schließen. Während ihres Aufenthalts in Deutschland schrieb Christine jede Woche an Azzolino, und wir können verfolgen, daß die Zuneigung Azzolinos zu ihr zu erkalten begann. Um so leidenschaftlicher werden Christines Beteuerungen ihrer »la plus tendre passion du monde« für Azzolino. Sie weiß nicht, ob sie je glücklich sein werde, doch das weiß sie, daß sie ihn bis zum Tod lieben werde.

Am 14. Juli dankt sie ihm für das ihr gewidmete Sonett »hore un tempo si breve«, das sie über alle Sonette Petrarcas stellt; von ihrem Hofsänger Ciccolini in Musik gesetzt, würde es unvergleichlich wirken.

In der Nacht wache und weine sie, schreibt sie, er wisse warum. Die Briefe Azzolinos mochten immer kühler geworden sein, doch das, so erwidert sie, könne ihre Gefühle nicht verändern, sie werde ihm bis zum Tod unerschütterlich treu bleiben. Er solle nicht ihr Diener sein, sie aber möchte als seine Sklavin leben und sterben. Sie fühlt, daß Azzolino ihre Rückkehr nach Rom fürchtet – »aber reden wir nicht davon, dieser Gefahr seid Ihr für lange Zeit enthoben«. Als Azzolino von zwei Schauspielerinnen berichtet, die ihm in der Aufführung einer Komödie im Hause des französischen Gesandten einen angenehmen Eindruck gemacht hätten und von denen ganz Rom begeistert sei, zeigte sie sich eifersüchtig; sie antwortete scharf und spöttisch und lehnte jede sie tröstende Erklärung ab. Sie verlangt nicht, daß er ihr entgegenreise, aber sie hofft, daß er nicht vor ihr fliehen werde.

Ihr Biograph und Herausgeber ihrer Briefe und Schriften, Baron de Bildt, nennt Christine kurzweg eine Hysterikerin. Erschöpft diese Bezeichnung das Wesen der Königin?

Ihre Briefe sind anschaulich, lebendig, klug, gescheit, dicht in der Aussage, schön und fest in der Form, zugreifend, durch die genaue Beobachtung ein einzigartiges Dokument ihrer Zeit. Sie sind aber auch ein ergreifendes Dokument ihres Herzens. Während sie ihre meisten Beziehungen abrupt beendet, oft böse und zornig und rachsüchtig oder gar wie im Fall Monaldeschi durch Mord aus gekränkter Ehre oder Eitelkeit, spricht aus den Briefen an Azzolino nicht nur Leidenschaft, sondern auch eine echte

Liebe, eine vertrauende Zuneigung, Achtung, Verehrung und Freundschaft, vor allem ein mal d'amour, ein Leiden an der Liebe, das die Liebende menschlich tragisch, aber auch menschlich nahe macht. Eine Musik des Herzens im pompösen, schauspielernden Barock.

In ihrer tiefsten Depression machte sie ihr Testament und setzte Azzolino zu ihrem Haupterben ein.

Im Oktober 1668 trat sie nach zweijährigem Aufenthalt in Deutschland ihre Rückreise nach dem Süden an. In einem ihrer Briefe schrieb sie: »Alles ist in diesem Lande erfroren, bis auf mein Herz, das heißer ist als je.«

Malinconia

Von den Hamburgern hatte sie sich mit einem glänzenden Fest verabschiedet, Wrangel und der Prinz von Hessen-Homburg begleiteten sie ein Stück Weges. Die Reise führte über Lüneburg, Braunschweig, Nürnberg, Augsburg.

Zwar hatte sie mit den Schweden schließlich doch noch annehmbare Bedingungen ausgehandelt, was aber steht ihr bevor?

Sie ist müde und traurig.

Elende Straßen, elende Dörfer, die Gassen in den Städten morsche Gebisse mit ausgebrochenen Zähnen, neben einem zerstörten Kirchturm eine schon hochgewachsene Tanne, Scharen bettelnder Kinder, Wälder, immer wieder Wälder, wilde schwarze, brennendrote, goldgelbe Wälder, schwankende Brücken, steinige Furten, Talschluchten, windumbrauste Höhen, Ruinen und Häuser, an denen gebaut wird, die Schutthalden der Dörfer, Heideland, ein Fluß, der die Ufer überschwemmt, weidende Kühe – also müssen irgendwo Menschen hausen. Hinter den kahlen Ruten der Weiden der Totenschädel des vollen Mondes.

Sie kriecht aus ihrem Wagen, den vier Rosse ziehen, schleppt sich in eine unwirtliche Herberge, schläft zusammengekauert wie ein Tier, schleppt sich am Morgen, auf ihren Ebenholzstock gestützt, aus der Herberge und kriecht in den Wagen, in dem sie sitzend liegt, in Kissen, die nach faulem Stroh stinken, Nistplätzen von Flöhen.

Sie hatte versucht, sich wieder einmal zu waschen, war vor ihrem Bild im Spiegel zurückgeschreckt. War das eine Frau von erst 42 Jahren? Eine Greisin war das, eine

Mumie. Kein Gesicht, nur eine große scharfe Nase wie ein Vogelschnabel, die Augen hart, böse Irrlichter. Sie drückt sie zu, um sie nicht zu sehen, um nichts mehr zu sehen.

Wer hat die Vorhänge des Wagenfensters zugezogen? Der graue Vorhang war der Nebel, der deutsche Herbstnebel, ein schmutziges Tuch. Er tut ihr wohl. Die Helligkeit des trügerischen Altweibersommers hatte ihr wehgetan, die Landschaft war im grellen Licht noch öder, trostloser gewesen. Gütiges Nebelgrau, das die Welt verhängt, wie man zum Sterben eines Menschen den Spiegel mit einem Tuch verhüllt.

Sie schließt die Augen, muß mit geschlossenen Augen sehen. Monaldeschi, der sich mit durchgeschnittener Kehle noch immer ans Leben geklammert, gestöhnt, geröchelt hat. Feigling! Sie lacht kurz auf. Höhnisch. War ich nicht gnädig zu ihm? Ich habe ihn dem Prior Lebel beichten lassen.

Beichten!

Sie gerät vor Angst in Schweiß. Nicht aus Angst vor dem Tod – möge er kommen! –, aus Angst zu sterben, ohne vorher ihre Sünden gebeichtet zu haben. Sie scharrt den Rosenkranz aus der Rocktasche und betet, betet stundenlang den schmerzenreichen Rosenkranz, bettelt, jetzt nicht sterben zu müssen. Jede Stelle ihres Körpers schmerzt sie, wenn sie sich rührt, der zum Klumpen gewordene plumpe Leib, dieses elende Fleisch, steckt voll Dornen. Jeder Dorn eine Sünde. Sie preßt die Hände mit dem Rosenkranz übers Gesicht und weint, schluchzt. Wie hübsch war der junge Roßknecht gewesen, der das dampfende Pferd mit Stroh abgerieben! Schlank war er und fröhlich, er hatte mit seiner silberhellen Stimme vor sich hin gesungen, sie hatte ihn angelächelt, war nahe an ihn herangetreten, hatte ihn gefragt, ob er nicht in ihren Dienst treten wolle, er hatte gelacht, mit den Augen, mit den Zähnen, den apfelgesunden Wangen, hatte sie angelacht, ausgelacht hatte der Junge das alte häßliche Weib, als sie sagte, sie sei eine Königin.

Das Gebirge stellt sich wie Mauern und Wände um den Weg, aus engen Schluchten fallende, brausende Wasser, der Wagen schwankt im Schnee, die Räder gleiten überm Eis aus, Abgründe rechts und links neben dem Steg.

Sie schreit: »Wo sind wir da?«

»Im Land Tirol.«

»Heißt so die Vorhölle?«

Der Stall ist kuhwarm.

Sie fiebert.

Die Pferde haben im Eis des Wegs die Stollen an den Hufeisen eingebüßt.

»Laß sie neu beschlagen!«

»Kein Hufschmied weitum.«

»Schaff neue Pferde! Laß ihnen die alten!«

Sie wartet drei Tage vergeblich.

Die Milch ist gut, das Brot schmeckt nach Baumrinde.

Sie scharrt ein Schmuckstück aus dem Gepäck, dafür bekommt sie zwei Rösser. Mehr sind da nicht.

Das Rattern des Wagens ist ihr eine Wohltat.

Doktor Macchiati hat recht: »Ihre Leiden, Majestät, kommen von der Hypochondrie und dem bösen Humor. Das gibt schlechte Säfte. Sie erhitzen den Kopf, erzeugen Katarrhe, übertragen sich zu furchtbaren Schmerzen auf die linke Seite . . .«

Die linke Seite, zum Herzen.

Hypochondrie, böser Humor, Malinconia, sie vor allem, die schwarze Sucht, hatte Doktor Macchiati diagnostiziert.

»Wo bin ich? Auf dem Weg nach Rom. Woher?«

Aus Hamburg. Ein Kälteschauer schüttelt sie. Die Zähne schlagen gegeneinander, die Zähne, das einzige, was an ihr heil geblieben.

Vor fünfundzwanzig Jahren bin ich desselben Wegs gefahren. Damals: eine Siegerin nach dem Verzicht auf Krone und Reich. Jetzt: eine Besiegte, vom eigenen Vaterland geschmäht und verschmäht, an der Schwelle des väterlichen Hauses mit ein paar Brocken abgefunden. Vertrieben. Damals: von Rom im Triumph empfangen. Jetzt . . .?

Rom – Azzolino – der Papst. Der neue Papst, den ich nicht kenne. Azzolino, der Kardinal mit seiner gichtkranken Liebe. Klemens – Azzolino – die Räder wiederholen im Rollen die beiden Namen, endlos, mahlen sie, zermahlen sie in auseinanderfallende Buchstaben, die sich nicht mehr zusammenfügen lassen. Wozu auch? Ich liege nicht krank in einem Wagen, ich liege tot in einem Sarg, den man in Rom bestatten wird.

Sie legt sich in dem Kissengewirr zurecht, streckt sich aus, wickelt den Rosenkranz um die Hände, faltet sie, schließt die Augen und rührt sich nicht mehr.

Sie fährt aus einem Angsttraum auf.

»Wo sind wir?«

Der Kutscher hört nicht, sie greift nach dem Stock, trommelt mit der Spitze gegen den Boden des Wagens, strampelt, kreischt: »Wo sind wir?«

»Auf Nardi zu.«

Nardi! Hatte sie es nicht gerochen? An der Luft, am Duft des Pinienharzes, der Rosmarinsträucher, der blühenden Zitronen – selbst die Steine duften hier anders als in Deutschland.

Der Wagen hält mit einem Ruck, der sie zurückwirft,

steht fest. Sie keift und stößt mit dem Stock gegen den Rücken des Kutschers.

Weiter!

Der Wagen rührt sich nicht.

Weiter!

Hornsignale. Fanfaren. Böllerschüsse.

Weiter! Weiter!

Der Wagen steht festgebannt.

Sie reißt den Schlag auf, erstarrt, starrt an, was vor ihr erscheint. Der spanische Gesandte – es ist noch immer der alte, mit dem sie oft genug gestritten. Erkennt an der Gewandung die Kardinäle, vierundzwanzig an der Zahl. Kennt die meisten nicht. Sind wohl die Nepoten des neuen Papstes. Eine Kavalkade schwenkt ein – die berittene päpstliche Garde.

Ein Reiter steigt vom Pferd, tritt an den Wagen, ein Diener fächert das Trittbrettchen auf, Azzolino steigt ein, befiehlt dem Kutscher loszufahren, die Reiter ordnen sich zum Zug vor und hinter dem Wagen, der Hufschlag der Pferde ist Musik.

Sie tastet verschämt in den Kissenberg, scharrt, sucht, findet und schiebt die Perücke über den kahlen Kopf.

Burattinata – ein Marionettenspiel

Der feierliche Empfang genügte dem Papst nicht als Dank an die im Glauben so standhafte Königin, die ihr Vaterland verlassen hatte, weil ihr eine Messe mehr wert war als Stockholm; im ketzerischen Hamburg hatte sie seine Wahl unter Lebensgefahr mit einem denkwürdigen Fest gefeiert. Am 9. Dezember gab er zu Ehren der zurückgekehrten Königin im Quirinal ein Bankett. Weil hier Frauenbesuch nicht gestattet war, wurde ein besonderes Zeremoniell erdacht, um die Königin – wie dreizehn Jahre vorher durch Alexander VII. – empfangen zu können.

Der junge Pierre Sévin, aus dem ein bekannter Miniaturmaler wurde, hat in zwei Aquarellen jenes Bankett festgehalten.

Am Hofe des Fürsten Colonna wirkte der Dichter Filippo Acciajoli, der neben Melodramen und Komödien Puppenspiele für sein Marionettentheater, sein Teatro di burattini, mit 120 Figuren und 24 Dekorationen schuf, das die Zuschauer begeisterte und das berühmt wurde.

Das Bankett im Quirinal wurde vor einer großen, auserlesenen Gesellschaft zu einer Marionettenkomödie, einer Burattinata mit Papst und Königin als Hauptfiguren.

Sie spielten ihre Rollen großartig, war doch der Papst selbst ein ausgezeichneter Dichter komischer Opern, die Königin eine leidenschaftliche Theaterliebhaberin und eine bewunderte Vorleserin französischer Dramen.

Betrachten wir zunächst die noch leere Bühne und ihre Dekoration!

Ein Festsaal im Quirinal. Die Wände sind mit karmesinrotem Damast und Streifen aus Goldbrokat verkleidet.

Auf einer Bühne stehen nahe nebeneinander zwei Tische, der eine höher als der andere. Über die rotgoldene Samtdecke auf dem höheren und über das Atlastuch des anderen Tisches sind weiße Tücher gelegt. Der höhere Tisch ist für den Papst bestimmt, der niedere, von einem Baldachin gekrönte, für die Königin. Im Saal unter der Bühne, der für die Gäste und Zuschauer bestimmt ist, stehen vor der Wand Soldaten der Schweizer Garde mit ihren Hellebarden, nahe der Bühne neben einer Tragorgel zwei Sänger, starr wie Figurinen an einem Orchestrion.

Auf ein Zeichen des Monsignore Maggiordomo tritt die Königin auf, nach wenigen Augenblicken erscheint auf der gegenüberliegenden Seite der Papst. Man begrüßt einander mit feierlich steifen Verneigungen. Die Königin nimmt dem Maggiordomo die Serviette, die er dem Papst reichen will, aus der Hand und übergibt sie dem Papst. Man sagt einander in gebührender Distanz Höflichkeiten, bis der Papst mit einer einladenden Handbewegung die Königin bittet, Platz zu nehmen. Sie wartet, bis der Papst sich gesetzt hat. Der Mundschenk Giambattista Spinola, heute noch Monsignore, bald schon Kardinal, kniet wie bei der Messe nieder und kredenzt statt des Weines rote Limonade, denn der Papst wie die Königin trinken keinen Wein. Zwischen den beiden Tischen steht Monsignore Fabei, um den Austausch des höflichen Gesprächs zu erleichtern. Papst und Königin trinken einander einige Male zu. Die Königin erhebt sich bei jedem Zutrunk, trotzdem der Papst nicht wollte.

Das Servieren der Speisen durch Kämmerer in prunkvollen violetten Uniformen überwachen zwei Nepoten des Papstes, Don Tommaso Rospigliosi, der Kastellan der Engelsburg, und Don Giambattista, der General der Armee des Kirchenstaates.

Nach dem Essen werden die weißen Tischtücher entfernt, und auf die seidene und samtene Decke werden silberne Körbe und Schüsseln mit Früchten und Konfekt gestellt; diese trionfi da tavola, die mit dem Monogramm des Papstes versehen sind, hat Pierre Sévin auf einem besonderen Aquarell festgehalten.

Nachdem auch von Früchten und Konfekt genommen worden war, hebt der Papst die Tafel auf, und die Königin läßt sich auf einem Stuhl nieder, der neben den päpstlichen Tisch gestellt wurde. Nach einer kurzen Konversation zieht sich der Papst zurück, durch die gegenüberliegende Tür entfernt sich die Königin. Nach dem Abschiedsbesuch beim Papst wird die Königin von dem Gefolge, das sie aus ihrem Palazzo Riario abgeholt hatte, heimbegleitet.

Das war ein großer Tag im Leben der Königin, ein Traum nach der melancholischen Reise durch das herbstliche Deutschland. Die ihr erwiesene Gunst des Papstes, die durch das öffentliche Bankett manifestiert wurde, machte sie zur Padrona di Roma.

Auf den Tag genau nach einem Jahr starb der Christine gewogene Klemens IX. Er war 69 Jahre alt geworden und hatte nur zwei Jahre regiert.

Der neue Papst wurde Klemens X., ein gütiger, schlichter und aufrichtiger Mann. Christine hatte gegen seine Wahl intrigiert. Auf die Nachricht von seiner Wahl rief sie zornig »O bene bestia!« aus, fuhr aber sofort in den Vatikan, um den neuen Papst zu beglückwünschen. Es wurde kein freundlicher Empfang. Christine tröstete sich damit, daß der achtzigjährige Papst nicht lange regieren werde. Er tat es immerhin sechs Jahre.

Also spielen wir Theater

Vor der Wahl des neuen Papstes hatte Christine aus Hamburg an Azzolino geschrieben: »Ist es nicht eine Schande, daß so viele Millionen aus dem päpstlichen Schatz vergeudet werden, um die Verschwendungssucht und das unsittliche Begehren von Menschen, die aus dem Nichts kommen, zu befriedigen, und die nur auftauchen, um vom Blut und Schweiß der Armen zu zehren, die die päpstliche Kasse plündern, Hunde, Pferde, Zuhälter und andere Spitzbuben füttern?«

Das ist eine seltsame Regung bei einer Königin, die aus ihrem Lande Geld und immer mehr Geld forderte und es vergeudete, ohne daran zu denken, daß es durch die harten Steuern von den Untertanen des damals absolut regierten Landes erpreßt wurde.

Eine alte, kostspielige Vorliebe war in ihr wieder erwacht, eine alte Leidenschaft – das Theater, die Kunst, die im Barock eine beherrschende Rolle spielte.

Beim Karnevalsumzug sah Christine aus ihrem prachtvollen Wagen, der den Parnaß mit den neun musizierenden und singenden Musen darstellte, einen jungen Mann, der ihr auffiel und gefiel, den Grafen d'Alibert. Der Franzose wurde ihr Sekretär und Theaterdirektor.

Es gab neben den Privattheatern in den Palästen der Adligen zwar auch ein großes Theater, das vom Papst Alexander VII. aus dem Gefängnis Torre di Nona für öffentliche Aufführungen erbaut, aber nicht ausgestattet worden war. Der asketische Klemens X. lehnte den Wunsch Christines ab, in dem Theater, das sie auf ihre Kosten herrichten lassen wollte, zu spielen, doch auf dem Umweg über die beiden wenig asketischen Nepoten gelang es ihr. Das Theater wurde prächtig ausgestattet, und d'Alibert inszenierte spanische, französische und italienische Komödien. Die Aufführungen waren so frei, daß der Gouverneur von Rom einschritt, den Schauspielern, vor allem den Schauspielerinnen, die den Anstand verletzten, mit Strafen drohte und den Kurtisanen das Betreten des Theaters verbot.

Das Theater lockte den Adel an. Christine frohlockte über den Erfolg. Sie residierte in einer vergoldeten, mit Damast ausgeschlagenen und mit goldenen Spitzen dekorierten Loge, in der fünfzehn Personen Platz hatten. Manchmal waren an die zehn Kardinäle ihre Gäste.

Man war nicht nur begeisterter Zuschauer in Christines Theater, man war selber ein leidenschaftlicher Spieler auf der Bühne, die Rom bedeutete. Theater und Leben flossen ineinander über. (Noch Goethes Roman »Wilhelm Meisters Lehrjahre« stellt das gefahrvolle Vertauschen von Leben und Spiel dar.)

D'Alibert spielte auch im Alltag, redete und gestikulierte wie auf der Bühne, war ein Charmeur, ein Hans Dampf in allen Palästen, ein Schönredner und Großtuer, ein blagueur. Er begann aus Damenporträts, die er mit bloßstellenden Inschriften versah, Schönheitsgalerien anzulegen, die begeisterten Anklang fanden. Selber ein leidenschaftlicher Kartenspieler, eröffnete er im Palast Christines, in welchem er als deren Sekretär wohnte, eine verbotene Spielbank, auf der Piazza di Spagna errichtete er für Fremde und Durchreisende ein maison garnie – was tat er nicht alles, um zu Geld zu kommen! Letztlich wurde Christine auch seiner überdrüssig. Sie wandte auch diesmal das einige Male erprobte Mittel an, um ihn loszuwerden. D'Alibert wurde mit der Nichte des Kommandanten der korsischen Garde des Papstes verheiratet. Diese

Kommandostelle war nichts Rühmliches, die Garde bestand nur aus einem Dutzend Soldaten. Ebenso armselig war die Mitgift, die der geldgierige, aber geprellte d'Alibert erheiratete – einen korsischen Landbesitz, der nichts einbrachte, nicht einmal die Aussicht, daß er je verkauft werden könnte.

Nach dem Abgang d'Aliberts erschien auf der Lebensbühne Christines eine neue Figur, die sie bezauberte und betörte, der Narziß genannte bildhübsche und blutjunge Don Benigno. Christines listiger Kammerdiener Clairet Poissonet versuchte, über den Friseur Don Benignos die Verbindung herzustellen; Christine ließ sich eine blonde Perücke machen, wie der Vergötterte sie trug. Sie erfuhr, daß eine ebenso schöne wie junge römische Aristokratin den Beau liebte und ihn zu einem Stelldichein bei Santa Marina auf dem Aventin bestellt hatte. Christines aufflammende Eifersucht erwies sich als unbegründet – Don Benigno kam in Begleitung eines Freundes. Christines Hoffnung, an ein Ziel zu kommen, wurde zunichte – der Narziß widmete sich dem geistlichen Stand und wurde Priester.

Ein Zwischenspiel

Nichts kränkte Christine so sehr wie Nichtachtung. Sie erwirkte vom Papst den Befehl, nach dem die Männer bei ihrer Anwesenheit mit unbedecktem Haupt in der Loge stehen mußten. Frauen ließ sie beiseite, aber in der Frau des Fürsten Colonna, Maria Mancini, erwuchs ihr eine gefährliche Rivalin. Die Unstimmigkeiten begannen durch das Theater und wurden zu einer Tragikomödie. Betrachten wir sie als Zwischenspiel!

Maria Mancini war die schönste und tollste Tochter des mächtigen Kardinals Mazarin. Sie wurde die Jugendgeliebte Ludwigs XIV., mußte aber der spanischen Maria Teresia weichen, die den König 1660 geheiratet hatte. Um sie aus Paris zu entfernen, wurde ihr der Konnetabel von Neapel, Lorenzo Colonna, Fürst von Sermoneta, Haupt der Familie Colonna, zum Ehemann bestimmt. Bei ihrer Ankunft in Mailand war Don Lorenzo Colonna von ihr, die er vorher nicht gesehen, so hingerissen, daß die Hofmeisterin Maria Mancinis, Madame de Venel, alle Mühe hatte, den ungestümen Colonna zurückzuhalten und ihn zu bewegen, erst am folgenden Tag nach dem Besuch der heiligen Messe die Ehe zu vollziehen.

Nach der Geburt eines von Don Lorenzo Colonna ersehnten Sohnes in Rom empfing Maria Mancini die Gratulanten im Wochenbett in Form einer von vier Meeresungeheuern und vier Sirenen getragenen Muschel aus übergoldetem Holz, die auf einem Postament aus Meereswellen stand; zwei Kupidos hielten die das Bett einrahmenden Brokatvorhänge. Die junge, bildhübsche Mutter spielte in dieser mythologischen Dekoration die auf einer Muschel aus dem Meer gestiegene Aphrodite – ein ins Leben übersetztes Bild Botticellis.

Des Mutterglücks wurde zuviel. Jahr um Jahr brachte Maria Mancini ein Kind zur Welt. Sie erkrankte schwer, und die Eheleute entschlossen sich, von nun an enthaltsam zu leben. Das war leichter vorgenommen als getan. Der Fürst fand einen Ersatz in lächerlichen Liebesabenteuern; kletterte über eine Strickleiter auf den Balkon der Marquise Murti, der abgelegten Freundin des Kardinals Barberini; stahl sich aus seinem Palast auf der Piazza S. S. Apostoli und schlich in das Haus der Nachbarin, Marquise Rusca.

Was dem Fürsten Colonna recht war, war der Fürstin Colonna billig. Die verschmähte und betrogene Gattin begann, das dramma giocoso mitzuspielen. Ihr Partner wurde Kardinal Flavio Chigi, der Neffe Alexanders VII. Er war ein Welt- und Lebemann, kräftig, groß, mit rabenschwarzem Lockenhaar, großen vorstehenden Augen in dem olivfarbenen Gesicht. Beim Pferderennen lenkte er sechs Rosse, betrieb jede Art von Sport und frönte in den Wäldern der Abruzzen seiner Jagdleidenschaft auf Damhirsche und Wildschweine. An den tagelangen Jagden, bei denen in Zelten kampiert wurde, nahmen der Fürst und die Fürstin Colonna teil.

Man benahm sich tolldreist und führte einander lächerlich-skurrile Szenen vor, so, wenn Maria Mancini am Morgen ihren noch im Bett ruhenden Geliebten in dessen Kardinalsgewand überraschte.

Theater – das war für Maria Mancini wie für Christine ein Zauberwort. Maria Mancini bevorzugte französische Dramen, wie sie überhaupt französische Sitten in Rom einführte und damit die an und für sich durcheinandergewirbelten Paare närrisch machte. Christine hatte ihren Grafen d'Alibert als Theaterdirektor, Maria Mancini hielt sich als Hofdichter Filippo Acciajoli, der den Windbeutel d'Alibert weit übertraf. Das Publikum wechselte aus dem Theater Christines in das der Fürstin Colonna. Eines der von Filippo gedichteten Stücke, das dramma burlesco »Girello«, zu dem Jacopo Melani die Musik komponiert hatte, wurde in ganz Italien nachgespielt; ein anderer Komponist der Dramen Acciajolis war der berühmte Alessandro Stradella, den Rom als »Il primo Apollo della musica« feierte. Dieser bedeutende Schöpfer einer liebenswürdigen Kunst erlag schon mit 37 Jahren in Genua einem dritten Mordanschlag.

Filippo Acciajoli war nicht nur ein hochbegabter Dichter, sondern auch selber Komponist, ein Romantiker mit Anwandlungen von Schwermut, der sich von Zeit zu Zeit in die Waldeinsamkeit zurückzog. Er ging den Weg von der Tragödie über Komödie, Farce und Pantomime zum Marionettentheater, dessen bedeutendster Meister seiner Zeit er wurde. Er hing an seinen Figuren, liebte sie mehr als Menschen und hat über das Marionettenspiel geistreiche Dinge gesagt.

Es konnte nicht ausbleiben, daß es zu Unfreundlichkeiten zwischen Christine und Maria Mancini kam. Anlässe gab es genug, so die Schwester Maria Mancinis, die Fürstin Hortense. Ein während der Reise von Frankreich nach Italien angeknüpftes amoureuses Amüsement zwischen Hortense und dem Stallmeister des Fürsten Rohan hatte Folgen. Maria Mancini schlug Christine vor, Hortense, über deren Schwangerschaft in Rom Spottverse gesungen wurden, in einem Pavillon im Garten ihrer Villa aufzunehmen, nachdem Hortense aus dem auf dem Campo Marzo gelegenen Kloster, in dem man sie bei der Tante verborgen hatte, entwichen war. – Christine lehnte das Ansinnen entrüstet ab.

Hatten sich die Liebschaften der Fürstin Colonna bisher noch im Rahmen des Üblichen gehalten, wurde ihre Zuneigung zu dem aus Frankreich zugereisten Chevalier de Lorraine, dem Sohn des Herzogs von Lothringen, skandalös. Der Chevalier, »schön wie ein Engel«, ein Adonis, war von Ludwig XIV. aus Frankreich ausgewiesen worden, weil er den Bruder des Königs, Philipp von Orléans, bezaubert hatte und von seinen ehelichen Pflichten gegenüber der reizenden Henriette von England abhielt. Auf ihn wurde der Fürst Colonna, der sich um seine Frau nicht mehr gekümmert hatte, eifersüchtig, ließ das Paar bald durch Dienstboten, bald durch einen alten Juden heimlich überwachen, was die Liebenden, welche die Bewachung durchschauten, amüsierte. Maria Mancini fuhr mit ihrem Adonis an den Tiber, wo sie sich neben der Porta del Popolo eine Badehütte hatte errichten lassen, und hier malte Flavio Lorraine seine geliebte Eva. Einen Mönch, den der Fürst zu Maria Mancini schickte, um ihr ins Gewissen zu reden, warf sie zur Tür hinaus; sie war entrüstet darüber, daß ihr durch die Vorwürfe des Mönchs ein ihrem Stand ungemäßes Verhalten vorgeworfen wurde.

Bei einer schweren Erkrankung wurde festgestellt, daß Maria Mancini vergiftet worden war. Ein Gegenmittel rettete sie. Sie floh mit ihrer Schwester Hortense in einer Barke nach Marseille. Die abenteuerliche und lebensgefährliche Flucht, bei der die Frauen vom Fürsten Colonna verfolgt wurden, dauerte zehn Tage. In Paris angekommen und von Ludwig XIV. abgewiesen, wurden die Lebensjahre der Fürstin bis zu ihrem Tod 1706 in Pisa eine Irrfahrt.

Schließen wir den Vorhang vor dem Zwischenspiel im großen und bewegten Theaterleben Roms.

Christine konnte nach der Flucht Maria Mancinis aus Rom und Italien aufatmen; sie war eine Rivalin losgeworden.

Ernsten Dingen sich zuwendend

Was bedeuteten Zänkereien, Intrigen und Kleinkriege gegenüber den großen Ereignissen, die sich in Europa begaben? Christine nahm daran lebhaften und tätigen Anteil und griff ein, als handle sie noch immer als Königin.

Mit dem Papst söhnte sie sich durch gemeinsame Feindschaft gegen Frankreich aus. Ludwig hatte sich mit der Pforte gegen Deutschland und Österreich verbündet. Während die Türken gegen Wien vorrückten, Kaiser Leopold nach Linz floh, brach Frankreich, die türkische Invasion in Ungarn unterstützend, mit drei Heeren in Deutschland ein. Am 12. Oktober 1683 entschied der polnische König Johann Sobieski den Sieg über die Türken vor Wien.

In hymnischen Briefen pries Christine, die selber einmal geplant hatte, ein Heer gegen die Türken aufstellen zu lassen, den Befreier Wiens: »Ein großes und seltsames Schauspiel haben Ew. Majestät der Welt gegeben an dem denkwürdigen und siegreichen Tag der Rettung Wiens, wofür unser heiliger Glaube und die ganze Welt Ihnen so großen Dank schuldet, daß Ihren Ruhm zu feiern jeder Christ verpflichtet erscheint, der in dem allgemeinen Jubel seinen eigenen kundgibt. An diesem glücklichen Tage haben Ew. Majestät sich nicht nur der Krone Polens würdig gemacht, wozu Gott Sie bereits erhoben hatte, sondern sich die Herrschaft der Welt verdient, wäre diese vom Himmel einem einzigen Herrscher bestimmt worden . . . Ich darf mich rühmen, so sehr wie jeder andere den Wert und die Wichtigkeit des herrlichen Sieges zu erkennen, den Ew. Majestät über den Beherrscher Asiens erfochten haben, weil ich mehr als jeder andere unsere Gefahr erkannt und das Verderben und die Vertilgung gefürchtet habe.«

Als nach der Aufhebung des Edikts von Nantes durch Ludwig XIV. 1685 die Ausübung des reformierten Glaubensbekenntnisses in Frankreich verboten wurde, die Kirchen zerstört, die häuslichen Gottesdienste untersagt, die Bürger durch militärische Einquartierungen, sogenannte Dragonaden, zum Übertritt zur katholischen Kirche oder zur Flucht und Auswanderung gezwungen wurden, priesen führende Franzosen ihren König mit frenetischem Jubel: »König des Himmels, erhalte den König der Erde! ... Wenn Ihre früheren Taten Ihren Namen bis zu den äußersten Enden der Erde hingetragen haben, so wird ihn diese Tat zum Himmel erheben und Ihnen einen Ruhm erwerben, der noch fortdauern wird nach dem Untergang des Weltalls.«

Christine schrieb, entrüstet über die grausame Unduldsamkeit, an den französischen Gesandten, den Chevalier Terlon, den sie von ihrem letzten Aufenthalt in Stockholm kannte, einen Brief, der mehr als das, nämlich ein manifestes Bekenntnis ist. Darin heißt es: »Ich bemitleide diejenigen, die man der Willkür überläßt; ich beklage so viele zugrundgerichtete Familien, so viele rechtliche Leute, die an den Bettelstab gebracht sind; und ich kann das, was gegenwärtig in Frankreich vorgeht, nicht ansehen, ohne es zu bedauern ... Und wie ich um die Herrschaft der ganzen Welt nicht teil an ihren Irrtümern haben möchte, so möchte ich auch nicht die Ursache ihres Unglücks sein. Ich betrachte gegenwärtig Frankreich als einen Kranken, dem man Arme und Beine abnimmt, um ihn von einem Übel zu heilen, welches ein wenig Geduld und Milde vollkommen würden geheilt haben; aber ich fürchte sehr, daß das Übel sich verschlimmert und daß es am Ende unheilbar wird.«

Welche große Gesinnung, aber auch welche politische und menschliche Einsicht spricht aus einem solchen Bekenntnis der Königin, die als toll, ja als verrückt galt!

Das Brief-Manifest sollte eine weite Wirkung bekommen.

Der scharfsinnige und kritische Pierre Bayle veröffentlichte es in seiner periodischen Zeitschrift »Nouvelles de la république des lettres«, der ersten periodischen Zeitschrift Frankreichs; dadurch erregte der Brief Christines in ganz Europa Aufsehen und machte ihr den französischen Hof vollkommen feind.

Eine Fülle von Schriften mehr gegen als für Christine war die Folge, aber sie stand zu ihrer Aussage, wie sie schon die Jansenisten Arnauld und Nicole gegen die Jesuiten verteidigt hatte. Sie gab ein Zeugnis ihres Freimuts und Mutes, ihrer Humanität und Toleranz.

Sie verwarf die Einmischung der Religion in die Politik, wenn dadurch ein Staat gefährdet wird. Ihre Ansichten waren oft von richtiger Einsicht und Voraussicht. Der Regierung des allzu katholisch eifernden englischen Königs Jakob II. sagte sie ein baldiges Ende voraus; Jakob II. mußte 1688 vor Wilhelm III. von Oranien fliehen. Jakob habe sich, schreibt sie, in eine mißliche Lage bringen lassen, weil er »zu bigott und zu wenig Politiker war, der sich dadurch zugrunde gerichtet hat, daß er sich von der verdammten Rasse der Jesuiten und Mönche habe regieren lassen, die stets alles beschmutzen, worein sie sich mischen«.

Sie, als Schützling des Papstes und Vorbild einer Konversion, wagte solche Äußerungen, die sogleich öffentlich wurden. Sie nahm nichts zurück, auch als man ihr vorwarf, aus ihr spreche noch der Rest von Protestantismus. – Neben ihrer umfangreichen politischen Korrespondenz und ihren verzweigten diplomatischen Bemühungen widmete sie sich nach wie vor den Künsten und Wissenschaften, vor allem dem Ausbau ihrer Akademie.

In der Dichtung förderte sie junge Talente, und sie erwies sich darin fortschrittlich. Sie stand auf der Seite derer, die den Schwulst des Giambattista Marino und den nach ihm benannten Marinismus überwanden und bekämpften. In ihren Briefen schreibt sie dem jungen Florentiner Dichter Vincenzo de Filicaja geistreiche Kritiken über dessen Gedichte, ist begeistert von seiner Kanzone auf die Befreiung Wiens; obwohl Christine ihn davon abzuhalten versucht hatte, widmete er ihr eine Kanzone. Vincenzo de Filicaja war Mitglied ihrer Akademie Reale. Christine hatte den jungen Dichter richtig eingeschätzt; er brachte es später in der italienischen Literatur zu großem Ruhm. Vom Hof von Parma, an den er sechzehnjährig berufen worden war, kam Carlo Alessandro Guidi nach Rom, wo ihn Christine zu ihrem Vertrauten machte. Sein Vorbild war Pindar. Er veröffentlichte bis zu seinem Tod 1712 mehrere Gedichtbände. Wir werden ihm noch bei der Betrachtung der eigenen dichterischen Versuche Christines begegnen.

Mit Madeleine de Scudéry, die in ihren Romanen Zustände ihrer Zeit in antiker Verkleidung schilderte, pflegte Christine ein reges literarisches Zwiegespräch.

Das alles war, schon durch die bedeutenden Dichter ihrer Zeit, die Christine förderte, nicht nur schöngeistige Schwärmerei. Die Dichtung wurde so ernst betrieben wie die Wissenschaften, wobei beide oft ineinander übergingen wie bei Benedetto Menzini, der schon mit achtzehn Jahren Professor der Rhetorik in Florenz geworden war und von Christine in ihren Hofstaat aufgenommen wurde, wodurch sie ihm ein sorgenfreies Leben sicherte. Er war neben seiner Beredsamkeit als satirischer Dichter geschätzt.

Besonderes Interesse hatte Christine, die so viele Sprachen beherrschte, an der Philologie. Auf diesem Gebiet forschten, vielfach durch sie angeregt, Anne le Fèvre und Ottavio Ferrari; die Altertumskunde oblag Pietro Bellori. Der Astronom Levera dankte Christine für ihre Förderung, aber auch für ihre beratende Mitarbeit, indem er seinen Tabellen den Titel »tabulae Christianae« gab.

Dies nur einige Hinweise aus der großen Zahl der Gelehrten und Dichter, die Christine um sich versammelte.

Den Mitgliedern der Akademie standen ihre große Bibliothek und die Sammlung einiger Tausend Manuskripte zur Verfügung.

Die Akademie war durch Christines Persönlichkeit weit mehr geworden als einer der üblichen aristokratischen Salons, die mehr oder weniger der Unterhaltung, dem Zeitvertreib und auch der Geltungssucht gewidmet waren. Schon in Stockholm hatte sie mit der Gründung einer Akademie begonnen; die 1635 von Richelieu in Paris gegründete Académie Française schwebte ihr, seit sie sie besucht hatte, als Muster vor.

Zur Unterhaltung und Entspannung unterhielt Christine ein Orchester aus den besten Musikern des Landes und der Zeit sowie Sänger und Schauspieler für ihr Theater. Die Räume schmückten Statuen und Gemälde vieler Künstler, so Raffaels, Correggios, Tizians und Veroneses.

Fata viam invenient

Christine faßte den Plan, Rom zu verlassen. Sie trat in geheime Unterhandlung mit dem Kurfürsten von Brandenburg und schlug ihm vor, ihn als Haupterben einzusetzen, falls er ihr auf Lebenszeit die Einkünfte aus den Provinzen Halberstadt und Magdeburg zusicherte.

Sie war also bereit, nach dem Norden zu ziehen, den sie unter Hingabe einer Krone verlassen hatte, wollte in ein protestantisches Land gehen. Vertrieb sie Überdruß oder Unruhe? Sie hatte in jener Zeit die Absicht geäußert, in ein Kloster einzutreten.

Der Kurfürst Friedrich Wilhelm von Brandenburg war Christines leiblicher Vetter, seine Vermählung mit Christine war in ihrer Kindheit erwogen worden. Streitigkeiten und kriegerische Auseinandersetzungen, vor allem die pommersche Frage betreffend, schufen Feindschaft zwischen Schweden und Brandenburg.

Der Kurfürst war freudig gewillt, Christine aufzunehmen und schickte seinen Kammerherrn Baron Dobrzinski zu Verhandlungen nach Rom. Der Tod des Kurfürsten 1688 machte auch diesem Plan der Königin ein Ende.

Eine Sibylle genannte Frau, die Azzolino an Christines Hof gebracht, prophezeite der Königin den Tod in diesem Jahr, 1689. Auch dem Papst sagte sie nur noch eine kurze Lebensdauer voraus. Sibylle, die lateinisch sprach, wurde verhaftet und in der Engelsburg gefangengehalten.

Christine ließ sich nach ihren Wünschen ein Kleid aus weißem, mit goldenen Blumen besticktem Brokat anfertigen. Sie trug es zu Weihnachten, verriet aber nicht, daß es ihr Sterbekleid sein sollte.

Im Februar 1689 erkrankte sie schwer. Mit dem Bildhauer Francesco Maria Ancenitana verhandelte sie wegen eines Grabmals. Als dieser den Preis von 100 000 Talern nannte, entgegnete Christine, sie plane ein noch nie so großartig geschaffenes Mausoleum, das eine Million Taler kosten dürfe.

Sie genas und machte am 1. März ein neues Testament.

Es gibt einen zeitgenössischen Stich von Christine im vorgerückten Alter; der Bischof Bournet beschreibt die Sechzigjährige in seinem zeitgeschichtlichen Werk »Mission et voïage« als kleine, beleibte Frau mit harten Gesichtszügen, einer großen Nase, großen blauen Augen, blonden Wimpern, einem Doppelkinn mit einzelnen langen Bartstoppeln, vorstehender Unterlippe und männlicher Stimme. Auf dem Stich trägt sie eine Art gegürteten Bauernkittel über einem langen Rock und derbe Stiefel; die eine hohe Schulter verbirgt sich nicht mehr unter einem entsprechend geschneiderten Kleid, so daß sie buckelig wirkt.

Schon in ihrer Jugend hegte sie, die selber alles andere als schön war, Liebe zu schönen jungen Mädchen. Das Stockholmer Hoffräulein Ebba Sparre, von dem schon die Rede war, war, wie der französische Gesandte berichtet, überaus schön und gebildet. Jetzt im Alter war es ihre Hofsängerin Giorgina Angelica, die Christine bei ihren Festen bevorzugte, so seinerzeit bei dem sommernächtlichen Fest im Jasmingarten, wo sie durch ihre Chansons die Zuhörer begeisterte:

La zelante Angelica
Col sua cimbalon
Per la sua regina
vuol cantar la canzon – flon! flon!

Während einer Krankheit Christines versuchte Monsignore Vanini, Angelica mit Hilfe ihrer von ihm bestochenen Mutter zu entführen. Einer der jungen Dienstboten, der Angelica liebte, ertappte den Monsignore, würgte ihn und warf ihn halbtot aus dem Palazzo auf die Straße. Als die kranke Königin nach der Ursache des Lärms fragte, sagte man ihr, es habe sich um einen Streit unterm Dienstpersonal gehandelt.

Christine war an Wassersucht und Rotlauf erkrankt, genas aber rasch wieder. Sie schrieb: »Die Stärke meines Temperaments hat eine Krankheit bewältigt, die imstande war, zwanzig Herkulesse zu töten.«

Das Volk jubelte über die Genesung der Königin, die wegen ihrer Leutseligkeit, Güte und Freigebigkeit beliebt war; in einigen Kirchen wurde das Tedeum gesungen.

Als sie, wieder gesund, den wahren Sachverhalt wegen des nächtlichen Tumults in ihrem Hause erfuhr, befahl sie dem Bravo Merula, Vanini zu fangen und zu töten und setzte einen hohen Preis auf dessen Kopf. Der gewarnte Monsignore entkam im Wagen des Kardinals Barberini zu den Benediktinern und floh, weil er sich auch im Kloster vor dem Zorn der Königin nicht sicher wußte, in die neapolitanischen Abruzzen.

Als die Königin erfuhr, daß Merula dem Monsignore zur Flucht verholfen hatte, traktierte sie ihn mit den Fäusten, fluchte und schrie und verfiel neuerdings in eine schwere fiebrige Erkrankung.

Sollte die Voraussage der Sibylle eintreffen?

Sie bat durch den Kardinal Albani, den päpstlichen Sekretär, den Papst um Verzeihung für die ihm zugefügten Kränkungen, die er ihrer lebhaften Art wegen entschuldigen möge. Der Papst verzieh ihr und schickte ihr, weil er selber schwach und krank war, die letzte Ölung und als Beichtvater den Karmelitergeneral Graf Slavata.

Graf Slavata fragte, in welcher Sprache die Königin zu beichten wünsche. Sie antwortete, sie könnte es in irgendeiner Sprache tun, am besten in der Muttersprache des Beichtvaters. Die werde die Königin kaum sprechen, meinte Graf Slavata, denn seine Muttersprache sei das Böhmische.

»So seid Ihr vielleicht ein Nachkomme jenes mutigen Grafen Slavata, den die Ketzer anno 18 mitsamt dem Grafen Martinitz aus einem Fenster der Kanzlei in der Prager Burg in den Burggraben geworfen haben?«

»Dessen Sohn.«

»Seht an! Ich hoffe, daß jene Defenestration Ihrem Herrn Vater nicht allzugroßen Schaden zugefügt hat.«

»Er fiel auf einen Misthaufen.«

»Das Glück muß man haben, im Unglück so weich zu fallen. Nun ja! Fata viam invenient. Auch ein Misthaufen kann das Schicksal sein.«

»Das ist ein heidnischer Spruch!«

»Vergilius ist schon ein halber Christ gewesen.«

»Doch sein Glaube an das Schicksal ist heidnisch.«

»Und der Glaube an Gnade und Vorsehung?«

»Die Prädestinationslehre hat der Ketzer Calvin produziert.«

»Beginnen wir, Hochwürden!«

Der Ordensgeneral schlug das Kreuz über sie: »In nomine Jesu Christi!«

Die Königin seufzte: »Welches? Des der Katholiken oder des Martin Luthers, des der Reformierten oder des braven Molinos, dem so böse zugesetzt wurde. Sagen wir einfach: In nomine Dei! Ist nicht Gott das uns auferlegte Fatum? Ich habe daran schwer zu tragen gehabt. La reine Christine a dedié l'histoire de sa vie à Dieu. Es gibt keine Zeit zu verlieren. Beginnen wir!«

Sie beichtete deutsch, französisch und lateinisch. –

Die Miszellaneen des vatikanischen Archivs berichten: »Am Morgen des 19. April, als habe sie lange geruht, auf der rechten Seite liegend, ohne sich zu rühren und ohne Verrenkung, besser gesagt: mit ganz ungewöhnlicher Ruhe, trat sie ein in die Freuden des Himmels.«

Sie hatte ein einfaches Begräbnis in der Kirche der Rotunda gewünscht, der Papst bestimmte es anders »zu Ehren dieser Fürstin, die der heiligen Kirche so viel Ehre gebracht«.

Rom beging eine Woche lang die Totenfeier.

Die einbalsamierte Königin wurde in ihrem Palazzo aufgebahrt. Barfüßige Karmeliter hielten die Totenwacht. Das Volk aus Rom und aus den Dörfern der Umgebung bedeckte die Tote mit Narzissen und anderen Frühlingsblumen.

Am dritten Tag wurde sie in ihre Lieblingskirche, die pompös-funeber ausgeschmückte Chiesa nuova des hl. Philippi de Neri übergeführt und aufgebahrt. Über dem weißen Sterbekleid lag der mit goldenen Kronen bestickte und mit Hermelin besetzte purpurne Königsmantel. Auf dem Haupt trug sie die Königskrone, in der Hand das Zepter. 300 Kerzen in silbernen Leuchtern brannten in dem schwarz drapierten Kirchenschiff. Bei den Exequien war das gesamte Kardinalskollegium anwesend, die Hofleute der Königin standen um den Katafalk, der Abbate Malagonelli, ein hervorragender Lateiner, hielt die Trauerrede.

Die abendliche Überführung in die Peterskirche eröffneten – eine Huldigung an die gelehrte Königin und Freundin der Dichter – die literati, ihnen folgten die Waisen, geistliche Bruderschaften und religiöse Orden, der Hof der Königin, 500 Mönche trugen weiße Fackeln. In der

Kirche war der gesamte päpstliche Hofstaat mit mehreren Erzbischöfen und vielen Bischöfen zur Beisetzung versammelt, die nahe den Gräbern der Päpste Hadrian IV. und Paul II. erfolgte.

Die erste der von ihr gestifteten 20 000 Totenmessen wurde gelesen. Christine hatte dafür drei Priester für St. Peter bestimmt und dotiert. Das war noch nie geschehen. Die Schwägerin des Papstes Innozenz X., die böse, machtbesessene und geldgierige Olympia Maidalchini, hatte nur 2000 Seelenmessen.

Zwei Monate nach der Königin starb ihr Haupterbe Azzolino.

Und wieder nach zwei Monaten verschied der Papst.

Sibylle, die Christines und seinen Tod für dieses Jahr vorausgesagt hatte, wurde aus der Gefangenschaft in der Engelsburg entlassen.

Miscellanea postuma

Christine war während ihres Lebens in Europa berühmt und berüchtigt gewesen, auch ihr Tod wurde ein europäisches Ereignis. König Karl XI. von Schweden sandte an den Kaiser und an alle europäischen Höfe eine die Königin nachrühmende Todesanzeige. Der von Christine geschätzte Dichter Vincenzo de Filicaja verfaßte eine poetische Totenklage.

Azzolino war ihr Haupterbe, aber er starb schon bald nach der Königin. Er hatte seinen Neffen Pompeo als Erben eingesetzt.

Das von Christine hinterlassene Barvermögen reichte gerade aus, die Schulden der Königin zu begleichen. Das wertvolle Mobiliar übernahmen mehrere Römer auf Kredit; die niedrigen Beträge mußten von den Banken eingeklagt werden. 900 Manuskripte kamen in die vatikanische Bibliothek, die Bibliothek Christines erwarb Papst Alexander VIII. für nur 8000 Taler; sie wurde als »Alessandrinische Bibliothek« geschlossen erhalten. Das Medaillenkabinett kaufte der päpstliche Nepote, der Fürst Livio Odescalchi für 15 000 Taler. Die Gemälde gelangten an verschiedene Käufer; 150 kamen in den Besitz der Familie Orléans; der Prinzregent, der sie für 9000 Taler erwarb, brachte sie 1722 nach Paris ins Palais Royal. Andere Kunstgegenstände, die Christine in fünfzig Jahren aus allen Winkeln Europas erworben hatte, wurden in alle Welt zerstreut.

Christine war von Kindheit an eine eifrige, ja gierige Leserin, aber sie begnügte sich nicht mit Lesen, Studieren und Diskutieren, sie schrieb selber. Ihre meisten Abhandlungen sind in französischer Sprache verfaßt, so die

historischen Arbeiten über Cyrus, Alexander den Gro-
ßen und Cäsar. Sie greifen durch die persönliche Auseinandersetzung mit den Gestalten und durch eingefügte
Reflexionen über die trockene Geschichtsschreibung hinaus, was ihr Kritik einbrachte, ohne daß ihre eigene Darstellung, welche die Geschichte belebte und mit der Gegenwart konfrontierte, beachtet wurde.

Von der Geschichte, aus der sie für ihr Leben und ihre
Regierung lernen wollte, führte der Weg zur Darstellung
der eigenen Zeit in der »Geschichte der Begebenheiten
sowohl in Deutschland wie in Schweden seit Gustav
Adolfs Tod bis zu Christines Thronentsagung« und zu
dem »Verzeichnis desjenigen, was sich unter der Königin
Regierung in Schweden ereignet hat«; beide Arbeiten
wurden unter ihrer Anleitung und mit ihren Anmerkungen versehen teils von einem unbekannten Bearbeiter,
teils gemeinsam mit ihrem Sekretär Galdenblad verfaßt,
der durch seinen Briefwechsel mit Pierre Bayl, einem
Vorläufer der Enzyklopädisten, unter dessen Einfluß
stand.

Die Liebhaberin der Künste beschäftigte sich auch wissenschaftlich mit ihnen, wozu ein italienisch geschriebener Entwurf einer Münzkunde gehört, wohl gemeinsam
mit dem Kustos ihrer eigenen Sammlung, dem geschätzten Numismatiker Francesco Canelli, verfaßt.

Der Entwurf zu dem musikalisch-dramatischen Hirtengedicht »Endymion« stammt von ihr und wurde von
Alessandro Guidi ausgearbeitet, wozu Christine einige
lyrische Partien beisteuerte. Die Darstellung der Vergöttlichung des Irdischen und der Vermenschlichung des
Göttlichen ergab in ihrer innigen und einfachen Form –
nur Diana, Endymion und Amor treten auf – ein Werk,
das sich neben anderen Schäferspielen, so Tassos

»Aminta« und Guarinis »Il pastor fido« behaupten konnte. Die opernhafte »Serenata« wurde nach der 18. Kanzone Petrarcas (»Quell antico mio dolce«) von Christine entworfen, ein allegorisches Spiel über die unbesiegbare Macht der Liebe und deren dauernde Seligkeit, ein auch in der Malerei oft wiederkehrendes Motiv: Amor vincit. Ob sie auch die Folge von mimischen Tableaux entworfen hat, ist nicht sicher; sie waren als Pantomime gedacht, eine neben dem Puppenspiel beliebte Kunstgattung.

Ihre dichterischen Versuche waren romantische Poesien, das schönste in ihnen sind die eingestreuten Reflexionen: »Die wahre Liebe verlangt nichts, als zu lieben; sie besteht immer, mag sie glücklich oder unglücklich sein; sie ist unsterblich, wenn Hochachtung sie gezeugt hat.« – »Dein Leben gleicht einer schönen Musik, die ergötzt, aber kurze Zeit dauert; es geht vorüber wie ein reißender Strom, der nie stille steht; es ist ein Traum.« Das Leben ein Traum: das klingt aus dem Spanischen herüber, von Calderóns »La vida es sueno« (Das Leben ein Traum, 1635), klingt bei Grillparzer weiter, wie die barocke Welt Italiens überhaupt in der österreichischen Kunst, Literatur und Musik lange weiterwirkt – bis in Namen und Motive bei Mozart – und im »Rosenkavalier« ausklingt. Beschäftigt mit historischen, zeitgenössischen und kunstgeschichtlichen Studien, hingegeben den schönen Künsten, offenbaren zwei Werke die innere Welt Christines: das Bruchstück ihrer Selbstbiographie »Histoire de la reine Christine, dédiée à Dieu«, in welcher neben Erlebtem und Beobachtetem, Menschen, die ihr begegneten, Geschäften, denen sie sich zu widmen hatte, neben den Realitäten ihrer Regierungszeit die Reflexionen ihrer »Pensées«.

In jener Zeit wurde viel geschrieben; einzubeziehen sind die zahllosen Briefe, die auch Christine schrieb. Die Menschen wollten sich mitteilen, wollten ihr Leben festhalten, dokumentieren und überliefern und ihre Einfälle und flüchtigen Gedanken über Leben, Gott, Welt und den Menschen aufzeichnen.

Pascals »Pensées« waren Christine bekannt, auch Rochefoucaulds »Maximes«. Sie hat sie mit Anmerkungen versehen, die zu ihren nahezu 1600 sprachlich geschliffenen, scharfen, oft bissigen, den Gehalt bündig formulierenden Aphorismen hinführen. An ihnen ist herumgemäkelt worden, sie seien nicht originell, nur zeitgemäße Redensarten; Christine habe wohl schöne Grundsätze geäußert, aber selber nicht danach gehandelt und gelebt. Das ist ein beschränkter Vorwurf. Sie hat ihre eigenen Fehler gekannt, eingesehen und nicht beschönigt. In ihrer Selbstbiographie beklagt sie ihren Ehrgeiz und Stolz, rügt ihre Spottsucht, ihren Jähzorn, ihre Ungläubigkeit, ihren Hang zur Sinnlichkeit, ihren Mangel an Anstand.

Es wurde gesagt, Christine sei eine Frau des 20. Jahrhunderts gewesen, die sich ins 17. Jahrhundert verirrt habe. Sie erscheint als eine nahe Verwandte der Madame Staël, der George Sand und von Schlegels Lucinde. Ihre mutigen Aphorismen gleichen denen der Marie von Ebner-Eschenbach und Sentenzen der Ricarda Huch.

Die Gedanken ihrer »Pensées« kreisen um Gott und die Religionen, reflektieren unvoreingenommen Moral, den Adel, Staatswesen, Wissenschaften und Bildung, vor allem immer wieder den Menschen. Im Allgemeinen spricht sie dennoch von sich selbst, so von ihrer Scheu vor der Ehe: »Die Liebe ist unvereinbar mit der Ehe; die Menschen heiraten, ohne einander zu kennen; und sobald sie sich kennen, hassen sie einander; man schließt diesen furchtbaren Kontrakt, ohne zu wissen, wozu man sich verbindlich macht; es gehört mehr Mut zum Heiraten als zum Krieg.«

Sie bekennt ungeschminkt ihre Abneigung gegen das Weibliche: »Das Geschlecht des Weibes steht der Tugend und Vortrefflichkeit sehr im Wege; es ist der größte Naturfehler, den man haben kann, und fast unverbesserlich.«

Hat man sich mit den Maximen und Reflexionen Christines eingelassen, nachdem man ihren Lebensweg verfolgt hat, denkt man an dieses Wort von Hugo von Hofmannsthal: »Wenn ein Mensch dahin ist, nimmt er ein Geheimnis mit sich: wie es ihm, gerade ihm, im geistigen Sinn zu leben möglich gewesen ist.« –

Christine war in der heiligen Grotte (le sagre grotte) der Peterskirche beigesetzt worden. Der gütige, aber sparsame Papst Innozenz XII. (1691–1700) wollte die um die Kirche verdiente Königin durch ein sichtbares Zeichen ehren und ihr Andenken sichern. Den Plan zu dem Grabdenkmal für Christine übertrug er dem damals berühmtesten Baumeister Carlo Fontana, der schon unter einigen Päpsten tätig gewesen war und bedeutende Bauwerke und städtebauliche Anlagen geschaffen hatte, die das Gesicht Roms mitprägten. Der Nachfolger des überschwenglichen Bernini schuf einen strengen, nahezu nüchternen Stil – das Barock hatte sich überblüht. Das Denkmal für Christine wurde erst 1702 unter Papst Klemens XI. fertig und aufgestellt, und zwar am ersten Pfeiler des Seitenschiffs rechts vom Eingang neben dem Mausoleum der Markgräfin Mathilde von Tuszien (Toskana). Damit trat Christine in einen denkwürdigen Zusammenhang mit der Frau, die sich im Mittelalter im Widerstand gegen die salischen Kaiser um vier Päpste verdient gemacht hatte. Aber nicht nur dadurch war sie Christine verwandt, sie war ebenfalls eine merkwürdige Frau gewesen. Gregorovius nennt sie als Gestalt neben dem gewaltigen Gregor VII. »eine heroische, bigotte Amazone«. Mathilde (1046–1115) hatte von ihrem Vater Bonifaz III. von Tuszien große Güter geerbt. Auf eine ihrer Burgen, Canossa, war Gregor VII. vor Kaiser Heinrich IV. geflüchtet, der hier Buße tun mußte. Mathilde stellte, hartnäckig und ehrgeizig, ihr Leben, ihre Politik und schließlich ihren Besitz in den Dienst der Päpste. Sie ging zwei Scheinehen ein, um ihre Güter nicht zu verlieren, die erste mit Gottfried dem Buckligen, Herzog von Lothringen, der 1076 starb, die zweite Ehe schloß sie als 43jährige mit dem 18jährigen Gegner Heinrichs IV., Welf V. Sie vererbte ihre Güter der römischen Kirche, also dem Kirchenstaat. Diese sogenannten »Mathildischen Güter« entzündeten den Kampf zwischen dem Papst und den Staufern, führten zu einem Krieg, der bis ins 13. Jahrhundert dauerte. Erst Rudolf von Habsburg bestätigte dem Papst Nikolaus III. die Rechtmäßigkeit der Mathildischen Schenkung.

Mathilde starb 1115 zu Bodeno. Urban VIII. (1623–1644) ließ ihre Asche nach Rom bringen und in einem von Bernini geschaffenen Mausoleum, an dessen Sarkophag die Szene von Canossa abgebildet ist, bestatten. Über ein halbes Jahrtausend hatte der Vatikan die Verdienste Mathildes um die Kirche in der Erinnerung behalten und rief sie von neuem wach, als das Denkmal für Christine 1702 neben dem der Mathilde von Tuszien errichtet wurde, als Zeichen der Verbundenheit zweier Frauen in der Treue zum Papsttum und zur römischen Kirche.

Eine Gestalt aus der Umwelt sei noch in unseren Blickkreis gerückt. Ein Blatt sei der überaus schönen Hofsängerin Angelica Georgina gewidmet, die Christine geliebt hatte und die an Christines Todeskrankheit mitschuldig wurde.

Nicht nur der Monsignore Vanini hatte eine – vereitelte – Entführung Angelicas aus dem Palast der Königin versucht, sondern auch der Herzog Gonzaga von Mantua, der von ihrer Schönheit so berückt war, daß er eine ähnliche Absicht hegte. Innozenz XI. erfuhr von dem beunruhigenden Treiben der Verehrer um Angelica und wollte sie in ein Kloster bringen.

Als nach dem Tod Christines der Herzog Gonzaga nach Rom kam, um Angelica für sich zu gewinnen, war sie, um der Verbannung in ein Kloster zu entgehen, in den Schutz der spanischen Gesandtschaft geflüchtet.

Sie bezauberte den Fürsten Medina di Celi so, daß er sie, als er Vizekönig von Neapel wurde, als Hoffräulein seiner Gattin dorthin mitnahm. Angelica machte sich die Liebe des Vizekönigs zunutze und mischte sich in seine politischen Angelegenheiten. Der Marquis de Saint-Philippe berichtet in seinen Memoiren von dem wachsenden Einfluß Angelicas auf die Regierungsgeschäfte. Der Vizekönig ließ sie nicht nur gewähren, sondern überhäufte sie auch mit Geschenken und Geldern aus der Staatskasse.

Es schien, als sei ein Funke von Christine auf die ihr wesensverwandte Angelica übergesprungen und zu einem verheerenden Feuer angewachsen. Angelica schaltete und waltete nach Gutdünken in amtlichen Dingen, erteilte gegen gutes Geld Vergünstigungen, verkaufte Anstellungen und Ämter. Sie raffte ein Vermögen zusammen und wurde die große Dame der neapolitanischen Gesellschaft, die sie als Protektorin für sich zu gewinnen trachtete und zugleich fürchtete.

Angelica hatte ihre Schwester Barbara an den Hof ge-

bracht. Gemeinsam trieben beide ihr Unwesen. Die Verhältnisse wurden so ungut, daß sich 1701 einige Adlige
gegen den Vizekönig verschworen und beschlossen, ihn
zu ermorden. Der Plan wurde entdeckt, der durch den
Haß gegen die ruchlosen Schwestern genährte Aufstand
konnte durch König Philipp V. mit furchtbarer Grausamkeit unterdrückt werden. Der König ernannte für
Neapel einen neuen Vizekönig, Medina di Celi wurde
nach Madrid zurückberufen, wo er Präsident des indi-
schen Rates wurde.

Und Angelica?

Die Spuren ihres weiteren Lebenswegs verlieren sich im
Dunkel der Geschichte.

Wie ein paradiesisch schöner Unheilsvogel war sie vom
Sterbebett ihrer königlichen Herrin an den Hof in Neapel
geflattert – die zelante (muntere) Angelica, die, ihr Cimbalon zupfend, zum begeisterten Beifall des Publikums
den Kehrreim zwitscherte: Flon! flon! . . . .

Eine abschließende Reflexion

Mit allem Vergänglichen ist auch das Geschichtliche nur ein Gleichnis.

Das Barock wurde als der letzte gesamteuropäische Stil bewertet wie auch der Lebensstil der europäischen Aristokratie jenes Zeitalters. Sind sie uns, die wir längst von ihnen Abschied nahmen, nur noch fern und versunken? Fünfzig Jahre nach dem Tod Christines von Schweden wurde Goethe geboren. Er lebte noch aus den Formen und aus dem Geist des Barock. Den Zehnjährigen traf durch den französischen Königsleutnant Thorane, der im Haus von Goethes Vater einquartiert war, der Nachglanz vom Zeitalter Ludwig XIV. Während seiner italienischen Reisen gelangte Goethe in die noch kaum veränderte Welt des Barock; sie formte ihn. Barocke Gesinnung lebt in dem Park in Weimar und in den Gartenanlagen weiter, die Goethe entwarf, in seinen Gesellschaftsspielen und Singspielen, die in dieser Gartenlandschaft aufgeführt wurden, in den allegorischen Dramen, Maskenzügen und Vorspielen, in den vom Theater beherrschten Lehrjahren Wilhelm Meisters; in den Medaillen- und anderen Kunst- und Natursammlungen, im Stil und Leben in seinem Haus am Frauenplan, in Inschriften und Gedenksteinen, die Stätten und Tage festhalten und überliefern wollten, in einem schmückenden Leben; in den Formen des Sonetts und der Elegie, schließlich im barocken Spektakulum am Schluß des »Faust II«; in polywissenschaftlichen Bestrebungen, Farbenlehre, Morphologie der Pflanzen, Gesteinskunde – wechselseitig in gelehrter Prosa und in Versen und Reimen; in seiner Diktion bis in den Duktus seiner Schrift, im verklausulierenden Altersstil.

In Goethes Leben, Welt und Werk lebte das Barock weiter, das aus einem Lebensbild Christines von Schweden erkennbar ist.

(Zu schweigen vom Weiterleben des Barock bei Rilke, in dessen österreichisch-böhmischer Umwelt es, auch im Volk, viel länger und deutlicher lebendig blieb, zumal durch die lombardisch-venezianischen Besitzungen Österreichs. Es waren vielfach Kreise des österreichischen Adels, in denen Rilke sich bewegte und dessen noch im Barock wurzelnde Lebensart ihm entsprach.)

Goethe erlebte, was das Barock beendete und ablöste. Epochen verwandeln sich nicht allmählich, sondern, wenngleich vorbereitet, gewissermaßen, von einem großen Ereignis ausgelöst, ruckartig.

Goethe nahm 1792 an dem Feldzug gegen die französische Revolutionsarmee teil, wodurch ihm die Ablösung eines alten Zeitalters durch ein anderes durch das geringe, für Goethe symbolische Ereignis der Kanonade von Valmy zum Bild der Zeitenwende offenbar wurde; damals sagte er in seiner kurzen Ansprache: »Von hier und heute geht eine neue Epoche der Weltgeschichte aus.«

Innerlich war auch für Goethe, der aus der barock-aristokratischen Welt herkam, die neue Epoche angebrochen. Er verwandelte sich mit seiner Zeit und gab dem, um nur dieses Beispiel zu nennen, in den Gedanken seiner »Pädagogischen Provinz« Ausdruck. (Darüber wäre deren weitschauende Darstellung von Ferdinand Gregorovius nachzulesen, die »Wilhelm Meisters Wanderjahre« insgesamt nicht nur in die damalige Gegenwart, sondern in die Zukunft, also in unsere Gegenwart eingliedert.)

In Goethes Leben und Werk vollzog sich mit dem Ende des barock-aristokratischen Zeitalters jene Einsicht ins Kommende, wodurch er die Klammer wurde zwischen dem Zeitalter, das wir durch eine Betrachtung der Königin Christine von Schweden kennenlernten, und unserer Gegenwart.

Donna Olympia Maidalchini

Am 15. September 1644 wurde der 70jährige Giambattista Pamfili zum Papst gewählt; er nahm den Namen Innozenz X. an. Er war ein Bruder des Pamfilio Pamfili, dessen Frau Olympia, die dem Satanismus des Geldes verfallen war, dem Papst zum Verhängnis wurde.

In einem Raum der Villa Pamfili in der Piazza Navona steht eine Büste des Papstes; sie zeigt ein ausdrucksloses Gesicht. Anders das Porträt, das Velázquez um 1650 vom Papst malte; es ist das Werk eines Psychologen in der verhaltenen Ruhe seiner Kunst. In Rot und Weiß gemalt, erscheint zwischen roter Kappe und weißem Halskragen das unschöne Gesicht eines verschreckten, verdrossenen und mißtrauischen Mannes von 76 Jahren.

Innozenz X. wird als abstoßend beschrieben. Auf einem Bild des Erzengels Michael in der Kapuzinerkirche hat ihn Guido Reni als Teufel dargestellt. Es ist aus Rache gemalt, weil der Papst dem Künstler Faulheit vorgeworfen hatte.

Das Porträt des Velázquez kam dem geizigen Papst billig. Nach dem Honorar befragt, hatte Velázquez geantwortet, er stehe als Hofmaler im Dienst des spanischen Königs, der ihn entlohne.

Neben der Büste des Papstes im Palast der Pamfili steht die seiner Schwägerin Donna Olympia Maidalchini. Auch hier hatte sie den Papst nicht allein lassen wollen. Ein Gemälde im selben Palast zeigt Olympia Maidalchini als männlich wirkende Matrone mit dem Kind Olympuccia an der Hand. Das Bild offenbart die Dämonin, die sie war: Über dem den Raum des Bildes ausfüllenden mächtigen und plumpen Leib, der in eine schwarze Soutane gehüllt ist, erscheint ein hartes, bleiches Gesicht mit zusammengekniffenen und stechend bösen Augen. – Auf Olympia Maidalchini trifft Vergils Wort zu: »Greuliche

Geldgier! Was erzwingst du nicht von den Herzen der Sterblichen!« (Äneis, III/56)

Schon das Nebeneinander der beiden Büsten in der Villa Pamfili deutet die Verquickung der beiden Menschen an: Papst Innozenz X. als Opfer seiner habgierigen und geltungssüchtigen Schwägerin, der Spinne, die ihr Opfer ins Netz ihrer Leidenschaften eingefangen und getötet hat. Dies im buchstäblichen Sinn bis zum gräßlichen Ende des Papstes und dem seiner Schwägerin.

Die elf Jahre der Regierungszeit ihres Schwagers dienten ihrer Sucht, zu herrschen und sich schamlos zu bereichern.

Olympia Maidalchini wurde am 26. Mai 1594 in Viterbo geboren. Sie wurde im Kloster erzogen und heiratete den steinreichen Paolo Nini aus Viterbo. Nach dessen Tod verheiratete sich Olympia als reiche Witwe mit dem viel älteren Pamfilio Pamfili, Angehörigen einer angesehenen und vornehmen Familie. Pamfilio war ein Bruder des Papstes Innozenz X. Als dieser zum Papst gewählt wurde, war Olympia Maidalchini fünfzig Jahre alt.

Sie hat ihren Schwager derart beherrscht, daß beide Leben gemeinsam dargestellt werden müssen. Olympia Maidalchini regierte so uneingeschränkt im Vatikan, daß sie »Olympia primus pontifex maximus« und »Kardinal padrone« genannt wurde.

In seinem Werk »Die römischen Päpste in den letzten vier Jahrhunderten« skizziert Leopold von Ranke ein Charakterbild Donna Olympias: »Von jeher hatte Papst Innozenz X. seiner Schwägerin die ökonomischen Angelegenheiten der Familie überlassen; kein Wunder, wenn sie jetzt auch auf die Verwaltung des Papsttums Einfluß bekam. Sehr bald gelangte sie zu großem Ansehen. Ihr zuerst machen die anlangenden Botschafter einen Besuch; Kardinäle stellen ihr Bild in ihren Gemächern auf, wie man das Bild eines Fürsten aufstellt; fremde Höfe suchen sich ihre Gunst durch Geschenke zu erwerben. Da auch alle anderen, die an der Kurie etwas wünschten, diesen Weg einschlagen – man behauptet sogar, daß sie sich von geringen Ämtern, die sie verschaffte, eine monatliche Rente habe zahlen lassen –, so strömen ihr Reichtümer zu. In kurzem machte sie ein großes Haus, gab Feste, Komödien, reiste und kaufte Güter an.« Das ist ein zahmes Bild im Hinblick auf die Untaten der Donna Olympia, wenn wir sie im einzelnen zu betrachten und aufzuzählen versuchen.

Das Wappenbild der Familie Pamfili, in die Donna Olympia Maidalchini eingeheiratet hatte, ist eine Taube mit Ölzweig und drei goldenen Lilien. Der Stammsitz war Gubbio, das römische Iguvium, das seinen mittelalterlichen Charakter bewahrt hatte. In Rom besaß die Familie einen Palast an der Piazza Navona, der vordem den Aldobrandini gehört hatte. In dieser Villa Pamfili wohnte Innozenz vor und zumeist während seines Pontifikats bei seiner Schwägerin.

Die Pamfili waren eine juristisch begabte Familie. Innozenz begann seine Laufbahn als Auditor der heiligen Rota, des päpstlichen Gerichtshofs, kam als Nuntius nach Neapel, wo er, der wie seine Schwägerin sparsam bis geizig war, sich bereichern konnte; er wurde Nuntius in Madrid, Legat in Frankreich und Deutschland und 1630 Kardinal. In Rom erhielt er einige einträgliche Ämter. Schon war der Einfluß der Schwägerin so groß, daß er ihr die Wahl zum Papst zum größten Teil verdankte. Von da an trat Donna Olympia aus dem Hintergrund hervor.

Der bissige Schuster Pasquino, der wegen seiner satirischen Bemerkungen über Adlige, Kardinäle und Päpste bekannt und gefürchtet war, brachte nach der Wahl Innozenz' das Wort in Umlauf, Donna Olympia habe sich aus einer Pia in eine Impia verwandelt, und der Papst werde nunmehr eher der Olympia als dem Olymp gehorchen.

Das Pontifikat Innozenz' X. wurde durch den Konflikt zwischen der französischen und spanischen Partei belastet. Das Spiel und Gegenspiel der beiden größten Staaten Europas wurde auch in Rom ausgetragen, im Adel wie im Vatikan. Innozenz stand auf der Seite der Spanier gegen die Franzosen, die unter dem Kardinal Mazarin die Protestanten gegen Spanien-Habsburg unterstützten, vor allem gegen Österreich. Innozenz hatte als Erbe die letzten Jahre des Dreißigjährigen Krieges übernommen und dann einen Frieden hinnehmen müssen, der der katholischen Seite abträglich war.

Donna Olympia Maidalchini hatte die Absicht gehabt, nach der Wahl ihres Schwagers zu ihm in den Vatikan zu übersiedeln und dort zu wohnen. Die Kardinäle wußten das zu verhindern. Trotzdem hielt sich Donna Olympia stets in der Nähe des Papstes auf und er sich zumeist bei ihr in der Villa Pamfili. Um über alles unterrichtet zu sein, hörte Olympia hinter einer Tür verborgen die Sitzungen der Kongregation im päpstlichen Palast ab; das war bekannt, ein Kardinal forderte die anderen Kardinäle auf, laut zu sprechen, damit Olympia Maidalchini sie verstehe.

Der Papst war froh darüber, daß seine in Geldsachen äußerst geschickte Schwägerin die familiären wie die päpstlichen ökonomischen Dinge für ihn erledigte, wobei sie zwischen den Geldgeschäften des Vatikans und denen der Familie Pamfili wenig unterschied. Verblendet durch ihre Habsucht mochte Olympia Maidalchini meinen, daß der Vatikan mit der Wahl ihres Schwagers zum Papst Besitztum der Familie Pamfili geworden sei. Sie regelte die Vergabe von Pfründen gegen eine entsprechende Vorauszahlung der Bewerber. Ohne sie und »umsonst« kam niemand mehr in Amt und zu Würden. Pasquino spottete, daß, wer nichts bei sich trage (portat), finde die Tür (porta) zu Olympia Maidalchini nicht. Geistliche, denen sie hohe Ämter beschaffte, mußten sich zur Zahlung einer monatlichen Rente an Donna Olympia verpflichten. Ein Bischof, der gegen eine Anzahlung von 20 000 Talern an Donna Olympia sein Amt erhalten sollte, mußte sich diesen Betrag erst bei seinen Verwandten ausleihen. Aber er starb, bevor er das Amt antrat; die Anzahlungssumme verfiel. Die von der Kurie verordnete Auflösung kleiner Klöster, die zu wenig Mönche hatten, konnte durch Zahlung einer Gebühr an Donna Olympia verhindert werden; sie soll auf diese Weise 50 000 spanische Dublonen eingenommen haben. Das sind nur einige der vielen Manipulationen, durch die es Donna Olympia Maidalchini zu einem riesigen Vermögen brachte.

Es war ihr möglich, einen glanzvollen Hof zu führen, obwohl sie aus Geiz keineswegs dazu neigte. Sie bedurfte für ihre trüben Geschäfte der Repräsentation. Liebe, die die damalige Gesellschaft in zahllosen Affären beschäftigte, schien ihr »goldenes« Herz nicht gekannt zu haben. Sie versammelte in ihrem Salon Diplomaten, hohe Geistliche, auch Gelehrte und spann ihre Intrigen. Sie war klug und sprach nur wenig, sie hörte lieber zu. Ihre Bemerkungen waren knapp und treffend. Ihr Sarkasmus war allseits gefürchtet.

Ihr Schwager tat nichts, was er nicht vorher mit ihr besprochen hatte. Er hätte besser getan, nicht immer

ihrem Rat zu folgen. Er mußte Rückschläge für Fehlent-
scheidungen hinnehmen.

So war der Papst nicht gut beraten, als er gegen die
Familie der Barberini vorging. Die Vorwürfe, die er den
Barberini machte, die Anklagen, die er gegen sie erhob,
hätte er ebensogut gegen seine eigene Familie machen
und erheben können, etwa die, sich am Kirchengut bereichert zu haben. Es handelte sich um einen Racheakt
gegen den Kardinal Barberini, der als Anhänger der französischen Partei gegen die Wahl Innozenz' gewesen war.
Der Kardinal floh unter abenteuerlichen Umständen
nach Frankreich, wohin ihm Francesco und Taddeo Barberini, Herzog von Palestrina, folgten, um sich der Verfolgung des Papstes zu entziehen. Sie wurden vom französischen König huldvoll aufgenommen.

Innozenz ließ das Vermögen und die Besitzungen der
Barberini einziehen und besetzte Palestrina, den Fürsten-
sitz der Barberini. Frankreich, das die Barberini in Schutz
genommen, schlug zurück. Mazarin ließ das verödete
Palestrina und seine Festungen in den sienesischen Maremmen, die das spanische Neapel schützten, besetzen
und drohte mit dem Einmarsch in den Kirchenstaat.

Der Papst hatte sich verrechnet. Ihm wurde deutlich
gemacht, daß nicht mehr Spanien, sondern Frankreich die
erste Macht in Europa war. Innozenz steckte zurück,
allerdings auch dieses Mal übereilt. Er erlaubte den verarmten Barberini, nach Rom zurückzukehren. Donna
Olympia Maidalchini schloß mit der gedemütigten und
entmachteten Familie Freundschaft.

Daß der Papst durch die Begnadigung der Barberini den
Franzosen, denen er alles andere als gewogen war, vor-
zeitig entgegengekommen war, hatte noch eine andere
Ursache. Frankreich hatte sich mit dem Herzog Tomma-

so von Savoyen gegen das spanische Neapel verbündet. Herzog Tommaso besetzte einige Festungen, die dem Schutze Neapels dienten, und belagerte auch Piombino, das dem Vizekardinal der Kurie, Ludovisi, gehörte. Es war offenbar, Mazarin wollte den spanienfreundlichen Papst durch einen Vormarsch der Franzosen gegen Mittelitalien demütigen oder schrecken. Da brach am 7. Juli 1647 in Neapel eine Revolution gegen die Spanier aus. Ihr Anführer war Masaniello, ein Fischer. Das Volk lehnte sich unter seiner Führung gegen die hohen Steuern auf, zerstörte und verwüstete und erstürmte den Palast des spanischen Vizekönigs, des Herzogs von Arcos. Masaniello gelang es, die Massen zu beschwichtigen und durch Verhandlungen mit der spanischen Regierung einen Vertrag zu erlangen, der alle seit Kaiser Karl V. neu aufgelegten Steuern aufhob. Größenwahnsinnig geworden, plante Masaniello einen neuen Aufstand, um sich zum Herrn über Neapel zu machen, aber das Volk verweigerte ihm die Gefolgschaft. Herzog Arcos ließ Masaniello durch gedungene Meuchelmörder beseitigen. (Dieser neapolitanische Aufstand wurde der Stoff zu einigen Opern, so zu »Die Stumme von Portici« von D. F. E. Auber. Nach deren Aufführung am 25. August 1830 kam es in Brüssel zu dem Aufruhr, der die Loslösung Belgiens von den Vereinigten Niederlanden zur Folge hatte.)
Der Papst sah im Sieg der Spanier eine Niederlage der Franzosen und damit der römischen Kirche.
Innozenz holte nun seinerseits zu einem zweiten Schlag aus. Er wurde dieses Mal, allerdings auf eine trübe Weise, erfolgreich.
Wieder ging es um wirtschaftliche Belange, und zwar gegen die Farnese, die zweitmächtigste Familie Italiens; Grund der Feindschaft war der Haß der Donna Olympia

Maidalchini gegen die Farnese wegen ihrer ihr widerwär-
tigen Schwiegertochter, die mit dem Hause Parma-Farne-
se verwandt war. Als Vorwand nahm der Papst üble
Geldgeschäfte der Farnese in einer ihrer Hypotheken-
banken, Monti genannt; die Bank stützte sich auf Pfand-
briefe aus Einnahmen aus dem kleinen farnesischen Fürstentum Castro. Der letzte Anlaß wurde die Ermordung
des Bischofs, den der Papst für Castro ernannt hatte. Der
Bischof erlag auf dem Weg nach Castro einem Mordanschlag. Der Verdacht fiel auf den Schweizer Samsone
Asinelli, der im Dienst Ranuccios II. Farnese stand; er
sollte im Auftrag des Marquis Godefroi gehandelt haben,
eines französischen Abenteurers, Sekretär und Capitano
bei Herzog Ranuccio. Um den Verdacht des Mordes von
sich abzuwenden, ließ Ranuccio Farnese den Marquis
hinrichten; er wurde seiner adligen Würde gemäß in einem roten, goldbestickten Mantel, von zwei Jesuiten begleitet, zur Hinrichtung geführt.
Das genügte dem Papst nicht als Sühne für die Ermordung des Bischofs. Er ließ ein Heer ausrüsten und das
kleine Castro, das nur eine geringe Verteidigung hatte,
drei Monate lang belagern, bis es sich ergab. Das geschah
am 31. August 1649.
Castro wurde mitsamt den Kirchen dem Erdboden
gleichgemacht; die obdachlos und bettelarm gewordene
Bevölkerung verließ den Ort. Als sei Karthago erobert
worden, ließ Innozenz auf dem Trümmerfeld eine Mar-
morsäule mit der Inschrift »Qui fu Castro« errichten. An
den Plätzen der niedergebrannten Kirchen wurden
Kreuze aufgestellt. Das war ein kläglicher, in einen Triumph umgemünzter Sieg des sonst erfolglosen Papstes.
Als Beute wurden die Glocken von Castro in die Familienkirche der Pamfili Sant' Agnese gebracht.

Den Kriegszug gegen Castro verewigt ein pompöses Schlachtengemälde von Jacopo Bourguignon und Carlo Maratti, das sich in der Galerie Doria befindet.

Die Glocken aus dem zerstörten Castro konnte Donna Olympia Maidalchini in ihrer Villa an jedem Morgen und Abend und zu den täglichen Andachten läuten hören.

In der Kirche Sant' Agnese wurde der später erbärmlich gestorbene Papst Innozenz X. klanglos und klaglos begraben.

Die Kardinäle versuchten, der »Weiberwirtschaft« im Vatikan ein Ende zu machen – vergeblich. Erst als dem Papst zu Ohren kam, daß von den Kanzeln der protestantischen Kirchen in Deutschland die Mißwirtschaft im Vatikan angeprangert wurde, besann sich Innozenz.

Von der Unsitte des Nepotismus hatte er sich ferngehalten, zumal es an männlichen Verwandten fehlte, die er zu Neffen hätte machen können. Camillo, der einzige Sohn der Donna Olympia Maidalchini, schien dazu nicht geeignet, weil er das Geschlecht der Pamfili fortpflanzen sollte. Donna Olympia verstand beides unter einen Hut zu bringen, die Würde des Kardinals und nachträglich dessen Heirat. Sie wünschte die Ernennung ihres Sohnes Camillo zum Kardinal-Nepoten, mit dem Hintergedanken, daß er, nachdem er sich als Kardinal genügend bereichert hatte, den Purpur ablegen, in den weltlichen Stand zurückkehren und heiraten konnte.

Nach verschiedenen Versuchen und Verwendungen des wenig begabten, aber wendigen und charmanten Zweiundzwanzigjährigen, wurde Camillo unter für den Papst peinlichen Zeremonien zum Kardinal ernannt. Er wurde mit hohem Gehalt Gouverneur des Kirchenstaates, erhielt die Einkünfte aus Avignon und aus der Abtei Capua und andere einträgliche Ämter und Titel. Der Papst war

mit seinem Neffen sehr unzufrieden, denn Camillo hatte
so gut wie kein Gedächtnis, der Papst hingegen war trotz
seines hohen Alters ein wacher Geist. Deswegen – aber
auch weil Donna Olympia Maidalchini trotz Hausver-
bots sich immer wieder unter einem Vorwand in den
Vatikan einzuschleichen verstand, den Einfluß Camillos
zu unterbinden versuchte und unliebsame Szenen machte
– flüchtete der Papst immer öfter in eine Krankheit und
sonderte sich ab, um Ruhe zu haben.
Nach zwei Jahren entschloß sich Don Camillo unter dem
Vorwand, er könne nicht keusch leben, den Kardinals-
purpur abzulegen. Donna Olympia war über den Entschluß erfreut, denn auf diese Weise wurde ihr Schwager
dem Einfluß ihres Sohnes entzogen.
Der wahre Grund von Don Camillos Rücktritt war seine
Verliebtheit in die Fürstin von Rossano, Olympia Aldobrandini, die Nichte des letzten männlichen Nachkommen des Geschlechts; dieser, Ipolito, war 1638 gestorben.
Die Fürstin von Rossano war jung verwitwet, sehr schön,
liebenswürdig, klug, gesellschaftlich gewandt und sehr
reich. Sie stand eine Zeitlang mit dem Kardinal Decio
Azzolino, der der lebenslange Vertraute der Königin
Christine von Schweden wurde, in Verbindung.
Donna Olympia hatte sich eine andere Schwiegertochter
gewünscht, nämlich Lucrezia Barberini, aber Don Camillo gab dem Wunsch seiner Mutter nicht nach. Wenn
Donna Olympia ihren Wunsch nicht durchsetzen
konnte, wurde sie hartnäckig feindselig, selbst gegen ihre
nächsten Verwandten. Sie ließ eine Komödie schreiben,
»Pasquale«, eine Satire auf ihren Sohn und dessen Frau;
sie wollte sie lächerlich machen. Es ging um einen unge-
horsamen Sohn, der gegen den Willen der Mutter heiratet
und ein übles Ende nimmt. Diese Komödie war selbst

dem Papst zuviel. Er verhinderte ihre Aufführung im Palazzo Pamfili.

Die Hochzeit des ehemaligen Kardinal-Nepoten wurde ein Skandal. Der Papst und Donna Olympia nahmen an der Trauung nicht teil. Nach der Hochzeit ging das junge Paar, das durch die Mutter in Rom unmöglich gemacht worden war, nach Caprarola, wohin auf Veranlassung Donna Olympias der Papst das Paar verbannte. Donna Olympia hatte Camillo aus der Nähe des Papstes entfernt und war seine Frau als eine gesellschaftliche Rivalin los. Es kam zu einem neuen Familienstreit, als Innozenz einen ihm sympathischen jungen Verwandten, Camillo Astalli, in den Vatikan aufnahm, bei sich wohnen ließ und mit Ämtern und Würden betraute. Die Ursache, gegen die »Weiberwirtschaft« im Vatikan einen Nepoten in den Vatikan aufzunehmen, waren Klatschgeschichten, die über die Herrschaft d'una femina in Vaticano, wie Kardinal Pallavicini spottete, durch ganz Italien und Europa kolportiert wurden; in London hatte man vor dem katholikenfeindlichen Cromwell eine Komödie »The Mariage of the Pope« mit dem Papst und Donna Maidalchini als Hauptgestalten aufgeführt.

Der Papst verbot seiner Schwägerin, den Vatikan zu betreten. Sie erfuhr dennoch durch ihre Spione, was dort vorging, nur war es ihr nur noch schwer möglich, Gelder dorther für sich abzuzweigen. Der junge Camillo Astalli, ein römischer Adliger aus der Verwandtschaft der Donna Olympia, wurde zum Kardinal-Nepoten ernannt, erhielt vom Papst den Namen Pamfili und die Herrschaft über die Stadt Fermo, wurde der Gesandtschaft von Avignon zugeteilt und bekam sogar die Villa Pamfili zu seiner Verfügung. Neben den Nebeneinkommen belief sich sein Gehalt auf 30 000 Scudi im Jahr.

Olympia fand heraus, wer durch diesen Astalli gegen sie arbeitete; es war der Kardinal-Sekretär Panciroli. Donna Olympia versuchte, ihn mit allen Mitteln zu stürzen; bevor ihr das gelang, starb er.

Donna Olympia jubelte, als ihr die Todesnachricht überbracht wurde: »Er ist tot, und ich lebe!«

Aber noch stand Astalli ihr im Weg. Wie konnte sie ihn von der Seite des Papstes entfernen? Ihr Spürsinn fand bald einen Grund.

Als Astalli vom spanischen König zum Protektor über Sizilien ernannt wurde, ließ Donna Olympia ihn durch ihren Günstling, den päpstlichen Sekretär der Breve, Decio Azzolino, überwachen. Es stellte sich heraus, daß Astalli in engen Beziehungen zur spanischen Gesandtschaft stand. Auf Betreiben Donna Olympias verbot Innozenz Astalli, weiterhin den Namen Pamfili zu tragen, entkleidete ihn der Kardinalswürde und befahl ihm, Rom zu verlassen.

Zwar hatte Donna Olympia auch hier wieder gesiegt, aber schon drohte ihrer Herrsch- und Habsucht ein anderer Widersacher.

Im Vatikan war ein Mann aufgetaucht, der, aus Deutschland kommend, großen Einfluß gewann: der Sekretär und Kardinal Fabio Chigi. Er gebärdete sich als Asket, dem bald die Weiberwirtschaft im Vatikan auffiel und mißfiel. Donna Olympia war zuwider, daß dieser Mann zu viel hörte und sah. (Er tat es tatsächlich. Als Nachfolger Innozenz' zum Papst Alexander VII. gewählt, leitete er nach dem Tod seines Vorgängers als Mitwisser der Machenschaften Donna Olympias eine Untersuchung gegen sie ein.) Fabio Chigi brachte den Papst dahin, sich dem Einfluß seiner Schwägerin zu entziehen. Der Papst hatte ihre Hartnäckigkeit unterstützt.

Wie war es möglich, auch diesen Mann dem Papst verdächtig zu machen?

Innerhalb der Kurie war eines der wichtigsten Ämter die
Dataria, das Schatzamt, das die Einnahmen und Ausga-
ben des Vatikans überwachte. Diese Dataria war für
Donna Olympia eine reichlich fließende Quelle, die ihre
private Kasse füllte. Der oberste Beamte der Dataria war
der Prodatarius. Kardinal Domenico Cecchini, der dieses
Amt innehatte, unterband den Zugang Donna Olympias
zur Dataria. Sie rächte sich, indem sie den Papst gegen
Cecchini mißtrauisch machte und die Einsetzung eines
unteren Beamten durchsetzte, der Cecchini insgeheim
überwachen sollte.
Aber man machte den Bock zum Gärtner. Dieser Unter-
beamte, Mascambruni, Kanonikus an der Kirche Santa
Maria Maggiore, war ein verschlagener Heuchler, vor
allem ebenso habgierig wie Donna Olympia. Er stellte
sich mit allen Mitgliedern der zerstrittenen Familie Pamfili gut, wurde der allmächtige Mann in der Dataria und
bereicherte sich skrupellos. Er fälschte die Akten zu seinem Vorteil, die der Papst – er war nahezu achtzig und
litt am Podagra – unbesehen unterschrieb, bereicherte
sich durch Renten an unrechtmäßig erworbenen Pfründen und trieb allerlei dunkle Geschäfte.
Durch ein heikles Dokument, das der Papst ungelesen
unterschrieben hatte – es handelte sich um einen Inquisi-
tionsprozeß wegen schmutziger Dinge des Conte di Vil-
lafranca –, kamen Mascambrunis Machenschaften an den
Tag. Mascambruni wurde im Torre di Nona gefangengesetzt; eine Hausdurchsuchung förderte ein Lager an Gold
und Silber, Edelsteinen und anderen Kostbarkeiten zuta-
ge; Nachforschungen wiesen ein Vermögen von 180 000

Scudi nach – das Jahresgehalt Mascambrunis betrug 700 Scudi. Während der Untersuchung beharrte er bei der Aussage, daß Donna Olympia Maidalchini und ihr Sohn Camillo Pamfili über alles Auskunft geben könnten. Mascambruni wurde verurteilt und vor der Bevölkerung durch die Straßen Roms geschleift; vor dem Palazzo der Dataria sollte ihm die rechte Hand abgehauen, auf dem Campo di Fiore sollte er an einem Fuß aufgehängt werden; dann sollte er verbrannt und die Asche in den Tiber geworfen werden.

Auf die Bitten des Domherrn von Sankt Peter und Camillo Pamfilis wurde Mascambruni enthauptet; der Kopf wurde auf der Engelsbrücke zur Schau gestellt.

Der mitschuldige Kanonikus von Panteone, Brandano Alessandro, stürzte sich aus dem Fenster, als sich die Sbirren, die päpstlichen Polizisten, seinem Hause näherten.

Nach diesen Vorfällen kam der Papst zu der Erkenntnis, daß es nur einen Menschen gab, dem er voll vertrauen konnte – seiner Schwägerin Donna Olympia Maidalchini. Am 25. März 1653 wurde im Palazzo Pamfili ein Versöhnungsfest gefeiert. Donna Olympia war wieder »Olympia primus pontifex maximus« und »Kardinal padrone« und ging wie vordem im Vatikan ein und aus. Aus Furcht vor spanischen Giften gab sich der Papst ganz in ihre Hände. Sie kochte für ihn, nahm an den meisten Konferenzen teil, holte aus der Dataria alles heraus, dessen sie habhaft werden konnte, und entfernte, was sie aus dem Vatikan mitnehmen konnte. Später stellte sich heraus, daß sie dem Kirchenschatz acht Millionen Scudi entnommen und 600 000 aus der päpstlichen Kasse entwendet hatte.

Der Papst teilte mit seiner Schwägerin neben der Habgier

die Leidenschaft zu bauen. Auf dem Kapitol ließ Innozenz neben dem fertigen Konservatorenpalast einen zweiten Palast nach den Plänen des Michelangelo errichten. Er ließ die Mauer Trasteveres bauen und das elende Gefängnis, die Cloaca di Corte Savella, durch ein neues in der Via Giulia ersetzen.

Die Villa der Pamfili auf der Piazza Navona war nur ein bescheidenes Stammhaus. Um an dessen Stelle einen prächtigen Palast zu errichten, wurden die Häuser an der Piazza Navona angekauft. Der Papst drängte wegen seines hohen Alters auf die Fertigstellung des neuen Palastes und ließ die Mauern, kaum daß sie standen, mit Fresken schmücken. Die sparsame Donna Olympia bemühte sich um Freilassung des Malers Andrea Comassei da Bevagno, der eine Gefängnisstrafe abzusitzen hatte; aus Dank für die Freilassung mußte er die Fresken – einen Zyklus nach Ovids Metamorphosen – kostenlos malen.

An der Stelle der bescheidenen Kirche wurde neben dem Palazzo Pamfili der großartige Bau der Familienkirche Sant' Agnese errichtet. Der Brunnen auf der Piazza Navona wurde ein Meisterwerk Berninis.

Der Papst war dem Schönen zugetan, liebte Sauberkeit und Ordnung. Wer auf den Fußboden in der Peterskirche Schnupftabak fallen ließ – damals wurde viel geschnupft –, wurde mit dem Bann bedroht. Nahrung für Pasquinos Lästermaul.

Donna Olympia Maidalchini hegte einen großen Wunsch. Sie besaß zwar Weingärten und eine kleine Villa außerhalb des Pankratius-Tores und Grundbesitz in der Campagna, aber ihr fehlte ein Schloß, wie es die Orsini und Colonna und die anderen großen römischen Familien besaßen. Sie erwarb das ruinöse Schloß S. Martino mit dem dazugehörenden Grundbesitz und das Castello

Vitorchiano mit ausgedehnten Weinbergen. Sie ließ an der Stelle des alten ein neues Schloß bauen, mit einer Treppe, die bis zum ersten Stockwerk mit Wagen befahrbar war. Auf ihrem großen Besitztum standen nur zehn armselige Häuser. Sie begann es auf verschiedene Weise zu bevölkern. Sie veranlaßte Geistliche, hier ihre Villen zu bauen; Mädchen, die sich verpflichteten, sich nach ihrer Heirat mit ihren Familien in San Martino anzusiedeln, schenkte sie eine Mitgift. Der Papst gründete eine Abtei, die keinem Bistum unterstand. Schließlich ernannte er seine Schwägerin zur Fürstin von San Martino.

Übereilen wir uns? Ich denke an den Leser. Auch ich bin einer. Es gäbe noch viele seltsame und bunte Einzelheiten aus der Familiengeschichte der Pamfili und dem damaligen Rom zu berichten.
Donna Maidalchini war unerschöpflich erfinderisch, ihre Habsucht zu stillen. Die Aneinanderreihung ihrer unsauberen Geldgeschäfte würde durch die Wiederholung so vieler Untaten erschöpfen und abstumpfen. Die Habgier und Sucht nach Geld der Donna Olympia Maidalchini offenbaren sich im Ende des Papstes und im Ende der Olympia Maidalchini in einer erschreckenden Verlassenheit beider.
Im September 1654 verbreitete sich die Nachricht, daß der Papst im Sterben liege. Rom jubelte, der Pöbel zog zum Palazzo Pamfili, um ihn nach altem Brauch beim Tod eines Papstes zu plündern. Donna Olympia verstand es, durch Zureden und einige Hundert Scudi die Menge abzuhalten.
Der Vatikan wurde von den Mitgliedern der Familie Pamfili besetzt. Donna Olympia schloß den Papst am Abend in sein Schlafzimmer ein, damit ihm die unterm

Bett stehende Geldkassette nicht geraubt werde. Das Zeichen dafür, daß der Papst noch lebte, war, daß Donna Olympia sich an jedem Abend in einer Sänfte aus dem Vatikan in ihren Palazzo tragen ließ. Die Träger wollten festgestellt haben, daß die Sänfte von Abend zu Abend schwerer wurde.

In den zehn Tagen, die der Papst zu seinem Sterben brauchte, soll Donna Olympia durch Vergabe von Ämtern und Pfründen im Namen des Papstes eine halbe Million Scudi verdient haben.

Bis in die letzten Stunden erwies der Papst ihr seine Anhänglichkeit; als ihr Schmuck gestohlen worden war, schenkte er ihr als Ersatz 30 000 Scudi, wobei offen bleibt, ob sie den Raub nicht vorgetäuscht hatte.

Die letzte Absicht des Papstes war, Giambattista, Camillo Pamfilis siebenjährigen Sohn, den Innozenz einmal wegen einer ihm unangenehmen frechen Antwort geschlagen hatte, zum Kardinal zu ernennen. Das heilige Kollegium konnte das verhindern.

Innozenz starb am 7. Januar 1655. Er war 81 Jahre alt geworden und hatte elf Jahre regiert. Der Jesuit Pallavicini nennt ihn inglorioso e miserabile.

Was folgt, ist mehr als unrühmlich und elend, es ist erbärmlich.

Gregorovius zitiert in seinem Buch über die Grabmäler der Päpste, was Novaes in der Vita des Innozenz berichtet: »Nach den drei Tagen, während welcher die Leiche des Papstes in Sankt Peter ausgestellt war, fand sich niemand, der es auf sich nahm, sie bestatten zu lassen. Man sandte zu Donna Olympia, daß sie Sarg und Kissen machen lassen solle; diese aber antwortete, sie sei eine arme Witwe. Von den anderen Verwandten und Nepoten rührte sich keiner; man brachte die Leiche also in ein

Gemach, wo die Maurer ihr Material aufbewahrten. Aus Erbarmen steckte ihr einer ein brennendes Talglicht zu Häupten auf, und weil ein anderer sagte, daß im Zimmer viele Mäuse seien, welche den Toten anfressen könnten, fand sich jemand, der aus seinem Beutel Geld hergab für einen Wächter. Nachdem noch ein Tag verstrichen war, erbarmte sich der Maggiordomo Monsignore Scotti und ließ ihm einen Sarg von Pappelholz machen, und Monsignore Segni, Kanonikus an Sankt Peter, der des Papstes Maggiordomus gewesen und dann verjagt worden war, vergalt ihm Böses mit Gutem und bezahlte fünf Taler, um ihn bestatten zu lassen.«

Das geschah in der Familienkirche der Pamfili Sant' Agnese.

Donna Olympia Maidalchini hatte noch im Sterbegemach gründliche Arbeit getan. Sie hatte die silbernen Leuchter entfernt und beim Toten nur einen aus Zinn belassen. Die schäbige Decke über der Leiche war so kurz, daß sie nicht über die Füße des Toten reichte.

Erst der Sohn Camillo Pamfilis, Giambattista, den Innozenz als Siebenjährigen zum Kardinal hatte machen wollen, dachte an ein Grabmal für seinen Großonkel. Ein Modell des Ercole Ferrata erwies sich als zu kostspielig. Es kam nur zu einer Halbfigur über der Eingangstür von Sant' Agnese; sie ist armselig gegenüber der Pracht der von Innozenz erbauten Kirche.

Donna Olympia Maidalchini hatte die Wahl des Kardinal-Sekretärs Fabio Chigi zum neuen Papst Alexander VII. zu verhindern versucht, er wußte zu viel über die Machenschaften der Donna Olympia.

Tatsächlich wurde eine der ersten Tätigkeiten des neuen Papstes, die Unterschlagungen Donna Olympias überprüfen zu lassen. Das Ergebnis der Untersuchung war bestürzend. Aus Furcht vor dem langen Schweigen des Papstes schickte Donna Olympia ihm zwei kostbare Vasen und bat, den Fußkuß darbringen zu dürfen. Der Papst lehnte das Geschenk ab und gewährte Donna Olympia keine Audienz, befahl ihr vielmehr, innerhalb einer Woche Rom zu verlassen und sich nach Orvieto zu begeben, das ohne Erlaubnis zu verlassen ihr verboten wurde.

Von Orvieto begab sich Donna Olympia nach Viterbo, der Stadt ihrer Geburt. Von dort floh sie wegen einer ausgebrochenen Epidemie in das Schloß ihres Fürstentums San Martino. Sie kam dort krank an. Das Dienstpersonal fürchtete eine Ansteckung und überließ die Fürstin sich selbst.

Sie starb am 26. September, zwei Jahre nach ihrem Schwager, 63 Jahre alt, starb so allein und verlassen wie Innozenz gestorben war.

BEATRICE CENCI

Im September 1598 wurde die einundzwanzigjährige Beatrice Cenci ins Gefängnis von Corte Savella in Rom eingeliefert; sie wurde vom päpstlichen Gericht, der heiligen Rota, verdächtigt, mit ihrer Stiefmutter Lucrezia, ihren Brüdern Giacomo, Bernardo und Paolo und einigen Helfershelfern ihren Vater Francesco ermordet zu haben. Das Gericht sprach alle Angeklagten schuldig. Am 11. September 1599, ein Jahr und zwei Tage nach dem Mord, wurden Beatrice, ihre Stiefmutter und ihr Bruder Giacomo öffentlich vor der Engelsbrücke hingerichtet.

In den düsteren Geschehnissen in der Familie Cenci ist die junge und schöne Beatrice durch Jahrhunderte nicht in Vergessenheit geraten; um sie kreisen Schuld und Sühne des Vatermordes. Die Tat der Beatrice läßt sich nicht von ihrer Familie loslösen, auch nicht vom Ort und der Zeit des barocken Rom.

Das wüste Leben der Familie Cenci ist keine Ausnahme, es ist fast so etwas wie die Regel. Die harten Strafen und verschärften Gesetze des Papstes Sixtus V. konnten der Verwilderung der Zeit auf die Dauer nicht Einhalt gebieten.

Das Bandenwesen machte Rom und ganz Italien unsicher, Verbrecher schlichen sich in hohe Ämter der päpstlichen Regierung ein und paktierten mit Räubern und Mördern, den Bravi, zwielichtigen Gestalten, die gegen Geld gedungen werden konnten. Die oberen und unteren Schichten der Gesellschaft waren verwahrlost und verwildert, das Leben war gefährlich.

Der Großvater Cristoforo

Das Geschlecht der Cenci, das seine Herkunft von den mächtigen und verrufenen Crescenzi herleitete, gehörte zum römischen Hochadel und war sehr vermögend. Es besaß am Tiber einen Palast mit der aus dem 12. Jahrhundert stammenden Hauskirche San Tommaso.

Schon die Herkunft des Großvaters der Beatrice, Cristoforo, liegt im Dunkel. Cristoforo Cenci war unverheiratet. Er bekleidete unter Pius V. bis 1572 neben einigen öffentlichen Ämtern das des päpstlichen Schatzmeisters. Er wußte seine Ämter zu nützen und raffte ein Millionenvermögen zusammen, erwarb dazu Paläste, Villen, Bauerngüter und Weinberge.

Aus einem Verhältnis Cristoforo Cencis mit der verheirateten Beatrice Arias ging ein Sohn hervor, Francesco, der der Vater Beatrices wurde. Der Ehemann der Beatrice Arias erhob keinen Einspruch, als der reiche Cristoforo Cenci Francesco als seinen Sohn anerkannte. Auf seinem Totenbett heiratete Cenci die verwitwete Beatrice Arias; er war so elend, daß der Notar ihm den Trauring an den Finger stecken mußte. Er erklärte seinen Sohn Francesco trotz seiner erst zwölf Jahre für volljährig.

Nach Cristoforo Cencis Tod heiratete dessen Witwe in dritter Ehe den Advokaten und Testamentsvollstrecker Evangelista Recchia di Barbarano. Cristoforo hatte das Vermögen seinem Sohne so gut gesichert, daß es von dem schlauen und habgierigen Barbarano nicht angetastet werden konnte.

Über Francescos Herkunft verstummte das Gerücht nicht, er sei nicht der Sohn des Cristoforo Cenci, sondern des Juden Falcione, dem Francesco ähnlich sehe.

Der Vater Francesco

Über den Vater Beatrices, Francesco Cenci, urteilt Stendhal: »Sein Charakterbild, das ich zeigen werde, ist abscheulich ... Nicht ein liebenswürdiger Zug ist von diesem Don Juan hinterblieben.« Stendhal zitiert eine zeitgenössische Chronik von 1599: »Sein geringstes Laster war die Sodomie, sein größtes die Gottlosigkeit.« Die von Stendhal herangezogene Chronik beschreibt Francesco Cenci: »Ich selbst sah den Francesco Cenci zuerst, als sein Haar bereits zu ergrauen begann, unter der Regierung des Buoncompagni (Gregors XIII.), unter der dem Verwegenen alles gestattet war. Er war ein Mann von fünf Fuß vier Zoll, sehr gut gebaut, doch etwas zu mager; man sagte, er sei außerordentlich kräftig, doch ließ er vielleicht selber absichtlich dies Gerücht verbreiten. Er hatte große und ausdrucksvolle Augen, bei denen die oberen Lider etwas zu sehr vorfielen; seine Nase sprang weit vor und war ein wenig zu groß, die Lippen schmal und stets zu liebenswürdigem Lächeln verzogen. Doch wurde sein Gesichtsausdruck furchtbar, wenn er den Blick auf einen seiner Feinde heftete; war er auch nur wenig bewegt oder erregt, so begann er in einer für ihn selber unbequemen Weise zu zittern. In meiner Jugend ritt er einst, zweifellos zu einem Stelldichein, von Rom nach Neapel; er durchquerte ohne Furcht vor den Banditen die Wälder von San Germano und Faggiola und legte, wie man behauptete, die ganze Strecke in weniger als zwanzig Stunden zurück. Er reiste stets allein, ohne seine Absicht vorher irgendwem mitzuteilen; war sein erstes Pferd müde, so kaufte oder stahl er ein anderes. Machte irgend jemand Schwierigkeiten, so half er sich ohne langes Besinnen mit einem gutgezielten Dolchstoß. Doch war damals zur Zeit meiner Jugend, das heißt, als er 48 oder 50 Jahre alt war, niemand kühn genug, sich ihm irgendwie zu widersetzen. Nichts machte ihm größeres Vergnügen, als keck seine Feinde herauszufordern. Auf den Straßen der päpstlichen Staaten war er wohlbekannt; er zahlte freigebig, doch war er auch fähig, zwei bis drei Monate nach einer ihm zugefügten Kränkung den Beleidiger durch einen seiner Meuchelmörder umbringen zu lassen.« – Francesco Cenci, beim Tod des Vaters kaum dem Knabenalter entwachsen und im Besitz eines großen Vermögens und vieler Güter, lebte in Saus und Braus, liebte Prügeleien und Gewalttätigkeiten, die er schon als Knabe mit seinem »Erzieher« ausgeführt hatte. Fünfzehn Jahre alt geworden, heiratete er die vornehme Ersilia Santacroce. Sie starb nach 21 Ehejahren, nachdem sie zwölf Kinder zur Welt gebracht hatte; davon blieben sieben am Leben. Eines davon ist Beatrice Cenci.

1585 forderte der neue Papst Sixtus V., ein unerbittlich strenger Mann, von Francesco Cenci die Herausgabe dessen, was sich sein Vater Cristoforo als päpstlicher Schatzmeister durch Unterschlagungen angeeignet hatte; außerdem erkannte er Francesco nicht als ehelichen Sohn Cristoforo Cencis an. Francesco konnte durch Zahlung von 25 000 Scudi die Angelegenheit aus der Welt schaffen.

Es blieb nicht das einzige Löse- und Sühnegeld, dessentwegen die päpstliche Regierung Francesco immer wieder zur Kasse bat. Daß er seine Diener blutig schlug, zählte damals nicht, aber für die Ermordung eines Pächters, auf die Todesstrafe stand, kaufte sich Francesco Cenci wieder mit einem ansehnlichen Betrag an die apostolische Kammer los. Wegen laufender Tätlichkeiten saß der jähzornige junge Mann immer wieder als Gefangener in der En-

gelsburg oder im Turm in Torre di Nona, der Schwerver-
brecher beherbergte. Immer gelang es Francesco, sich
loszukaufen, auch wegen verübter Sodomie, wie damals
die Homosexualität genannt wurde; sie galt als »crimen
pessimum«, worauf Todesstrafe stand. Trotzdem war die
Sodomie damals unter Adligen und Geistlichen nicht ungewöhnlich. Jeder dieser Prozesse kostete Francesco
Cenci 100 000 Scudi, wodurch er dem Scheiterhaufen
entging. Der unersättlichen päpstlichen Kasse war mit
hohen Geldstrafen besser gedient als mit einem hingerichteten Verbrecher.

Die meisten Anklagen gegen Francesco Cenci wurden
von seinen Söhnen erhoben. Sie rächten sich auf diese
Weise an ihrem brutalen und rücksichtslosen Vater für
ihre harte Kindheit, in der sie viel verprügelt, oft einge-
sperrt und auf Hungerkost gesetzt worden waren. Die
Söhne mußten sich von ihrem ebenso geldgierigen wie
geizigen Vater ihren Lebensunterhalt bei Gericht einkla-
gen. Schließlich wurden sie vom Vater enterbt, was das
Verhältnis noch verschlimmerte.

Die Söhne waren ebenso wildwüchsig wie der Vater,
waren gefürchtete Abenteurer, Schläger und Peiniger, gewalttätig, grausam und hinterlistig, Falschspieler, Wech-
selfälscher und Diebe am eigenen Vater.

Einer der Söhne Francescos, Cristoforo, wurde während
eines nächtlichen Besuchs bei der schönen Frau des Fi-
schers Paolo Bruno Corso auf der Isola San Bartolomeo
ermordet.

Vor Rocco, einem anderen Sohn Francescos, war das
nächtliche Rom wegen seiner gewalttätigen Streiche nicht
sicher. Sein Freund und Spießgeselle war der Sekretär des
Kardinals Montalto, Monsignore Mario Guerra, der
durch seine Beziehungen zu Beatrice in den Prozeß we-

gen der Ermordung Francesco Cencis verwickelt wurde. Mit Guerra beraubte Rocco den Vater, während dieser wieder einmal im Gefängnis saß. Rocco wurde bei einem Streit mit dem unehelichen Sohn des Grafen Pitigliano getötet.

So lebten nur noch drei der Söhne des Francesco Cenci: Giacomo, Bernardo und Paolo; außer ihnen die beiden Töchter Antonia und Beatrice.

Antonia wurde auf ihre Bitten, um von dem grausamen Vater loszukommen, durch Vermittlung des Papstes mit dem vornehmen Patrizier Carlo Gabrielli aus Gubbio vermählt. Der Vater Antonias mußte zur Zahlung einer Mitgift gezwungen werden. Antonia starb nach kurzer Ehe.

Francesco Cenci haßte seine Söhne. Als er im Hof seines weitläufigen Palastes die Kirche San Tommaso erneuern ließ, sagte er, er tue das, um die Gräber seiner Kinder stets vor Augen zu haben. Bei der Bestattung seiner ermordeten Söhne war er nicht bereit, einen Betrag zur Anschaffung von Kerzen herzugeben. Er sagte öffentlich, er werde erst dann voll befriedigt sein, wenn alle seine Kinder bestattet sein würden. –

Francesco Cenci verheiratete sich in zweiter Ehe mit der verwitweten Lucrezia Petroni, die nicht in die verlotterte Familie paßte. Francesco Cenci peinigte sie wie seine bildhübsche Tochter Beatrice, mißachtete und schlug sie, und der Wüstling und Lüstling mißbrauchte seine Frau und seine Tochter zu den übelsten Abenteuern.

Wann damit begonnen wurde, den Plan zur Ermordung Francesco Cencis zu schmieden, ist nicht bekannt, auch nicht, von wem er vorgeschlagen wurde. In der Ausführung aber vereinigte sich Lucrezia Petroni mit ihrer Stieftochter Beatrice und mit ihren drei Stiefsöhnen.

La Rocca Petrella, der Schauplatz des Mordes

Beatrice war zwanzig Jahre alt geworden. Die Stiefmutter blieb ihr durch das gemeinsame harte und düstere Familienschicksal verbunden.

Beatrice mag sehr schön gewesen sein und sich ihre Jugend lange bewahrt haben. Im geheimen Archiv des Vatikans liegt ein anonymer Bericht über die Hinrichtung der Mörder Francesco Cencis; er beschreibt Beatrice um Jahre jünger: »Die Dame Beatrice war sechzehn Jahre alt, klein und rundlich, mit einem schönen Gesicht, kleinen Augen, einer scharf geschnittenen Nase und welligem blonden Haar.« –

Allein innerhalb zweier Jahre, 1594/1595, hatte Francesco Cenci 116 000 Scudi an Strafgeldern zahlen und laufend Gefängnisstrafen abbüßen müssen, die ihn hinderten, seinen Geschäften nachzugehen. Er lebte in der Furcht vor einem Mordanschlag seines Sohnes Giacomo, aber auch vor dem Schwund seines Vermögens. Um sicherer und sparsamer leben zu können, beschloß er, Rom für einige Zeit zu verlassen. Er zog sich mit seiner Frau und seiner Tochter auf das Schloß La Rocca Petrella zurück, das ihm sein Freund, der Fürst Marcio Colonna, zur Verfügung stellte.

Petrella war mehr eine verlassene Bergfestung als ein Schloß und lag einsam in einer öden Gegend der Abruzzen, in der Nähe von Aquila im Königreich Neapel.

Das Schloß war klein und ohne jede Bequemlichkeit, ärmlich und ungepflegt, die Wände waren nur getüncht. Der Kastellan wohnte mit Frau und Kind im Erdgeschoß, darüber im piano nobile Lucrezia und Beatrice. Aus einem Raum gelangte man auf eine Veranda, einen balkonartigen Umgang, der zu den Aborten führte. Das alte, wehrhafte Haus stand in einem verwilderten Obstgarten. Die notwendigen Lebensmittel mußten auf einem Esel aus Aquila geholt werden.

Kastellan war der fünfzigjährige Olympio Calvetti, der auf eine bewegte Vergangenheit zurückblickte. Er wurde eine Hauptfigur in dem blutigen Drama, das sich in den Mauern des alten einsamen Schlosses La Rocca Petrella abspielen sollte.

»Olympio Calvetti war trotz seiner Wohlbeleibtheit ein ansehnlicher Mann mit dunkelgebräuntem Gesicht und leicht ergrautem Bart; er trug sich auf spanische Art, hatte einen schwarzen Hut auf mit breiter Krempe und dem Bilde der Madonna von Loreto. In seiner Jugend war er Schneidergeselle beim Meister Antonio in Rom gewesen; als Marcantonio Colonna ein Heer gegen die Türken sammelte, vertauschte Olympio die Nadel mit dem Schwert und erhielt bei Lepanto eine Kopfwunde, auf die er sehr stolz war. Nach beendetem Krieg diente er bei Prospero Colonna in Neapel als Stallbursche; da er sich bei dem mächtigen Geschlecht in Gunst zu setzen verstand, brachte er es allmählich zum Kastellan. Auf seinem Gewissen lasteten zwei Morde: Er hatte einmal einen Feldhüter erschlagen und anno 1590 einen Schenkwirt in Rom, Angelo, der seine Osteria bei der Schlächterei de Corvi hatte. Da es nur ›kleine‹ Leute waren, verstand er der Strafe zu entgehen. Er war mit Plantilla verheiratet und Vater einer sehr geliebten kleinen Tochter.« (Casimir von Chłędowski)

Das Leben in La Rocca Petrella

Das Leben der beiden Frauen muß trostlos, dazu sehr bescheiden gewesen sein. Beatrice ließ sich in ein Liebesabenteuer mit dem Kastellan ein. Die Bindung Olympios zu Beatrice mag sehr eng gewesen sein; Olympio war, worauf die späteren Ereignisse hinweisen, der Jugend und Schönheit Beatrices verfallen. Das aus dem Verhältnis hervorgegangene Kind wurde, um es vor dem Großvater zu verbergen, nach Aquila gebracht.

Nach zwei Jahren des Aufenthalts in Rom kehrte Francesco Cenci mit seinen Söhnen Bernardo und Paolo ins Schloß La Rocca Petrella zurück. Die jungen, von Langeweile geplagten Männer, rissen schon bald aus, auch Francesco Cenci blieb nicht lange.

Vor seiner Abreise traf er Vorkehrungen, durch die er die beiden Frauen zu Gefangenen machte. Er mochte Verdacht gegen den Kastellan geschöpft haben, aber er bemühte sich vergeblich bei dem Fürsten Marcio Colonna um dessen Entlassung. Zum Wächter der beiden Frauen wurde der alte Diener Santi da Pompa d'Argenio bestellt. Die Frauen durften ihre Zimmer nicht verlassen, die Fenster wurden vergittert, die Türen, durch die das Essen hereingereicht wurde, waren nur von außen aufschließbar.

In ihrer Verzweiflung wandte sich Lucrezia Cenci an den Papst mit der Bitte, sie aus dieser Gefangenschaft zu befreien und erklärte sich wie auch Beatrice bereit, in ein Kloster einzutreten. Auch ihre Stiefsöhne hatte Lucrezia um Hilfe gebeten.

Francesco Cenci mochte davon erfahren haben, kam nach La Rocca Petrella, verprügelte seine Frau und seine Tochter, ließ sie noch schärfer überwachen und ihnen nur Brot und Wein bringen. Damals soll Beatrice geäußert haben: »Signor Francesco wird diese Schläge bereuen.«

In den geheimen Berichten des Vatikans wird Francesco Cenci vorgeworfen, er »lebe in so liederlicher Weise, daß er die Knaben, die immer ums Haus herum waren, zusammen mit Freudenmädchen ins Bett seiner Frau mitnehme. Nicht zufrieden damit, versuchte er mit Drohungen und Gewalt seine Tochter Beatrice zu notzüchtigen ... Er schämte sich nicht, sich zu ihr zu begeben, um sie im Bett nackt zu betrachten oder im Haus nackt umherzugehen oder sie mit seiner Frau ins Bett zu nehmen, so daß sie bei Kerzenlicht sehen konnte, was er und seine Frau zusammen trieben. Er pflegte dem Mädchen eine ganz neue Häresie zu erzählen, daß nämlich, wenn der Vater mit der Tochter schlafe, Heilige geboren würden.«

Dieser blasphemische Ausspruch ist Francesco Cenci zuzutrauen; er galt als Atheist, ein Mensch jenseits von Gut und Böse, wohingegen seine Frau und Beatrice fromm bis zur Bigotterie waren; ihr Testament stiftete viele Seelenmessen. Jedoch, was alles hatte im Herzen der Menschen jener Zeit nebeneinander Platz!

Der Kardinalsekretär Monsignore Mario Guerra, ein Freund und Spießgeselle Roccos, des Bruders Beatrices, war mehr als nur ein Vertrauter Beatrices; das beweist seine Flucht nach dem Mord. Er wird als »hübsch von Angesicht, groß und wohlgestalten Leibes und von Liebe zu Beatrice berührt« geschildert.

Das Volk verteidigte Beatrice vor allem deswegen, weil sie sich heldenhaft gegen den Versuch der Vergewaltigung durch ihren Vater gewehrt hatte.

Während des Prozesses sagte die Dienstmagd Calidonia

aus, in einem Zimmer hätten Francesco, seine Frau und Beatrice geschlafen, im anstoßenden Raum die Dienerinnen Calidonia und Girolama. Eines Nachts sei Lucrezia weinend aus dem Schlafzimmer gelaufen, und Calidonia hörte, wie Beatrice im selben Augenblick schrie: ›Non voglio essere brucciata!‹ (Ich will nicht verbrannt werden!) Auf Inzest stand die Strafe der Verbrennung.

Diese Aussage der Magd Calidonia, die beweisen sollte, daß Beatrice aus Notwehr gegen die versuchte Vergewaltigung durch den Vater diesen getötet habe, wurde von den Verteidigern Beatrices als Entlastung herangezogen, allerdings vergeblich.

Der Jesuit Ilario Rinieri, der nach den vatikanischen Akten eine Biographie Beatrices schrieb, hält den blutschänderischen Anschlag Francesco Cencis für eine Erfindung der Beatrice. Daß Ilario Rinieri nicht gerade glaubwürdig ist, beweist seine Schilderung Francescos als guten und sorgenden Vater, der er nun keineswegs gewesen ist.

Wer die Ermordung Francesco Cencis tatsächlich veranlaßt hat, wird kaum mehr mit Sicherheit festzustellen sein. Der Plan wird dem Kastellan Olympio Calvetti zugeschrieben, der versprochen haben soll, nach dem Mord mit den Frauen La Rocca Petrella zu verlassen und alles auf sich zu nehmen. Das ist aus der Leidenschaft Olympio Calvettis für Beatrice glaubhaft; sein Verhalten nach dem Mord weist auf ihn als Hauptschuldigen.

Die Ermordung Francesco Cencis

Olympio Calvetti war es, der die Vorbereitungen zur Ermordung Francesco Cencis traf. Er warb den ihm bekannten, in Mordsachen erfahrenen Marzio Catalano, der Francesco mit etwa einem Dutzend Bravi unterwegs überfallen und entführen sollte. Beatrice versprach den Mördern als Entlohnung alles im Schloß vorhandene Geld, Marzio Catalano sollte als Anführer der Bande außerdem einen goldenen Ring und eine silbernes Kreuz erhalten.

Der Plan mißlang. Nach der von Stendhal zitierten Chronik brach Francesco Cenci zu Beginn des Sommers wegen des schlechten Klimas aus Rom nach La Rocca Petrella auf. Die Banditen »sollten sich in den Wäldern in der Umgebung von Petrella verbergen; dann wollte man sie von dem Augenblick der Abreise Francesco Cencis in Kenntnis setzen, worauf sie ihn auf dem Wege aufgreifen und entführen sollten, um seine Auslieferung von der Zahlung eines hohen Lösegeldes abhängig zu machen. Die Kinder des Gefangenen wären dann gezwungen gewesen, nach Rom zurückzukehren, hätten in der Eile scheinbar vergeblich versucht, das Lösegeld aufzubringen, während die Räuber den Francesco Cenci in vergeblicher Erwartung der geforderten Summe, ihrer Drohung gemäß, getötet hätten. Auf diese Weise wäre niemand auf die Spur der wahren Urheber des Verbrechens gekommen. Jedoch gab der Spion, der die im Walde versteckten Räuber hiervon zu unterrichten bestimmt war, diesen zu spät Nachricht, und so fehlte ihnen die Zeit, die große Heerstraße rechtzeitig zu gewinnen. Cenci erreichte ungefährdet La Rocca Petrella. Dort wagte er sich, alt, schlau und mißtrauisch wie er war, nie aus der Festung heraus. Da mit den Gebrechen des Alters, die ihm unerträglich schienen, seine üble Laune wuchs, verdoppelte er das Maß der Leiden der beiden unglücklichen Frauen noch durch nichtswürdige Handlungen, indem er vorgab, diese seien über seine Schwäche erfreut.«

Nach dem mißglückten Überfall wurde ein neuer Plan zur Beseitigung Francescos ausgedacht, und zwar durch eine Giftwurzel und Opium, die der Sohn Francescos, Giacomo, dem Olympio Calvetti in Rom ausgehändigt hatte.

Die Vergiftung gelang nicht, weil der mißtrauische Francesco Cenci Speisen und Getränke durch Beatrice vorkosten ließ. So sollte Francesco durch einen Schlaftrunk betäubt und durch den Kastellan und Marzio Catalano ermordet werden. Jedoch der Wein schmeckte Francesco Cenci zu bitter, und er trank ihn nicht. Das wenige, das er davon gekostet, hatte immerhin gewirkt, denn Francecso Cenci blieb am folgenden Tag im Bett.

Der Mordanschlag wurde für die Nacht vom 7. auf den 8. September festgelegt. Lucrezia Cenci stimmte diesem Tag als der Madonna von Loreto geweiht nicht zu; auch Olympio Calvetti verehrte diese Madonna als seine Schutzheilige.

Am zeitigen Morgen des 9. September waren Olympio Calvetti und Marzio Catalano bereit. Beatrice prüfte, ob ihr Vater schlafe, dann ließ sie die Mörder in das Schlafgemach Francesco Cencis ein. Dort ließen die beiden Frauen sie allein. Einer der Mörder setzte einen mächtigen Nagel senkrecht auf das Auge des Greises, während der andere mit einem Hammer den Nagel tief in den Kopf des Schlafenden hineintrieb. Ebenso durchbohrte man mit einem anderen mächtigen Nagel den Hals des

Sterbenden. Bett und Fußboden wurden durch das viele Blut besudelt.

Sogleich begannen die Mörder damit, einen Unfall vorzutäuschen. Sie entfernten die Nägel aus Auge und Kehle, kleideten Francesco Cenci an, schleppten ihn auf den Balkon, schlugen in den Boden des Balkons ein Loch und stürzten den Toten in die Tiefe, wo er sich in einem mächtigen Holunderbaum verfing; sie wollten so den Anschein erwecken, Francesco Cenci sei in der Nacht erwacht, um eine Notdurft zu verrichten aufgestanden und dabei durch das Loch in die Tiefe gefallen.

Im Verhör sagte Lucrezia Cenci aus, den Sturz ihres Mannes vom Fenster aus beobachtet und aus der Tiefe den Stoßseufzer: »Gesù!« gehört zu haben.

Man beeilte sich, die blutbesudelten Betten vor den herbeigeeilten Dienstboten zu verstecken. Die Frau des Kastellans entdeckte die blutige Wäsche und beklagte den Mord, worauf sich Beatrice mit dem Ausruf: »Ah! Bestiaccia!« entrüstet von ihr abwandte.

Der Prozeß

Sogleich nach der Mordnacht begann der Fürst Marcio Colonna als Besitzer von La Rocca Petrella und Freund Francesco Cencis mit den Nachforschungen und berichtet darüber dem König von Neapel, dem Grafen Olivarez. Der erste Verdacht fiel auf den Kastellan Olympio Calvetti, weil dieser aus La Rocca Petrella verschwunden war und unauffindbar blieb. Der Verdacht eines Mordes verstärkte sich, als eine Wäscherin erklärte, man habe ihr die Bettlaken zum Reinigen übergeben, das Blut aber sei kein Menstruationsblut gewesen.

Der Bericht kam an den Papst Klemens VIII. Weil dieser eben in Ferrara weilte, verhängte sein Vertreter, der Kardinal Innicio d'Aragona, Hausarrest über Lucrezia und Beatrice, die nach Rom zurückgekehrt waren. Der Bruder Beatrices, Giacomo, setzte alles daran, die Mitschuldigen und Zeugen zu entfernen. Er ging dabei skrupellos vor, galt es doch, sich selber zu retten.

Der erst fünfzehnjährige Bruder Paolo, der von dem Mord und dem Verhältnis Beatrices mit Olympio Calvetti wußte, starb plötzlich während der gerichtlichen Untersuchung, vermutlich an Gift.

Vor allem mußte Olympio Calvetti aus Rom fortgebracht werden. Giacomo Cenci bewog ihn, einen seiner Hausgenossen, Camillo Rosati, auf dessen Geschäftsreise nach der Lombardei zu begleiten. Unterwegs gab Rosati Olympio in einer Osteria in Novellare Gift zu trinken, an dem Olympio Calvetti, der ein kräftiger Mann war, nur erkrankte. Rosati verriet Olympio als Mörder, woraufhin Olympio verhaftet und gefangengesetzt wurde. Rosati verschwand mit dem Diamantring, den Beatrice Olympio geschenkt hatte. Olympio Calvetti brach aus dem Gefängnis aus und ging nach Rom zurück.

Hier erfuhr er, daß inzwischen Giacomo Cenci und sein Bruder Bernardo in der Engelsburg, Lucrezia und Beatrice in der noch strengeren Haft im Turm Torre di Nona gefangengehalten wurden. Der verfolgte Olympio Calvetti verbarg sich bei seinem Bruder Pietro bei den Dominikanern; dieser bereitete mit Monsignore Mario Guerra die Flucht Olympios aus Rom vor. Monsignore Guerra bemühte sich, Olympio als den wichtigsten Zeugen gegen die Cenci aus dem Weg zu räumen. Olympio wurde in der Nähe der Osteria Cantalice bei Terni von einem gewissen Ruffone und fünfzehn gemieteten Bravi ermordet. Sie schlugen Olympio den Kopf ab, verbargen ihn in einem Sack und flohen.

Weil Ruffone gefaßt wurde, war es an Mario Guerra, aus Rom zu verschwinden. Mit zwei Eseln als tarnenden »Requisiten«, das blonde Haar mit Kohlenstaub geschwärzt, die Wangen mit Brot und Zwiebel ausgefüllt, um sein Gesicht zu verstellen, entkam er als Kohlenträger.

Noch aber lebte der Mordgenosse des Olympio Calvetti, Marzio Catalano, und war auf freiem Fuß. Da half ein Zufall nach.

Marzio Catalano wurde gefangengenommen, allerdings wegen einer anderen Untat. In der Meinung, er sei wegen seiner Mithilfe am Mord des Francesco Cenci verhaftet worden, gestand er in der Folter seine Mittäterschaft, leugnete aber, von der Schönheit der anwesenden Beatrice berückt, die Mitschuld Beatrices. Er starb in der Folter.

Auch der gefolterte Giacomo Cenci gestand und belastete die Schwester und den Bruder Bernardo. Dieser gestand schon beim Anblick der Folterwerkzeuge und belastete die Stiefmutter und die Schwester. Auch Lukrezia gestand, als die Stricke angezogen wurden: sie habe dem Mord zugestimmt, weil Olympio Calvetti ihr angedroht hatte, sie würde mit dem Tod büßen, wenn sie sich dem Mord widersetze.

Anders Beatrice. Sie ertrug die Tortur tapfer und konnte durch den Richter Ulysses Moscati zu keinem Geständnis ihrer Schuld bewogen werden. Der Papst tauschte den wegen seiner Gelehrtheit berühmten Richter aus, weil er vermutete, Beatrice habe ihn mit ihrer Schönheit und Jugend milde gestimmt. Der neue Richter ließ Beatrice Cenci »ad torturam capillorum« foltern – an den Haaren aufhängen. Bei dieser Tortur waren ihre Stiefmutter und ihre beiden Brüder anwesend, durch die Beatrice bewogen wurde, zu gestehen.

Der Prozeß wurde, sieht man von dem grausamen und fragwürdigen, in jener Zeit allgemein üblichen Gebrauch der Folter ab, genau geführt. Papst Klemens VIII. legte Wert auf ausgezeichnete Verteidiger der Angeklagten, wechselte sie sogar aus, um zu einem einwandfreien Urteil zu gelangen. Farinaccio, einer der bedeutendsten Rechtsgelehrten Roms, führte als Entlastung die Verbrechen Francesco Cencis an und seine Absicht, seine Tochter zu mißbrauchen. Beatrice sei aus Notwehr und Verzweiflung zur Mörderin ihres Vaters geworden. Incoronati schloß sich dieser Verteidigung an, außerdem seien die Umstände des Mordes nicht genau geklärt. Farinaccios Appell an den Papst, die Todesstrafe nicht zu verhängen, wurde zu einem Dokument klassischer Rechtsgelehrtheit: »Gott sei bei mir, Heiliger Vater, wenngleich Beatrice in gottloser Weise den Tod ihres Vaters Francesco Cenci herbeigeführt hat und es andererseits wahr ist, wie man glaubt, daß Francesco, indem er Beatrice in den Verliesen der Burg Petrella gefangenhielt und auf barbarische Weise behandelte, versuchte, ihre Keuschheit zu bezwingen; so ist es nicht wider Recht und Gesetz, zu meinen, daß sie verdient, mit einer gewissen Milde behandelt zu werden. Bei Plutarch lesen wir von Cyane, die ihren Vater Cyamnus mit einem Schwert erstach, weil er sich sittlich an ihr vergangen hatte, und von Medullina, die ihren Vater Aruntius umbrachte, nachdem er sie im Rausch vergewaltigt hatte. Was immer Beatrice getan haben mag, so muß man der Auffassung sein, daß sie es aus Angst vor unmittelbarer oder künftiger Gefahr tat, und aus diesem Grund verdient sie den rechtlichen Milderungsgrund, daß sie in Verteidigung ihrer Ehre einen Mord begangen hat.«

Hier beginnt bereits die Hinstilisierung des Mordes zu einer Tragödie in der furchtbaren Art der Geschehnisse im griechischen Geschlecht der Atriden, wie sie später auch der Dichter Shelley in seinem Drama »The Cenci« (1819) versuchte.

In Farinaccios Verteidigung finden sich schon Ansätze einer fortschrittlichen Rechtsauffassung, wenn er vor dem Gebrauch der Folter zur Wahrheitsfindung warnt und aus psychologischen Gründen für die Nichtanwendung der Todesstrafe für Bernardo Cenci plädiert; Farinaccio führt Jugend und Geistesschwäche Bernardos als mildernde Umstände an.

Der Prozeß Cenci wurde zu einer das Pontifikat Klemens' VIII. belastenden Affäre. Sie war nicht die einzige, von der alle Welt sprach. Zu gleicher Zeit lief die Inquisition gegen den Theologen und Philosophen Giordano Bruno, der seit sieben Jahren in Rom gefangengehalten wurde und dessen Prozeß sich einem unglücklichen Ausgang zuneigte. (Er wurde 1600 auf dem Campo di Fiore verbrannt.)

Klemens VIII. ließ sich die Prozeßakten vorlegen und arbeitete sie in einer Nacht mit einem seiner Kardinäle durch. Der Papst, selbst ein hervorragender Rechtsgelehrter, erkannte die Schwächen der Verteidigung. Cinzio Passeri-Aldobrandini, ein Nepote des Papstes, ein gebildeter Mann und eine vornehme Persönlichkeit, ein Förderer Torquato Tassos, versuchte, den Papst zur Milde zu bewegen.

Da erfuhr der Papst von einem neuen Mord. Paolo Santa Croce, Angehöriger der höchsten Aristokratie Roms, hatte wegen Erbstreitigkeiten seine sechzig Jahre alte Mutter Marquesa Konstanza mit Hilfe eines Stallknechts ermordet. Außerdem war noch in frischer Erinnerung der Brudermord der Massimi. Entsetzt über die sich häufenden Verwandtenmorde infolge der verwilderten Sitten, die schon seine Vorgänger erfolglos bekämpft hatten, befahl der Papst die Hinrichtung aller Schuldigen im Fall Cenci, die, an die Schwänze wilder Pferde gefesselt, zerrissen werden sollten. Der Papst wurde durch einige Kardinäle bewogen, diese grausame Hinrichtung nicht ausführen zu lassen.

Über die Hinrichtung gibt es einige Berichte, die in Einzelheiten voneinander abweichen; Stendhal benutzte für seine Darstellung den Bericht eines Augenzeugen: »Es mochte gegen vier Uhr morgens sein, am Samstag, dem 11. September 1599, als der Papst die letzte Entscheidung traf. Während der ganzen Nacht hatte man auf dem Platz vor der Engelsbrücke an den Vorbereitungen des grausigen Schauspiels gearbeitet ... Erst um sechs Uhr teilte man den ruhig schlafenden Unglücklichen die schreckliche Nachricht mit.

So entsetzt und verzweifelt Beatrice Cenci vorher gewesen, so ruhig und voller Selbstbeherrschung wurde sie, nachdem ihre Stiefmutter sie zu sich gerufen. Ja, sie war seit diesem Augenblick geradezu ein Muster ruhiger Beständigkeit, das ganz Rom bewunderte.

Um acht Uhr beichteten die beiden Frauen, hörten die Messe und empfingen die heilige Kommunion. Schon vorher hatte Beatrice die Meinung geäußert, daß es nicht schicklich sei, in den reichen Gewändern, die sie trugen, vor allem Volk auf dem Schafott zu erscheinen. Darum ließen sie zwei Kleider anfertigen, beide wie Nonnenkleider zugeschnitten, ohne Besatz an Hals und Schultern, nur mit Falten und weiten Ärmeln. Das Kleid der Stiefmutter war aus schwarzer Baumwolle, das des Mädchens aus blauem Leinen, mit einem starken Strick als Gürtel.

Man hatte auf dem Platz vor der Engelsbrücke ein großes Schafott mit einem Richtblock und einem Fallbeil errichtet. Um acht Uhr morgens trug die Bruderschaft der Misericordia ihr großes Kruzifix vor das Tor des Gefängnisses, Giacomo Cenci verließ es als erster, betete und küßte die fünf Wundmale des Kruzifixes. Ihm folgte sein Bruder Bernardo, der gleichfalls gefesselt war und ein kleines Brett vor den Augen trug. Die Zuschauermenge war ungeheuer. Alle blickten auf die beiden Brüder, als plötzlich der Fiskal von Rom vortrat und sagte: ›Signor Bernardo, der allergnädigste Herr schenkt Euch das Leben; ergebt Euch darein, Euere Verwandten zu begleiten, und betet zu Gott für ihre Seele.‹

Sogleich entfernten seine beiden Begleiter das Brett vor seinen Augen.

Der Henker band Giacomo Cenci auf dem Henkerkarren fest, nachdem er ihm den Rock ausgezogen, um ihn mit glühenden Eisen zwicken zu können. Dann trat er zu

Bernardo Cenci heran, überzeugte sich von der Unterschrift des Begnadigungsdokuments, entfesselte seine Arme und Hände und warf ihm, da er der in Aussicht genommenen Folterung wegen ohne Rock war, einen reich mit Gold betreßten Mantel über. Wie man sagt, war es derselbe, den Beatrice dem Marzio in Petrella nach dem Mord geschenkt hatte. Jetzt kam Bewegung in die Massen der Zuschauer, die auf der Straße, aus den Fenstern und von den Dächern aus dem Schauspiel beiwohnten; man hörte dumpfes Murren, weil die Rede ging, daß der Knabe begnadigt sei.

Nun begann der Gesang der Bußpsalmen, und langsam bewegte sich die Prozession über die Piazza Navona zu dem Gefängnis Savella. Vor dem Tor des Gefängnisses angelangt, machte das Banner halt, die beiden Frauen traten heraus, verrichteten ihre Andacht vor dem Kruzifix und folgten dann hintereinander im Zuge. Sie waren gekleidet wie schon beschrieben, das Haupt von einem Leinenschleier verhüllt, der fast bis zum Gürtel herabfiel. Die Signora Lucrezia trug in ihrer Eigenschaft als Witwe einen schwarzen Schleier und schwarze Samtschuhe ohne Absätze, wie es Brauch war.

Der Schleier des Mädchens war aus blauem Leinen wie ihr Kleid; außerdem trug sie über den Schultern einen Schleier aus Silberbrokat, einen Rock aus violettem Tuch und weiße Samtschuhe, die mit karmesinroten Bändern zierlich geschnürt waren. Sie zeigte eine besondere Grazie, als sie in dieser Kleidung dahinschritt, und alle begannen zu weinen, sobald ihre Gestalt als eine der letzten des Zuges sichtbar ward.

Beide Frauen hatten die Hände frei und nur die Arme an den Körper gefesselt, so daß jede ein Kruzifix zu tragen vermochte.

Die Signora Lucrezia, die weniger standhaft schien, weinte fast unausgesetzt; doch zeigte die junge Beatrice den höchsten Mut. Auf jede der Kirchen, an denen der Zug vorbeikam, richtete sie ihre Blicke, dann kniete sie einen Augenblick nieder und sagte mit fester Stimme: ›Adoramus te, Christe!‹

Währenddem wurde der arme Giacomo Cenci auf dem Henkerkarren gezwickt, doch bewies er hierbei große Seelenstärke.

Der Zug vermochte, der angehäuften Menschenmassen wegen, kaum den unteren Teil des Platzes vor der Engelsbrücke zu überschreiten, worauf zunächst die beiden Frauen, dann auch Giacomo Cenci in die eigens dazu errichtete Kapelle geführt wurden.

Der junge Bernardo wurde, mit seinem goldbetreßten Mantel bekleidet, geradewegs auf das Schafott geführt; man glaubte deshalb allgemein, er sei nicht begnadigt worden, und man wolle ihn hinrichten. Der arme Knabe wurde von derartiger Furcht befallen, daß er nach wenigen Schritten ohnmächtig auf dem Schafott zusammenbrach. Man brachte ihn schließlich mit Wasser wieder zu sich und setzte ihn dem Fallbeil gegenüber. Zuerst holte der Henker die Signora Lucrezia Petroni; ihre Hände waren auf den Rücken gefesselt, und der Schleier war ihr von den Schultern genommen. Begleitet vom Banner der Bruderschaft erschien sie auf dem Platze, das Haupt in den schwarzen Schleier gehüllt; dort empfahl sie Gott ihre Seele und küßte die heiligen Wundmale. Dann ließ sie auf Geheiß ihre Pantoffeln auf dem Pflaster zurück und bestieg das Schafott mit großer Beschwerde, weil sie sehr stark war. Als sie oben angelangt war, nahm man ihr den Schleier aus schwarzem Leinen, wobei sie offenbar litt, da nun Brust und Schultern entblößt waren. Sie blickt auf sich, dann auf das Fallbeil, verzog langsam die Schultern zum Zeichen der Ergebung und sagte tränenden Auges: ›Oh, mein Gott! . . . Ihr aber, meine Brüder, betet für meine Seele.‹

Da sie nicht wußte, was sie zu tun hatte, fragte sie Alexander, den ersten Henker, wie sie sich benehmen solle. Er unterwies sie, sich rittlings auf das Brett des Richtblocks zu setzen. Doch schien ihr diese Bewegung gegen ihr Schamgefühl, und so brauchte sie längere Zeit, um sie auszuführen . . . Als alles vorüber war, zeigte der Henker das Haupt dem Volke und hüllte es dann in den Schwarzen Schleier.

Während man das Fallbeil für die Hinrichtung des jungen Mädchens instand setzte, brach ein mit Neugierigen gefülltes Gerüst in sich zusammen. Eine große Anzahl von Menschen verlor hierbei das Leben.

Nun erhob sich Beatrice Cenci, ließ ihre Schuhe am Fuß der Treppe, bestieg das Schafott, schob schnell ihren Fuß über das Brett, legte ihr Haupt unter das Fallbeil und benahm sich so gewandt, daß jede Berührung durch den Henker überflüssig wurde. Durch die Schnelligkeit ihrer Bewegung erreichte sie, daß im Augenblick, als der Schleier von ihren Schultern fiel, der Anblick ihres Halses und ihres Busens der Menge entzogen wurde. Währenddem rief sie mit lauter Stimme den Namen Jesu und der allerheiligsten Jungfrau. Der Körper zuckte heftig im Augenblick des Todes.

(Ein Zeitgenosse erzählt, Klemens VIII. sei für Beatrices Seelenheil besorgt gewesen, denn er wußte, daß sie ungerecht verurteilt war und fürchtete eine Regung der Empörung. Als sie ihr Haupt unter das Fallbeil legte, ward auf der Engelsburg, von wo aus man alles auf das Beste zu sehen vermochte, ein Kanonenschuß abgefeuert. Der

Papst, der im Palast von Monte Cavallo im Gebet lag, wartete auf dieses Zeichen, um dem jungen Mädchen die große päpstliche Absolution in articulo mortis zu erteilen.

Als der Henker den Körper der Beatrice an dem Seil fortschleifte, um ihn neben den anderen zu legen, ließ er den Strick unachtsam los, der Körper fiel vom Schafott herab, und die entblößten Brüste wurden mit Staub und Blut besudelt. Es währte geraume Zeit, bis sie gewaschen und alles in Ordnung gebracht war.)

Der arme Bernardo Cenci, der während der ganzen Zeit auf dem Schafott saß, fiel von neuem in Ohnmacht, und seine Begleiter brauchten mehr als eine halbe Stunde, um ihn zum Bewußtsein zurückzurufen.

Nunmehr bestieg Giacomo Cenci das Schafott. Er wurde bis zum Gürtel entkleidet, die Beine wurden auf dem Richtertisch festgebunden, der Boja ergriff mit beiden Händen eine Keule und erschlug ihn durch vier bis sechs Schläge auf seine rechte Schläfe. Dann schnitt er ihm, ein Knie auf seiner Brust, den Fuß auf seiner Stirn, den Körper auf, riß die Eingeweide heraus und verteilte sie.

Um neunundeinviertel Uhr abends wurde die Leiche Beatrices, in kostbare Gewänder gekleidet und mit Blumen bedeckt, nach San Pietro in Montorio gebracht . . . und vor dem Hochaltar mit der Verklärung Raffaels von Urbino begraben. Fünfzig mächtige brennende Kerzen und die gesamten Franziskaner Roms geleiteten sie zu Grabe.

Lucrezia Petroni ward um zehn Uhr abends nach San Giorgio getragen.

Die Menge, die diesem Schauspiel beiwohnte, war ungeheuer, dabei brannte an jenem Tage die Sonne so fürchterlich hernieder, daß viele Menschen in Ohnmacht fielen. Viele wurden vom Fieber ergriffen, und als schließ-

lich gegen zwei Uhr nachts alles vorüber war und die
Menge sich verlief, da waren viele erdrückt oder von
Pferden niedergetreten. Die Zahl der Toten war groß.
Unter diesen Ubaldino Ubaldini, ein Jüngling von selte-
ner Schönheit, der vorher gesund gewesen.«

Nachleben

Das immer noch große Vermögen der Cenci war eingezogen worden, wogegen Giacomo Cencis Witwe Ludovica Velli im Namen ihrer sieben unmündigen Kinder
Einspruch erhob. Der Prozeß drohte langwierig zu werden. Ludovica Velli bot der päpstlichen Kasse 8000 Scudi
unter der Bedingung an, daß das Vermögen der Cenci
freigegeben und ihre Kinder als Erben anerkannt würden.
Der Papst nahm diesen Vorschlag an. Das brachte ihm
den Vorwurf ein, er habe mit der Konfiskation des Vermögens und der Güter der Cenci und dann mit dem
angenommenen Vergleich seine Familien bereichern wollen. Dieser Vorwurf wurde entkräftet.
Der junge Bernardo Cenci, der zu lebenslänglichem Ga-
leerendienst verurteilt worden war, wurde nach einem
Jahr begnadigt. Er heiratete seine Verwandte Clizia
Cenci. Von den sechs Kindern wurde Tiberio Kardinal,
Giulio ein hoher kirchlicher Würdenträger. Das Geschlecht der Cenci lebte als Fürsten von Vicovaro weiter.
Ihr Wappen zeigt je drei Halbmonde in rotem und weißem Feld.
Noch ist des Schicksals des Monsignore Guerra zu ge-
denken, dem Beatrice verbunden gewesen sein soll. Nach
seiner abenteuerlichen Flucht als Kohlenhändler aus Rom
wurde er in Neapel festgenommen und vom Vizekönig
dem Papst ausgeliefert. Nach dreijähriger Haft im Torre
di Nona wurde er von der Mitwirkung am Mord an
Francesco Cenci freigesprochen und nach Malta verbannt; vom Papst Urban VIII. begnadigt, bekam er ein
Amt im Vatikan.
Über eine in Rom lebende Witwe, Caterina Santis, hatte

Beatrice in ihrem Testament ein Legat von 300 Scudi festgelegt, das nach dem verschlüsselten Text für das Kind Beatrices mit Olympio Calvetti bestimmt war.

Im Fall der Familie Cenci trat schon bald die schöne, junge, leidenschaftliche und unglückliche Beatrice in den Mittelpunkt. Ihr galt die Anteilnahme Roms und Italiens, des Adels wie des Volkes lange über ihre Hinrichtung hinaus.

Sie wurde in den folgenden Jahrhunderten nicht vergessen, und ihr Schicksal wurde von Forschern und Dichtern immer wieder aufgegriffen und bearbeitet.

Die zahlreichen, nicht nur italienischen Dichtungen gehen meist eigenwillig mit den Geschehnissen um. Shelleys Drama »The Cenci« (1819) wurde von den Zeitgenossen als Werk in der Nachfolge der griechischen Tragödien und Shakespeares bewertet. An die Stelle des tyrannischen Gottes in Shelleys »Prometheus« tritt der tyrannische Vater, den die Tochter wegen dessen verübter Blutschande tötet. Grell und zugleich von schwermütiger Schönheit, wurde auf den Einfluß Byrons hingewiesen.

Shelley wurde zu dem Drama durch ein zeitgenössisches Porträt Beatrice Cencis in der Galerie Barberini angeregt; es wird Guido Reni zugeschrieben, der es vor der Hinrichtung Beatrices geschaffen haben soll.

Es stellt eine sehr schöne junge Dame mit Turban dar, über der der Schatten tiefer Traurigkeit liegt. Von einigen Forschern wird die Identität der Dargestellten wie die Autorschaft des Malers aus nicht überzeugenden Gründen angezweifelt.

In seiner Darstellung der Familie Cenci fällt Casimir von Chłendowski dieses Urteil: »Dank der Forschung hat die europäische Literatur ein Tragödienmotiv eingebüßt. Beatrice war eine gemeine Verbrecherin, keine tragische

Heldin; ihre Geschichte beansprucht nur das Interesse eines Kriminalprozesses und entbehrt jener Elemente, die für eine Tragödie notwendig sind.«

Dieses Urteil erscheint hart, aber auch einseitig. Zwischen Tragödie und gemeinem Verbrechen liegen die Möglichkeiten anderer Beurteilungen.

Überdies haben die Erkenntnisse aus den Urkunden des vatikanischen Geheimarchivs den Fall nicht vollends klären können. –

Werfen wir zum Schluß einen Blick auf das, was von den Cenci sichtbar überlebte, auf deren römischen Palast. Ferdinand Gregorovius hat ihn in seinen »Wanderjahren in Italien« beschrieben: »Lesen wir nun die Namen dort auf der an den Judenplatz hart anstoßenden Piazza: ›Platz des Weinens‹, so heißt er vor der Kirche Santa Maria del Pianto; ein passender Name, ins Gettoviertel zu dem jeremiadischen Volk zu geleiten, dem das Klagelied Nationaleigenschaft ist, und nie hat wohl ein Volk mehr geweint als diese Juden hier in Rom. Am Platz der Tränen steht ein alter Palast zwischen zwei Kirchen. Auf der einen sagt die Inschrift, daß sie der Maria des Weinens geweiht sei, auf der anderen steht der grauenerregende Name des Erbauers, Francesco Cenci. Es ist der Palast der Cenci – hier erfaßt den Betrachter Grauen, gedenkt er der schönen Beatrice Cenci, des Francesco unglücklicher Tochter, der Mörderin eines ungeheuerlichen Vaters. Der Palast blickt über den Judenplatz hinweg gerade auf die Synagoge, in der an Festtagen die Psalmen und die Klagelieder der Hebräer sich hören lassen.

Noch mehr – in diesem Palast wohnt der Maler Overbeck; freilich die Ironie ist wunderbar. Sie nötigte mir ein Lächeln ab, als ich in das Atelier trat, welches stille Menschen stille betreten wie ein Allerheiligstes und wo ein blasser Mann mit langem, gescheiteltem Haar, liebenswürdig, sanft, kaum hörbar, nicht sprechend, sondern leise Worte aushauchend, die Heiligenbilder auf den Staffeln erklärt. Auch diese sind still und tonlos; ein entschlafener Joseph in den Armen des Heilands, eine schattenhafte weinende Madonna, ein Christus, den Verfolgern entschwebend und auf luftige Wolken tretend, geflügelte Kinderengelköpfe, leiblos; entleibte Menschen, entleibte Kunst, Rede ohne Worte, Bilder ohne Farbe, die Madonna dolorosa, die Passion an der Wand, das Trauerspiel Cenci, drüben das überschwemmte Getto, hier die heilige Maria vom Weinen, mitten inne der Beato Angelico der modernen Malerei.«

Vittoria Accoramboni

Der Kardinal im Weinberg

An einem milden Frühherbsttag des Jahres 1572 saß Felice Peretti, der sich als Kardinal Montalto nannte, ein bäuerlich aussehender Mann Anfang der Sechzig, in seinem Weinberg bei S. Maria Maggiore. Er fragte sich: »Warum kann der Heilige Vater so gegen mich sein? Warum verfolgt er mich?«

Auch seine Kardinalskollegen mochten ihn nicht. Die meisten gehörten der hohen und höchsten Aristokratie Italiens an, er aber, Felice Peretti, hatte als Kind tatsächlich, wie man hinter seinem Rücken redete, bei seinem Vater in Grottamare bei Pescara die Schweine gehütet. Er hatte sich als der Frate aus dem Kloster der Franziskaner in Montalto zum berühmtesten Franziskaner in Italien emporgearbeitet, mühsam und rechtschaffen, den der Kardinal Carafa, der spätere Papst Paul IV., wegen seiner Strenge und Rechtlichkeit mit der Reform der Klöster beauftragt und den Pius IV. zum Inquisitor gemacht hatte. Als theologischer Ratgeber des überheblichen Kardinals Boncompagni war er in Spanien gewesen, um den Ketzerprozeß gegen den auf dem Scheiterhaufen hingerichteten Erzbischof von Toledo zu überprüfen – der Kardinal Boncompagni hatte jede Gelegenheit benutzt, ihn zu demütigen; während alle anderen schöne Pferde reiten durften, mußte Felice Peretti mit einem Maulesel vorlieb nehmen. Dieser Kardinal Boncompagni war jetzt als Gregor XIII. ein gewaltig Herrschender auf dem Stuhl Petri. Die Schicksale der Familien Roms hatte er in seine Hände genommen, seine Hände hielten die Fäden der großen Politik. Vor wenigen Tagen war durch ein feierliches Tedeum des Papstes das Gemetzel der Pariser Bartholomäusnacht gefeiert worden; Kardinal Montalto wußte von dem Plan des Papstes, die protestantische Königin Elisabeth von England aus der Welt schaffen zu lassen, wußte um die Mordabsichten der Königin gegen den Papst.

Der Kardinal strich die trüben Gedanken wie die Spinnwebfäden des Altweibersommers von der Stirn.

Er dachte an die Hütte des Vaters in Grottamare, wohin die Peretti wie so viele vor den Türken vom Balkan geflohene Slawen gekommen waren – in Rom hieß einer der ärmsten Stadtteile mit den slawischen Flüchtlingen Schiavonia –, dachte an sein Kloster in Montalto, der Stadt, nach der er sich, Kardinal geworden, nannte. Ihr hatte er, so sparsam er war, für die Gründung einer Schule und für den Unterhalt eines ständigen Arztes große Summen geschenkt.

Was könnte ein Papst Nützliches tun! Den Fieberherd der Pontinischen Sümpfe trockenlegen, um für die armen Bauern Ackerland, die Wolle- und Seidenspinnereien fördern, um den Beschäftigungslosen Arbeit und Brot zu beschaffen, das grassierende Bandenwesen und die Korsaren bekämpfen, die Land und Küsten unsicher machten, Mord, Kuppelei, Ehebruch, Sodomie und Blutschande, die üblich geworden waren, nicht straffrei lassen.

Der Kardinal Montalto dachte wie der Bauer Peretti an die nächsten und praktischen Dinge des Lebens.

Er hörte es erst jetzt, als es in der hereinbrechenden Dämmerung verstummte, das Hämmern der Steinmetzen an den Grundmauern seiner Villa.

Er war ein guter und sparsamer Hausverwalter, ohne zu geizen. Als ärmstem der Kardinäle hatte ihm die päpstliche Kasse eine Zulage von hundert Talern bewilligt. Diese waren ihm von dem gehässigen Gregor XIII. entzogen worden, als er mit dem Bau einer Villa begonnen hatte.

Der Kardinal preßte die Lippen zusammen, wie er immer tat, wenn ihm Unrecht widerfuhr. Er hatte in seinem Leben oft so den Mund geschlossen und würde es noch oft tun müssen.

Nun, er hatte im Parione-Viertel an der Via Papale ein Haus, bescheiden zwar, aber es genügte für ihn, für seine verwitwete Schwester Donna Camilla, die ihm den Haushalt führte, und deren Sohn Francesco.

Der Neffe Francesco war seine Freude und seine Hoffnung, aber auch seine Sorge. Er hatte ihm statt seines bescheidenen Namens Mignucci seinen eigenen, Peretti, gegeben. Er wollte des Neffen Leben in der Hand halten und lenken.

Doch er mußte auf ihn achten, denn Francesco war nicht strebsam und nicht tüchtig. Die Schwester Camilla, die er einmal mit der hl. Monika verglichen hatte, war, seitdem er Kardinal geworden, stolz und ehrgeizig, und sie verwöhnte ihren Sohn.

Als der Kardinal Montalto an diesem Abend aus dem Weinberg zu seinem Hause kam, lag es klein und grau im aufflammenden Abendlicht. Der junge Francesco erwartete ihn, ein schöner, stattlicher Jüngling im Feuerschein der untergehenden Sonne.

Er bat den Onkel um eine Unterredung.

»Ist es wichtig?« fragte der Kardinal.

»Ja.«

»Dann laß es uns im Freien abtun, so lange es Tag ist«, sagte der Kardinal und setzte sich auf die Hausbank nieder.

»Ich liebe ein Mädchen und möchte es heiraten.«

»Will es das Mädchen auch?«

»Ja. Es ist das schönste Mädchen Roms. Einige Dichter haben es als ante ceteras omnes pulchritudines pulcherrima besungen, und ein Sonett nennt es di bellate alle greche e alle latine.«

Francesco hatte das mit seiner schönen vollen Stimme mehr gesungen als gesprochen.

»Du bist noch nichts, Francesco, du hast noch keinen Stand und keinen Beruf. Auf den Neffen eines Kardinals tu dir nichts zugute.« Und nach längerem Schweigen: »Wer ist das Mädchen?«

»Die Tochter des Claudio Accoramboni, Herrn auf Gubbio, und der Tarquinia Paluzzi-Albertoni, Vittoria.«

Sie saßen noch, als es schon dunkel geworden war, eine warme Nacht ohne Sterne, und Kardinal Montalto hatte seinen Neffen nichts mehr gefragt und ihm noch keine Antwort gegeben, als er aufstand und ins Haus trat.

Der Stern über Rom

Über Rom war ein Stern aufgegangen, der bei Tag und Nacht leuchtet – so sangen die Dichter. Der junge Neffe des Kardinals Montalto holte diesen Stern, die sechzehnjährige Vittoria Accoramboni, in das bescheidene Haus des Onkels. Fürchtete er nicht, daß so große Schönheit ein Feuer entfachen könnte? Verliebte sind blind.

Die Accoramboni waren eine angesehene, aber keine reiche Familie; deswegen mochte sich Vittoria entschlossen haben, den Neffen eines Kardinals zu heiraten. Francesco Peretti hatte Zukunft.

Die Accoramboni besaßen nur das Castello di Piega und waren zeitweise Podestà in Gubbio bei Perugia, wo sie sich niedergelassen hatten. Gubbio war eine alte römische Stadt, die in der Zeit, als die Accoramboni im Palazzo de'Consuli residierten, sich den mittelalterlichen Charakter noch bewahrt hatte. Vittorias Großvater war der Leibarzt Leos X. gewesen; sein Sohn Claudio, ein tüchtiger Soldat unter den Strozzi, war einer der Konservatoren der Stadt Rom, wo er in der Nähe von Sankt Peter am Platz Rusticucci einen Palast besaß. Er ist der Vater Vittorias. Er war vermählt mit Tarquinia Paluzzi-Albertoni aus einer altrömischen Familie. Sie ist die Mutter Vittorias.

Väterlicher- wie mütterlicherseits herrschten in der Familie der Mutter wissenschaftlich-humanistische Interessen vor. Ein Großonkel Vittorias war der bedeutende Humanist Marcantonio. Auch Vittoria war so geistreich wie schön, aber ihre Mitgift war nur gering. Deswegen gab es Zwistigkeiten mit dem sparsamen Kardinal-Onkel und dessen Schwester Donna Camilla. Der Kardinal wie seine

Schwester setzten Vittoria auf einfache Kost und versuchten, ihre Putz- und Verschwendungssucht in Schranken zu halten. Aber der Feuervogel setzte sich im Käfig des Hauses Peretti zur Wehr. Die reizvollste Frau Roms, die sich ihrer Schönheit bewußt war, lebhaft, liebenswürdig, außerordentlich graziös, mit prächtigen feurigen Augen, trotzte dem Kardinal und seiner Schwester. Sie verachtete beide wegen ihrer geringen Herkunft. Sie haßte die kleinbürgerliche Schwiegermutter und den franziskanischen Mönch.

Durch ihre elegante Kleidung erweckte sie in der römischen Gesellschaft Aufsehen, die von ihr erfundene Haartracht wurde unter den Aristokratinnen Mode. Der Lebenszuschnitt ihrer angeheirateten Verwandten kränkte, demütigte und empörte sie. Sollte sie zeitlebens wie eine Bürgerin auf einem Esel in die Stadt reiten, während ihre Freundinnen ihr aus prachtvollen Wagen zuwinkten?

Die Familienzwistigkeiten verschärften sich, als Vittorias Bruder seine Schwester öfter besuchte. Dieser junge, wie die Schwester sehr hübsche Marcello war mehr als ein Abenteurer und Galgenstrick; in einem »ehrenhalber« ausgetragenen Zweikampf hatte er Matteo Pallavicini, den Bruder des Kardinals, getötet. Er wurde nicht gefaßt, weil ihm Fürst Paolo Giordano Orsini Asyl gewährte.

Das war ein für die Moral der Zeit und für die Sicherheit in Rom und Italien gefährliches Vorrecht von Fürsten, Kardinälen und Gesandten, die jenen Personen, die sich in ihren Schutz begeben hatten, Unantastbarkeit gewähren durften. Wodurch immer sie belastet sein mochten, sei es auch ein Mord, sie durften nicht gefaßt und vor kein Gericht gestellt werden. Dieses Vorrecht hieß Franchigia.

Vittorias Bruder Marcello genoß diesen Schutz Paolo Giordano Orsinis, der Marcello als Höfling auf dem Schloß in seinem Fürstentum Bracciano aufgenommen hatte.

Der häufige Besuch Marcellos bei seiner Schwester Vittoria blieb nicht verborgen und erweckte den Verdacht, Marcello betätige sich als Liebesbote zwischen Vittoria und dem Fürsten Orsini.

Fürst Paolo Giordano Orsini

Das Wappentier der Orsini ist der Bär. Es war dem Geschlecht mehr als ein Bild seines Namens, nämlich ein Inbild seines ungestümen Wesens.

Seit die Orsini im 12. und 13. Jahrhundert Anführer der Welfen waren und aus den Trümmern des antiken Rom feste Burgen um den Vatikan gebaut hatten, wodurch sie die päpstliche Engelsburg zugleich schützten, bedrohten und beherrschten, nahmen sie fortdauernd an der wechselvollen Geschichte Roms an der Spitze der verschiedenen Parteiungen oder als Kondottieri verschiedener Herrscher teil, kämpften mit und gegen die Colonna, Borgia, Sforza, siegten und wurden besiegt, ohne daß sie den Mut zum Weiterkämpfen verloren. Robuste, bärische Naturen. Durch ihre verzweigten Familienbeziehungen wurden drei ihres Geschlechts Päpste, mehrere Kardinäle, elf Töchter wurden europäische Königinnen, zwölf Töchter von Kaisern und Königen heirateten in die Familie Orsini.

1560 hatte Papst Pius IV., ein Medici, den erst neunzehnjährigen Paolo Giordano Orsini zum Herzog von Bracciano erhoben, dem er den Titel Altezza verlieh. Bracciano, nordöstlich von Rom gelegen, war ein geräumiges Fürstentum. Darin verfügte Paolo Giordano über große Machtbefugnisse. Er war oberster Gerichtsherr, der sogar Todesurteile fällen, Geld prägen, den Ritterschlag erteilen, uneheliche Kinder legitimieren, Doktoren und Notare ernennen, eine eigene Besatzung halten, Salpeter und Schießpulver erzeugen durfte. Er war der souveräne Beherrscher seines Fürstentums, nicht zuletzt durch seine Heirat mit einer Medici, einer Verwandten des Papstes.

Das Schloß von Bracciano liegt hoch auf einem Felsensockel; es ist eines der größten Schlösser Mittelitaliens, ein riesiger fünfeckiger Bau mit fünf Rundtürmen. »In ganz Latium gleicht diesem merkwürdigen Monument der römischen Renaissance, einem Baronalschloß ersten Ranges, keines; in einer weltverlorenen Landschaft steht dieses Prachtschloß, eine uneinnehmbare Festung und ein Luxuspalast zugleich«, beschreibt es Gregorovius.

Der junge Paolo Giordano Orsini, der auf diesem Schloß residierte, war in der Tradition seiner Vorfahren ein tüchtiger Kriegsmann; in der Seeschlacht von Lepanto (1571) hatte er sich ausgezeichnet, wofür der spanische König Philipp II. ihn zum General der Infanterie ernannt hatte. Die großen Besitztümer Orsinis waren tief verschuldet. Um der Geldnot ein Ende zu machen, heiratete Paolo Giordano Orsini Isabella, die Tochter des Großherzogs von Toscana, Cosimos de' Medici. Den Orsini wie den Medici war diese Heirat von Vorteil, die sienesische Republik, der Florenz feindlich war, konnte durch das angrenzende Fürstentum Bracciano in Schach gehalten werden.

Die Geldansprüche des Orsini wurden Cosimo de' Medici zuviel, zumal Isabella Medici ebenso verschwenderisch war wie ihr Mann Orsini.

Isabella war schön, gebildet und geistreich, liebte Gesellschaften und kluge Gespräche; sie war eine Dame von Welt.

Ihr Gatte mochte ihr zuwider geworden sein, denn er war so beleibt geworden, daß er für einen General des spanischen Königs nicht mehr taugte und mit einer Jahrespension von 3000 Scudi abgefunden wurde. Doch dieser Betrag war für die Schulden des Orsini nur ein Tropfen auf einen heißen Stein.

Die Abneigung gegen die bärenhafte Gestalt und das ungestüme Wesen ihres Gatten mochten der Grund gewesen sein, daß Isabella einen Ersatz suchte und in Orsinis Neffen Troilo fand. Er war ebenfalls ein tüchtiger Heerführer und französischer Kammerherr. Als Troilo sich in Frankreich aufhielt – Isabella war damals bei ihrem Bruder in Florenz – knüpfte Isabella eine Liebesromanze mit einem ihrer Pagen an.

Was den Männern in jener Zeit recht war, galt für deren Ehefrauen keineswegs als billig. War der Ehebruch den Männern stillschweigend erlaubt, hatten die Frauen dafür mit dem Leben zu büßen.

Cosimo de' Medici ließ seinen Schwager Paolo Giordano Orsini nach Florenz kommen, eröffnete ihm den Fehltritt seiner Frau und forderte ihn auf, »als Ritter und Christ« zu handeln. So lautete es damals im aristokratischen Ehrenkodex. Als Ritter handelte Orsini, indem er seine Frau erdrosselte; der offizielle Bericht lautete, Isabella sei, während sie sich das Haar wusch, einer ihrer Hofdamen tot in die Arme gefallen. Als Christ handelte Orsini durch ein pompöses Begräbnis für seine Frau, hinter deren Sarg er schmerzgebeugt schritt.

Auch der Geliebte Isabellas, Troilo, der Verursacher des Ehebruchs, wurde aus der Welt geschafft. Im Auftrag des Medici reiste der Söldner Ambrogio Tremazzi aus Modigliana nach Paris, wo Troilo sich am Hof aufhielt, und übte nach der Sitte und dem Gebot der Zeit Vendetta. Troilo Orsini wurde am 30. Dezember 1577 in Paris ermordet. Der Mörder erbat als Belohnung die Erlaubnis, dem Großherzog Medici die Hand küssen zu dürfen.

Das begab sich in der Zeit, als sich durch die Vermittlung von Vittoria Accorambonis Bruder Marcello der Ehebruch Vittorias mit Paolo Giordano Orsini vorbereitete.

Entweder durch Tränen oder durch Blut

Vittoria Accoramboni war zwanzig Jahre alt geworden und seit fünf Jahren mit Francesco Peretti verheiratet. Sie mag in der Blüte ihrer Schönheit und ihres Liebreizes gestanden sein, auch auf der Höhe ihrer Verzweiflung durch die ihre Gefallsucht und Lebensgier einengenden Verhältnisse im Haus des Kardinals Montalto und unter dem strengen Regiment seiner Schwester Donna Camilla.

Anders läßt sich ihre Neigung und schließlich ihre Flucht zu Paolo Giordano Orsini nicht erklären – wenn Liebesleidenschaften überhaupt erklärbar sind. Paolo Giordano Orsini – groß, rothaarig, bleich, mit einem menschenverachtenden Lächeln um den Mund – war mit seinen noch nicht dreißig Jahren dick geworden; ein zeitgenössischer Satiriker spottete, es dürfte dem Fürsten Orsini nicht leicht fallen, durch eine enge Gartenpforte zu einem nächtlichen Stelldichein mit Vittoria zu gelangen.

Daß Orsini der jungen Vittoria in einem Liebeswahn und -rausch verfiel, wen wollte es wundern? Ganz Rom war von Vittorias Schönheit und Liebreiz hingerissen. Orsinis Leidenschaft wurde durch Eifersucht angestachelt.

Vittoria stand in Beziehung mit dem Kardinal Alessandro Farnese. Dieser war doppelt so alt wie Orsini; ein Aufenthalt Vittorias bei dem Kardinal in Caprarola wurde nicht beargwöhnt, konnte der betagte Kardinal doch nur ein väterlicher Freund Vittorias sein.

Dem Orsini war diese Beziehung nicht geheim geblieben. Beim Karneval auf der Piazza Colonna fielen die Diener Orsinis dadurch auf, daß auf ihre Livrée silberne Tränen und die Devise »aut lacrimis aut sanguine« genäht waren.

Das Ziel sollte nicht durch Tränen, sondern durch Blut erreicht werden.

Hatte Vittorias Bruder Marcello den Plan ausgeheckt? Jedenfalls stimmte ihm Orsini zu.

Alfonso aus Città di Castello, der Geliebte der Kammerfrau Vittorias, Caterinas di Bologna, die Marcello in das Haus des Kardinals Montalto gebracht hatte, traf die Vorbereitungen. Alfonso hatte vorher bei Orsini auf Bracciano Dienst getan. Er schickte Nachricht nach Bracciano, daß die Stunde günstig sei. Daraufhin kam Marcello mit gedungenen Banditen in einer Frühlingsnacht im April nach Rom.

Es war alles verabredet und vorbereitet. Die Kammerfrau Caterina öffnete, als nachts an die Tür geklopft wurde, übernahm von einem Boten – es war ihr Bruder Mancino – einen Brief und überbrachte ihn Francesco Peretti, der eben zur Ruhe gehen wollte. In dem Brief bat Marcello ihn, wegen einer wichtigen Angelegenheit sofort in den Garten der Sforza beim Monte Cavallo zu kommen. Vittoria bat ihren Mann, das Haus zu so später Stunde nicht zu verlassen, trotzdem ging Francesco, von einem fackeltragenden Diener begleitet.

Als sich Francesco Peretti über verlassene Plätze und zwischen verwinkelten Mauern an die im Brief angegebene Stelle begab, traf ihn ein Schuß. Der Diener floh. Die Mörder durchschnitten dem Toten die Kehle und entkamen.

Der Weg Vittorias ins Gefängnis

Daß Orsini den Mord an Francesco Peretti veranlaßt hatte, um Vittoria freizubekommen, war in Rom ein offenes Geheimnis. Francescos Oheim, der Kardinal Montalto, wurde den Männern im Vatikan zu einem Rätsel. Er schwieg und trug die Ermordung seines Neffen mit Ruhe und Würde. Wie war das bei dem Franziskaner-Inquisitor möglich, der wegen seiner Strenge in rechtlichen und sittlichen Dingen gefürchtet war? Die Römer verglichen ihn mit Cato.

Auf einem Bild des Kardinals im Palazzo Lateranense – es zeigt den Kardinal schon als Papst Sixtus V. – fallen die zusammengepreßten Lippen auf. So mochte er am Morgen nach der Mordnacht im Konsistorium gesessen und durch die Trauerbekundungen seiner Kollegen ungerührt geblieben sein. So empfing er Paolo Giordano Orsini, der es gewagt hatte, den Kardinal aufzusuchen, um ihm sein Beileid über die Ermordung seines Neffen auszusprechen. Orsini bewunderte die Beherrschung des Kardinals – er hätte besser getan, sie zu fürchten.

Der Kardinal Montalto bat den Papst, wegen des Mordes keine Nachforschungen einzuleiten, wußte er doch, daß der ihm nicht wohlgesinnte Papst diese nur zum Schein durchführen lassen würde. Der Kardinal verzichtete auf Rache, er überließ den oder die Mörder dem Urteilsspruch Gottes.

Er veranlaßte Vittoria, aus seinem Haus in das ihrer Familie, den Palazzo Accoramboni in der Nähe der Kirche San Luigi de' Francesi, zurückzukehren; Montalto beließ ihr die Geschenke, die sie von ihm und ihrem Gatten erhalten hatte.

Paolo Giordano Orsini hielt durch den ihm vertrauten Priester Don Paolo Maletta bei den Eltern um Vittorias Hand an; die Trauung sollte Maletta mit zwei Zeugen vollziehen, und sie sollte zunächst geheim bleiben. Wohl aus Angst vor dem Papst verzögerte Don Paolo Maletta die Zeremonie, und so ging Orsini selbst zu den Accoramboni, steckte Vittoria den Ehering an den Finger und nahm die Dienerin Caterina als Trauzeugin.

Diese Form der Eheschließung genügte den Accoramboni nicht. Deshalb ersuchte Orsini den Papst, ihm eine offizielle Trauung zu gestatten. Der sonst in seinen Entschlüssen wankelmütige Papst verweigerte ihm die Erlaubnis.

Die Orsini empfanden eine Eheschließung mit Vittoria als Schande für ihr Geschlecht, ebenso die Medici, die sich für die Kinder der von Orsini erdrosselten Isabella, Leonora und Virginia, verantwortlich fühlten; schließlich waren es die Kinder Paolo Giordano Orsinis.

Vittoria wurde vom Vertreter des apostolischen Vikars dahingehend unterrichtet, daß sie sich ohne Einwilligung des Heiligen Vaters nicht wieder verheiraten dürfe, jede anders geschlossene Ehe werde für ungültig erklärt. Vittoria gab zur Antwort, sie habe nicht die Absicht, sich so kurze Zeit nach dem Tod ihres Gatten wieder zu verheiraten; sollte sie es je wollen, hoffe sie, daß der Heilige Vater sie nicht behindern werde.

Das Eingreifen des Vatikans machte Orsini mißtrauisch, er vermutete, man wolle Vittoria zum Eintritt in ein Kloster zwingen. Daher brachte er Vittoria aus Rom in seine Villa nach Magnanapoli, teilte den Accoramboni mit, er betrachte Vittoria als seine Braut und werde sie heiraten, sobald der Papst die Genehmigung erteile.

Nun raffte sich der Papst zu einem Entschluß auf. Er

schickte unter Führung eines Bargello seine Polizeisoldaten, die Sbirren, nach Bracciano, die das Schloß Orsinis überfallen und alle, die des Mordes an Francesco Peretti verdächtigt wurden, verhaften sollten. Orsini aber war zu dieser Zeit in seiner Villa in Magnanapoli bei Vittoria. Es kam zu einem Kleinkrieg zwischen Orsini und dem Vatikan, dem heftige Auseinandersetzungen folgten. Eine Audienz, die Orsini beim Papst verlangte, wurde ihm verweigert. Über das drohende Verhalten Orsinis empört, erzwang der Papst die Rückkehr Vittorias in ihr elterliches Haus nach Rom, das zu betreten dem Orsini verboten wurde. Orsini drohte dem Papst, Rom mit seinen Banden zu überfallen.

Der Papst gab nach. Das Hausverbot gegen Orsini wurde aufgehoben, woraufhin Orsini Vittoria wieder nach Magnanapoli brachte. Aber das Spiel ging weiter. Orsini wurde befohlen, Vittoria wieder nach Rom zurückzubringen, im Weigerungsfalle drohte ihm eine Strafe von 25 000 Dukaten.

Um Zeit zu gewinnen, gab Orsini nach. Doch diesmal griff der Papst zu. Seine Sbirren brachten Vittoria ins Gefängsnis der Corte Savella und von dort in das Kloster der hl. Cäcilia in Trastevere. Als ruchbar wurde, daß Orsini Vittoria gewaltsam aus dem Kloster befreien wolle, wurde sie in das Gefängnis in der Engelsburg gebracht.

Das geschah in der Nacht des 20. Dezember 1581.

Terror in Rom

Wir können nicht erraten, was in den beiden vorging. Was bewog Vittoria, an dem häßlichen und rohen Mann, dem Mörder ihres ersten Gatten, festzuhalten und mit ihm einen gefahrvollen Weg zu gehen, der kaum gut enden konnte? Suchte sie dieses Abenteuer? Orsini mochte der Schönheit Vittorias verfallen sein – man sprach von Liebestränken, die von einer Griechin gebraut wurden, die sich unter den Dienerinnen Vittorias befand. Spielte bei Orsini nicht auch die Abenteuerlust mit, sich gegen den Papst durchzusetzen?

Orsini und Vittoria waren Kinder ihrer Zeit, des ekstatischen italienischen Barock, des Dranges, Formen zu sprengen und Grenzen zu durchbrechen, Gesetzen hohnzulachen, um der Leidenschaften willen alles zu wagen, selbst Untergang und Tod.

Vittoria saß in der Engelsburg gefangen. Der Herr über ihr künftiges Schicksal war der Papst. War er es wirklich? Andere – dunkle Mächte, denen der greise Heilige Vater nicht gewehrt – waren stärker als seine Macht.

Als Gregor XIII. Vittoria gefangensetzte, war er 83 Jahre alt, ein mächtiger, graubärtiger Greis. Mit Siebzig war er Papst geworden. Er war von Heiligen umgeben, Philippo Neri, Therese von Avila, Johannes vom Kreuz, Mystiker in einer von religiösen und politischen Unruhen übervollen Zeit. Während des Pontifikats Gregors tobten die Hugenottenkriege, wurde die katholische Königin Maria Stuart von der protestantischen Königin Elisabeth gefangengehalten, begann die Regierung Rudolfs II., des rätselhaften Kaisers in Prag, der den gegenreformatorischen Bemühungen im Wege stand.

Bis ins hohe Alter war der Papst von robuster Gesundheit, um die ihn der ständig kranke Montaigne bei seinem Besuch in Rom beneidete. Der Papst riet Montaigne, gleich ihm vor dem Frühstück einige Wacholderbeeren zu kauen, zu Mittag ein Essen einzunehmen, das nicht mehr als einen halben Scudo koste, und bei jedem Wetter täglich drei, vier Stunden im Freien herumzustreifen, möglichst mit jungen Leuten, um ihnen die eigene Überlegenheit zu zeigen. Von Politik verstand er wenig und mischte sich kaum ein; am liebsten lehnte er von vornherein ab, weswegen er papa negativus genannt wurde. Seine ganze Liebe sparte er für seinen außerehelichen Sohn Giacomo, dem er seinen Namen gegeben, als Neffen erklärt hatte und mit Ämtern, Ehren und Besitz überschüttete. Der gute Rechner – er führte die Gregorianische Kalenderreform durch – verrechnete sich im Alltag seines Kirchenstaates.

In Rom und in der Campagna wütete das Bandenwesen, Morde und Plünderungen waren an der Tagesordnung. Der Papst blieb untätig. Die Adligen, deren Paläste, Villen und Ländereien das Asylrecht hatten, waren Auffangstellen für die Banditen und die Bravi, Mörder, die gedungen werden konnten und nach ihrer Untat das Asylrecht des Auftraggebers erhielten. Die Territorialherren stellten aus dem Gesindel Truppen zusammen, die sie gebrauchten, um Standesgenossen, Rom und den Papst zu bedrohen und zu erpressen.

Plötzlich entschloß sich Gregor, große Ländereien, die im Besitz altadliger Familien waren, als verjährte Lehensgüter einzuziehen und wieder dem Kirchenstaat einzuverleiben. Auf diese Weise wurden zunächst fünfzig nicht sehr angesehene Familien enteignet. Die besitzlos gewordenen Männer schlossen sich den Banditen an oder machten sich zu deren Anführern und schufen Unruhe und Unsicherheit.

Als der Papst auch nach den Gütern des hohen Adels griff, wurden dessen Angehörige Kondottieri.

Einer der am meisten gefürchteten wurde Alfonso Piccolomini; seines Räuberunwesens konnten die römischen und päpstlichen Söldner nicht Herr werden. Paolo Giordano Orsini verband sich mit ihnen, auch Marcello, der Bruder Vittorias. Man hoffte, mit dem Papst, der Vittoria in der Engelsburg gefangenhielt, die Rechnung begleichen zu können. Aus Angst um das Leben seines geliebten Nepoten Giacomo willigte der Papst in eine Zusammenkunft mit Orsini ein. Orsini erklärte sich bereit, auf Vittoria zu verzichten und sie der Gnade des Papstes zu überlassen. Als Vittoria davon erfuhr, wollte sie sich von der Engelsburg in die Tiefe stürzen, wurde aber durch eine Kammerfrau und Soldaten daran gehindert.

Trotzdem sich Vittoria weigerte, den Ring, den ihr Orsini als Trauring geschenkt hatte, herauszugeben, entließ sie der Papst unter der Bedingung, Orsini nicht zu sehen, sich mit ihrer Familie nach Gubbio zu begeben und es nicht zu verlassen, wofür der Vater Vittorias 10 000 Scudi als Bürgschaft hinterlegen mußte.

Vor ihrer Abreise wurde Vittoria eine Audienz beim Papst gewährt. Weinend, den Kopf tief geneigt, die Hände über die Brust gekreuzt, warf sie sich »wie eine neue Judith« dem Heiligen Vater zu Füßen. Die »Avvisi di Roma«, die Berichte der vatikanischen Geheimpolizei und deren Spione, vergleichen sie mit Sophonisbe vor Masinissa – ein gefährlicher Vergleich, um Vittorias Demut zu kennzeichnen. (Sophonisbe wurde von ihrem Gatten Masinissa vergiftet.) Die Unterredung soll ergreifend, der Papst erschüttert gewesen sein.

Auch von Kardinal Montalto wurde Vittoria, wie es heißt, zärtlich empfangen. Hatte der Kardinal vergessen können, daß Vittoria an der Ermordung seines Neffen beteiligt gewesen? Hatten die Römer recht, ihn einen Esel zu nennen?

Vittoria befragte den Kardinal, wie sie sich hinfort kleiden solle; der Kardinal riet zu braunem Witwenkleid. Als Vittoria sich, dem Befehl des Papstes gehorchend, nach Gubbio begab, führte sie so kostbare Kleider mit, daß Soldaten die Wagen bewachen mußten.

War doch alles nur eine Komödie, die einer dem anderen vorspielte!

Ein Netz aus grauen und blutigen Fäden

Der in Rom und in der Campagna mit Raub und Mord weitergehende Bandenkrieg wurde zur Groteske. Casimir von Chłędowski stellt in seinem monumentalen Buch »Rom – Die Menschen des Barock« (1921) den Terror über Rom dar; hier seien nur jene grauen und blutigen Fäden aufgegriffen, die mit Orsini und Vittoria zusammenhängen.

Alfonso Piccolomini war mit seinen Banden bis in die Piazza di Ponte vorgedrungen, der Kardinal Farnese setzte seinen Palast in Verteidigungszustand. Es hieß, man wolle für die Behandlung Vittorias durch den Papst Rache nehmen. Der Papst hatte Angst, fürchtete um seinen Giacomo und weinte. Auf Vermittlung de' Medicis bewilligte der Papst einen auf zwölf Tage befristeten Aufenthalt Piccolominis in Rom. Er begann mit einem turbulenten Einzug Piccolominis. Die ganze Stadt strömte zusammen, um den 25jährigen, braungebrannten, langhaarigen, bärtigen, wild um sich blickenden Piccolomini zu bestaunen. Er logierte in den besten Zimmern der Villa des Kardinals de' Medici, der römische Adel machte ihm seine Aufwartung, der Papst erließ ihm schriftlich seine Sünden, wozu nicht weniger als 370 Morde gerechnet wurden.

Ein neuer Tumult entstand um den päpstlichen Bargello Giambattista Pace, einen Offizier der Sbirren, dessen die Banditen habhaft werden wollten. Es kam zu einem blutigen Aufstand, den Paolo Giacomo Orsini mit seinen ebenbürtigen Brüdern Valerio und Raimondo anführte und der damit endete, daß der Papst wieder nachgab und den Kommandanten seiner eigenen Militärpolizei hinrichten ließ, um die Banden zu beruhigen. Es wirkte wie ein Hohn, daß dem toten Giambattista Pace als hohem päpstlichen Beamten eine besondere Ehre zuteil wurde; sein abgeschlagener Kopf wurde auf schwarzem Tuch zwischen brennenden Kerzen öffentlich auf der Engelsburg zur Schau gestellt.

Die Folge aus diesem nachgiebigen Verhalten des Papstes war, daß seine eigenen Sbirren, die ihn sichern sollten, den Gehorsam verweigerten, um, wenn die Banditen es forderten, nicht auch hingerichtet zu werden.

Alfonso Piccolomini drang, nachdem der Papst 64 Banditen keine Absolution erteilt hatte, während der Messe in die Kirche S. Maria della Pace, um des päpstlichen Nepoten Giacomo habhaft zu werden. Wieder gab der Papst nach, gab Piccolomini seine eingezogenen Güter zurück und zahlte ihm als Ersatz für die ihm durch die päpstlichen Soldaten zugefügten Schäden 37 000 Dukaten.

Der Großherzog von Toscana machte den Bock zum Gärtner. Er ließ sein Land ausgerechnet durch Piccolomini von Banditen säubern. Nachdem Piccolomini das gründlich besorgt hatte, ging er nach Frankreich, wo er vom König in Dienst genommen wurde.

Paolo Giordano Orsini war durch seinen Bruder Lodovico an der Ermordung des Gouverneurs von Rom, Vitelli, beteiligt. Man konnte ihm aber nichts nachweisen, und Lodovico begab sich mit einer von ihm ausgebildeten Truppe aus Räubern und Angehörigen bekannter Familien nach Venedig, wo er von der Signoria, die jederzeit tüchtiges Kriegsvolk brauchte, willkommen geheißen wurde.

Commedia dell'arte

Auf dem Monte Cavallo, der eben noch von berittenen Banditen und Adligen, die unter Paolo Giordano Orsini gegen die päpstlichen Sbirren vorgerückt waren, dicht bevölkert gewesen, baut Klio ein Podium auf, um als Zwischenspiel eine Commedia dell'arte aufführen zu lassen.

Auf einer mit rotem Samt gepolsterten Poltrona, einem Großvaterstuhl, saß der kindlich oder kindisch lächelnde Heilige Vater Gregor XIII., der die Achtzig schon über-schritten hatte, und Paolo Giordano Orsini bemühte sich wegen seiner Fettleibigkeit vergeblich, den Kniefall aus-zuführen. Der Papst war Orsini gegenüber äußerst gnä-dig, freute sich über den reumütigen Sünder, der eben von einer Wallfahrt zur wundertätigen Madonna von Loreto zurückgekehrt war. Er hatte ihr, wohl um über seine Nichtanwesenheit in Loreto hinwegzutäuschen, ein mit Achaten besetztes Diadem für 300 Dukaten ge-schickt. Auf die Frage des Papstes, ob Orsini denn auch ein Andenken von seiner Wallfahrt mitgebracht habe, bejahte Orsini lebhaft. Er hatte aus Gubbio, wohin der Papst sie verbannt hatte, Vittoria auf sein Schloß in Brac-ciano heimgebracht.

Vittoria war in Bracciano von den Untertanen jubelnd empfangen worden.

In der Meinung, der Papst sei ihm nunmehr wohlgesinnt, ließ sich Orsini – zum wievielten Male schon? – am 10. November 1583 noch einmal, diesmal mit allen kirchli-chen Formalitäten, trauen.

Da wollte es das Unglück, daß sich in Bracciano uner-wartet ein ungebetener Gast meldete, der Konnetabel

Marcantonio Colonna, spanischer Vizekönig von Sizilien. Unter dem Adel, selbst dem höchsten, gab es manche seltsamen Vögel, die einander nichts vorzumachen, voreinander nichts zu verhehlen brauchten. Sie waren Gangster allesamt. Orsini hätte nicht zu viel Scheu vor diesem Marcantonio Colonna haben müssen, denn dieser hatte seine soldatische Laufbahn als – kurz gesagt – Räuberhauptmann begonnen und war als Mitkämpfer in der Seeschlacht bei Lepanto, das Sprungbrett für so manche Karriere, in spanische Dienste genommen worden. Weil er durch sein rüdes und zugleich geckenhaftes Auftreten am Hof in Madrid unbeliebt geworden war, hatte man ihn als Vizekönig nach Sizilien abgeschoben, wo er, wegen seiner spanischen Kleidung und Manieren verspottet, mehr wütete als herrschte.

Orsini wollte ihm nicht begegnen, denn der spanische König sollte von seiner Vermählung mit Vittoria nichts erfahren. Philipp II. galt bei der italienischen Aristokratie, vor allem was die Etikette betraf, als Autorität, zudem bezog Orsini aus Madrid eine Pension, ebenfalls für Verdienste bei Lepanto.

Orsini, der eben von einer gefährlichen Fistel am Fuß geheilt worden war, machte sich vor dem ehemaligen Kriegskameraden aus dem Staub, und das Fest zu Ehren Marcantonio Colonnas, so großartig wie lange vorher keines auf Bracciano, mußte ohne Orsini gefeiert werden. Orsini hatte Marcantonio Colonna unnötig gefürchtet. Auf seiner Rückreise starb der Colonna plötzlich, kaum daß er Civita Vecchia verlassen hatte. Es hieß, der Kardinal Granvella, der Kanzler Philipps II., habe mit Gift nachhelfen lassen, um den unbequemen und verhaßten Vizekönig loszuwerden.

Bei seiner Rückkehr nach Bracciano erfuhr Orsini, der

Papst habe durch zwei hervorragende Kenner des kanonischen Rechts die Ehe Orsinis mit Vittoria nachprüfen lassen; sie war als ungültig befunden worden.

Orsini gewann dadurch eine Atempause, daß der Vatikan und ganz Rom durch eine Gesandtschaft aus Japan in Aufregung gerieten. Alle wollten die drei jungen Japaner sehen, die drei Jahre unterwegs gewesen waren. Sie wurden durch ein prachtvolles Fest geehrt. Gregor XIII. war überglücklich in der Vorstellung, ganz Asien habe den rechten Glauben angenommen. Bissige Zungen sprachen davon, daß die drei japanischen Jünglinge verkleidete Jesuiten seien.

Wenige Tage nach dem Fest fühlte sich der Papst unwohl. Die Wacholderbeeren, die er vor dem Frühstück zu kauen pflegte, halfen bei einem heftigen Asthmaanfall nicht mehr. Der Papst starb daran am 10. April 1585. Commedia non finita. Noch nicht.

Die bange und erregte Stimmung nach dem Tod eines Papstes – wer wird sein Nachfolger? – wich der Angst, die Brüder Orsini wollten mit Banditen in Rom eindringen, um es zu plündern. Die päpstliche Residenz wurde in aller Eile in Verteidigungszustand versetzt, unter der Führung des Farnese trat ein aus Kardinälen gebildeter Krisenstab zusammen.

Orsini dachte nicht daran, gegen Rom zu ziehen, nutzte vielmehr die Zeit der Sedisvakanz vor der Wahl eines neuen Papstes dazu, der Komödie seiner Eheschließungen einen neuen Akt hinzuzufügen. Die neuerliche Trauung fand am 24. April, vierzehn Tage nach dem Tod Gregors XIII., in dem von einem Orsini erbauten Kirchlein Grottapinta beim Campo di Fiore durch den spanischen Geistlichen Bartolomeo Olalla de Rojas statt.

Während der Hochzeitsfeierlichkeiten in der Villa Orsini

füllten sich Straßen und Plätze mit dem Ruf: »Wir haben einen Papst!«

Wie? War sich diesmal das Konklave so rasch einig geworden?

Wer war der neue Papst? Das war für Paolo Giordano Orsini von großer Wichtigkeit. War er ein Medici, ein Farnese, ein Este, ein Carafa, ein Colonna? Die durch die Gassen ziehende Menge schrie: »Il frate! Il frate!«

Der Frate, das war der Kardinal Montalto.

Der Schweinehirt Peretti aus Grottamara hatte als Papst den Namen Sixtus V. angenommen. Er war 64 Jahre alt, also ein junger Papst.

Der wilde Mönch

Des Hochzeitspaares bemächtigte sich Schrecken: Vittorias, die im Hause des eben gewählten Papstes in erster Ehe mit dessen Neffen Francesco Peretti gelebt hatte, während sie schon mit Orsini in Verbindung stand; Orsinis, der am Mord des Peretti beteiligt gewesen und nun die Hochzeit mit dessen Witwe feierte. Konnte der Papst das vergessen haben?

Vom Hochzeitsmahl begab sich Orsini in den Vatikan, um dem neuen Papst zu huldigen. Sixtus preßte, als er Orsinis ansichtig wurde, die Lippen zusammen und erwiderte dessen Glückwünsche mit keinem Wort.

Vittoria machte mit einigen adligen Damen der Schwester des Papstes, Donna Camilla, ihre Aufwartung, wurde höflich empfangen, geküßt und beim Abschied hinausbegleitet. Nachdem Vittoria das Haus verlassen hatte, verlor Donna Camilla über die Unverfrorenheit ihrer ehemaligen Schwiegertochter die Fassung; ihr war unbegreiflich, daß Vittoria gewagt hatte, das Haus zu betreten.

Weil die Päpste nach ihrer Wahl verschiedene Verbrecher, die in der Engelsburg gefangengehalten wurden, zu begnadigen pflegten, bat auch Paolo Giordano Orsini für einen seiner Hofleute, den Mörder Marco Bracciolini. Der Papst forderte Orsini auf, nach Bracciano zu gehen und sein Schloß von Räubern und Mördern zu reinigen. Marco Bracciolini wurde auf Befehl des Papstes hingerichtet.

Durch die Straßen und über die Plätze Roms wehte ein eiskalter Wind. Der römische Cato, der Frate asino – der Bruder Esel –, der große Schweiger war wieder zum

Franziskaner-Inquisitor geworden, dem Recht vor Gnade galt. Das war der Bauer Peretti: Er hatte Zeit gehabt, er hatte warten können. Nun war seine Zeit gekommen.

Zwischen Anagni und Frosinone, auf der Engelsbrücke und der Mole Hadrians wuchs ein Wald von Galgen. Die päpstliche Bulle »Hoc nostri pontificatus initio« ließ den Adel und das Volk erschauern. Sie verkündete, daß den verwahrlosten Sitten und dem Räuberunwesen ein Ende bereitet werde. Sichtbare Zeichen dessen waren nicht nur die Galgen, sondern auch das, was in den Gefängnissen geschah. Der alte Graf Giovanni Pepoli aus einem der großen Geschlechter Bolognas wurde im Gefängnis erwürgt, weil er sich weigerte, einen auf seinen Schlössern verborgenen Räuber auszuliefern. Zwei Räubern, ehemaligen Priestern, die sich »König der Campagna« und »König der Maremmen« nannten, ließ der Papst, nachdem sie gehängt worden waren, vergoldete Kronen aufs Haupt setzen.

Rom verspottete und fürchtete den neuen Papst als »wilden Mönch«.

Im Volk gingen Witze über ihn um, so dieser: Paulus, der auf der Engelsbrücke neben dem Petrus eine Statue besitzt, fragte den Petrus, warum er seinen Sack auf dem Rücken trage, als sei er auf der Flucht; woraufhin Petrus antwortete, er fürchte gefangengenommen zu werden, weil er dem Malchus ein Ohr abgeschlagen habe.

Orsini hatte mehr als eine solche Übeltat auf dem Gewissen, mehr Grund, den neuen Papst zu fürchten. Er setzte sich, um einem Strafgericht zu entgehen, trotz seines schlechten Gesundheitszustandes mit Vittoria nach Venedig ab, wo ihn sein Bruder Lodovico, der in venezianischen Diensten stand, erwartete. Stendhal zitiert in seinen

»Chroniques et Nouvelles« (Paris 1855) eine zeitgenössische Quelle:

»Nun war der Fürst Paul Orsini ungeheuer dick geworden. Seine Beine waren stärker als der Leib eines gewöhnlichen Mannes, und außerdem war eines dieser unförmigen Beine mit einem Übel behaftet, das Lupus heißt, weil man es mit einer Unmasse rohen Fleisches behandeln muß, das man auf die kranke Stelle legt, da die Schärfe der Krankheit, falls sie kein totes Fleisch zum Verschlingen findet, sich auf die umgebenden Teile des lebenden Fleisches werfen würde. Dieses Übel nahm der Fürst zum Vorwand, um die berühmten Bäder von Albano bei Padua im Gebiet der Republik Venedig aufzusuchen. Einmal dort, fühlte er sich in voller Sicherheit, da das Haus Orsini der Republik Venedig seit vielen Jahren durch wechselseitige Dienste verbunden war. So reiste er denn Mitte Juni mit seiner jungen Gemahlin von Rom ab.

Auf diesem sicheren Boden angelangt, dachte er nur daran, sich an verschiedenen Orten zu zerstreuen. Zu diesem Zweck mietete er sich drei herrliche Paläste: zu Venedig den Palast Dandalo in der Via della Zecca, zweitens den Palast Foscarini auf dem prächtigen Arenaplatz zu Padua und drittens ein Lustschloß zu Salò am Gardasee, das früher der Familie Sforza-Pallavicini gehört hatte.« (Die Republik Venedig hatte dem Orsini angeboten, gegen ein jährliches sehr hohes Gehalt zwei- bis dreitausend Mann einer von ihm befehligten Truppe zusammenzustellen, was Paolo Giordano Orsini aber ablehnte.)

»Venedig hatte daran gedacht, dem Fürsten bei seiner Ankunft einen ehrenvollen Empfang zu bereiten, beschloß nun aber, keine weitere Notiz von ihm zu nehmen. Hiervon unterrichtet, beschloß der Fürst, den Besuch Venedigs aufzugeben. Schon in der Nähe von Padua angelangt, mied er diese herrliche Stadt und begab sich mit seinem ganzen Gefolge in den zu Salò am Ufer des Gardasees bereitstehenden Palast. Hier verbrachte er den ganzen Sommer mit mannigfachen großartigen Vergnügungen ... Am 10. November wurde der Fürst von neuem Unwohlsein befallen und fühlte sein Ende herannahen.

Nachdem der Fürst am 12. November sein Testament vollzogen hatte, fühlte er sich etwas wohler. Am Morgen des 13. ließ man ihn zur Ader; dann verordneten die Ärzte, die ihre ganze Hoffnung auf eine strenge Diät setzten, Enthaltsamkeit von aller Speise. Doch kaum hatten sie das Zimmer verlassen, als der Fürst zu essen verlangte. Niemand wagte ihm zu widersprechen, und so aß und trank er denn wie gewöhnlich. Aber unmittelbar nach Beendigung der Mahlzeit verlor er die Besinnung, und zwei Stunden vor Sonnenuntergang war er eine Leiche.«

Der Papst im Weinberg

Der Lieblingsort des Kardinals Montalto war der Lieblingsort des Papstes Sixtus V. geblieben, der Weinberg bei S. Maria Maggiore.

Der Papst ging langsam durch den neu angelegten Garten und prüfte die jungen Bäume; dann ging er zu der Villa, die zu erbauen ihm sein Vorgänger untersagt hatte; der Lombarde Giovanni Fontana, ein dem Sinn des Papstes entsprechender nüchterner Architekt, hatte sie vollendet.

Sixtus betrachtete sein Wappen, an dem gemeißelt wurde und das über dem Tor angebracht werden sollte. Es stellte einen Löwen mit drei Birnen in den Krallen dar.

Auf einem schmalen Weg zwischen den Weinstöcken kam ihm der junge Franziskaner Fra Giuliano entgegen. Der Papst hatte ihn gern um sich, in der Erinnerung an seine Jugend im Kloster zu Montalto. Giuliano war ein großer, schlanker Mensch. Sixtus – so beschreibt ihn Gregorovius nach seiner Grabstatue – »hat eine häßliche, kräftige und gedrungene Barbarengestalt. Der Kopf ist plump und groß, die Nase dick, der Bau des Gesichtes fest und massiv; hinter dieser breiten Stirne lag ein breiter Verstand und ein Wille von Erz. Seine Augenbrauen sind dicht und schwarz, sein Bart ist lang und weiß.«

So wie Sixtus auf seinem Grabdenkmal knien sollte, saß er jetzt auf einer Holzbank im Schatten einer Ulme und befragte Giuliano, was er zu berichten habe.

»Der Heilige Vater hat verboten, auf der Straße Waffen zu tragen. Vier junge Brüder, die als Söldner im Dienst des Sforza stehen, haben das Verbot ohne böse Absicht, vielmehr leichtsinnig übertreten. Sie wurden in Haft genommen, und ihr Herr bittet . . .«

»Auf der Engelsbrücke ist noch Platz für sie.«

»Eine Deputation der Konservatoren der Stadt Rom ist vorstellig geworden und bittet, die Köpfe der beiden Enthaupteten, die sich ›König der Campagna‹ und ›König der Maremmen‹ genannt, von den Spießen nehmen zu lassen, weil ihr Gestank in der Sommerhitze die Luft verseuche.«

»Haben die Römer feine Nasen! Die Verbrechen haben ihnen nicht gestunken, so mögen sie jetzt den Gestank der Verbrecher ertragen.«

»Es sind Avvisi über den Fürsten Orsini eingetroffen.«

Der Frate wartet, der Papst fragt nicht.

»Der Fürst hat sich in Salò am Gardasee niedergelassen, weil er sich nicht wohl fühlt.«

»So war ihm die Luft in Venedig nicht gut genug.«

»Er wird sich im Herbst nach Venedig zurückbegeben.«

»Das liegt in Gottes Hand.«

»In Gottes Hand lag Eure Wahl, Heiliger Vater, und Gott hat ein Wunder gewirkt.«

»Misch Gott nicht in solche geringen Dinge ein, Giuliano! Die Herren Kardinäle vom Adel konnten sich nicht einig werden und stritten, wer von ihnen Papst werden solle, und weil keiner dem anderen es gönnte, wählte man mich. – Geh, Giuliano, und schick mir den Fontana!«

Der Papst sah dem jungen Mönch nach und dachte an seinen Neffen Francesco. Warum hat man ihn mir getötet?

Der Baumeister kam und fand den Papst in Gedanken auf der Bank sitzen. Der Papst schwieg eine Weile, als sei er noch allein, dann sagte er: »Mein Vorgänger hat für Völker verschiedener Zunge Kollegien für die Heranbildung junger Priester errichten lassen. Ich werde eines für die Slawen bauen. Wir wollen uns nach einer günstigen Stelle für den Bau umsehen, Fontana. – Wann kann meine Schwester in das neue Haus einziehen?«

»Laßt es einmal auswintern, Heiliger Vater.«

»Gut. Wenn Ihr hier fertig seid, nehmt Euch meiner Häuser in der Stadt an. Das Dach auf dem in Parione scheint mir undicht zu werden. Im Garten um den Palazzo in all'Osso wollen wir Nußbäume pflanzen. Der in alla Pigna und der im Bogno können vermietet werden. Ich kann nicht jede Nacht in einem anderen Bett schlafen. – Entwerft mir eine Medaille, Fontana. Auf der einen Seite mit meinem Wappen, auf der anderen mit einem Bauern, der unter einem Baum sitzt, einen offenen und vollen Geldsack in der Hand hält und schläft, darunter setzt die Worte: ›Perfecta securitas. – Andiamo Dio, maestro! Facciate, che va, bene!‹«

Tragedia finita

Paolo Giordano Orsini starb am 13. Oktober 1585 in Salò am Gardasee an einem Schwächeanfall nach einem Aderlaß. Ein Geheimbericht bezichtigt den Großherzog von Toscana, den Bruder der ersten Frau Orsinis, des Giftmordes.

Dieser Verdacht tauchte in jener Zeit bei vielen plötzlichen Todesfällen auf, konnte aber kaum je bestätigt werden. Man war im Brauen von Giften anscheinend geschickter als im Erkennen einer Vergiftung.

Vittoria brach an der Leiche Orsinis zusammen. Aus der Ohnmacht erwacht, wollte sie sich töten, wurde aber daran gehindert.

Vittoria ging nicht nach Bracciano, sondern nach Padua, wo sie sich in der Casa de' Cavalli einmietete. Sogleich nach ihrer Ankunft ließ sie sich vom Podestà die Echtheit des von Orsini hinterlassenen Testaments bezeugen und bescheinigen. Sie erbte 40 000 Scudi, Kleinodien und alles bewegliche Gut. Lodovico Orsini und der Großherzog von Toscana, der einen Teil des Erbes für Orsinis Kinder aus erster Ehe beanspruchte, bemühten sich vergeblich, das Testament für ungültig erklären zu lassen.

Orsinis Bruder Lodovico kam ebenfalls von Venedig nach Padua und zog in den Palazzo Contarini in der Nähe des Hauses, in welchem Vittoria wohnte.

Am 22. Dezember belagerten verkleidete und maskierte Freunde Lodovicos mit zwanzig Bravi das Haus Vittorias. Nur Vittoria und ihr jüngster Bruder Flaminio waren noch wach. Vittoria betete den Rosenkranz, Flaminio sang, sich auf der Laute begleitend, leise den Psalm Miserere. Zwei ungetreue Diener öffneten das Tor, der vermummte Lodovico drang mit drei Freunden und fünf Bravi in das Haus und ins Zimmer Vittorias. Flaminio brach, von einem Schuß getroffen, vor der Türschwelle zusammen. Die Maskierten kündigten Vittoria Rache für ihre Missetaten an, Vittoria kniete vor dem Kreuz nieder und bat, sie beichten zu lassen, aber ein Mörder stieß ihr die Waffe bis zum Heft in die Brust. Das Herz war getroffen, dennoch fügten die Bravi ihr noch 74 Stiche zu. Auch Flaminio wurde erdolcht.

Ein Diener Vittorias lief in den Palazzo Contarini, um Lodovico die Morde zu melden. Lodovico heuchelte Erschrecken und verständigte den Podestà.

Am Morgen war Lodovico als Mörder seiner Schwägerin in aller Munde. Auf Befehl der venezianischen Signoria, die von dem Mord erfahren, wurde der Palazzo Contarini besetzt, die Stadttore wurden geschlossen.

Die Rektoren von Padua forderten Lodovico zur Aussage über die Morde auf; Lodovico ließ antworten, er wisse von nichts, verbat sich, als Gouverneur von Korfu und als ein Orsini derart verdächtigt und damit beleidigt zu werden.

Er vertraute der venezianischen Regierung, in deren Dienst er getreten war, aber Venedig achtete streng auf Einhaltung der Gesetze. Nach der nächtlichen Sitzung des venezianischen Rates und nach dessen Abstimmung, wobei unter 171 Kugeln 149 schwarze waren, wurde von Padua die Auslieferung Lodovico Orsinis – lebend oder tot – gefordert.

In Padua wurde der Palazzo Contarini umstellt, und, als Lodovico sich nicht ergab, beschossen. Es gab Tote, und der Palazzo wurde beschädigt. Lodovico wurde gefangengenommen und mit 37 seiner Leute nach Venedig gebracht. Dort schritt er über den Ponte dei sospiri, die

Seufzerbrücke, ins Gefängnis. Der Kanzler überbrachte ihm vom Rat der Stadt das Todesurteil. Nachdem Lodovico gebetet hatte, band ihn der Henker am Stuhl fest und erdrosselte ihn.

In dem Bericht über die Hinrichtung an den Großherzog von Toscana wird hervorgehoben, daß Lodovico Orsini seinem Stande gemäß als venezianischer Gouverneur von Korfu mit einer karmesinroten Seidenschnur erwürgt worden war.

Seinem Stande gemäß hatte Lodovico Orsini selbst in Augenblicken höchster Gefahr gelebt und seine kalte Ruhe bewahrt. Als ihm in Padua nach vergeblichem Widerstand der Capitano seine Verhaftung verkündete, hatte er sich gleichmütig an eine Brüstung gelehnt und mit einer Schere die Nägel geschnitten.

Seinem Wunsche gemäß wurde Lodovico, von Jesuiten begleitet, in der Kirche S. Maria dell'Orto bestattet.

Für ihren unbeirrbaren Rechtssinn ließ die Republik Venedig Ströme Blutes fließen; nahezu alle Helfershelfer Lodovicos wurden hingerichtet, geviertelt oder unter anderen gräßlichen Martern getötet. Der Henker war so erschöpft, das Volk vom schrecklichen Anblick so vieler zur Schau gestellter, fürchterlich verstümmelter Toter wie gelähmt, daß die Exekution für zwei Tage unterbrochen werden mußte.

Marcello Accoramboni, der Bruder Vittorias und Mörder ihres ersten Gatten Francesco Peretti, war ebenfalls nach Venedig geflüchtet. Der Papst verlangte Marcellos Auslieferung mitsamt der griechischen Zauberin, die seit Vittorias Verheiratung mit Orsini bei ihr war. Sie wurde verdächtigt, durch ihre Liebestränke Paolo Giordano Orsini an Vittoria gefesselt und Francesco Perettis Schwester vergiftet zu haben.

Die häufigen Hinweise auf Aphrodisiaka sind keine poetisch-romantischen Erfindungen; es gab Meisterinnen im Brauen von Liebestränken, die häufig verwendet wurden. –

Venedig kam dem Wunsch des Papstes ohne Zögern nach, aber Marcello Accoramboni und die Griechin erreichten Rom nicht, sie wurden vom Gouverneur in Ancona ohne Prozeß hingerichtet.

Damit waren alle Übeltäter gerächt, die mit der Ermordung Francesco Perettis – dem Anfang der Vittoria-Tragödie – zusammenhingen. Am Ende blieb ein Berg von Toten wie in einer Shakespeareschen Schauerballade – der Dichter lebte und schuf in jener Zeit. Über ihr stand der Stern der Vittoria Accoramboni, der Schönsten der Schönen, das ewig Weibliche als rotglühender Unstern, eine Pandora mit der Unheil verbergenden Büchse. Die Dichter, die sich schon damals mit dem Leben und der Liebe der Vittoria beschäftigten, konnten Vergleiche aus der Literatur von Homer bis Alexander zitieren: »Nichts ist scheußlicher doch, nichts unverschämter als das Weib.« (Homers Odyssee XI., 427) Das dunkle Schicksal der Vittoria Accoramboni hat durch die Jahrhunderte die Dichter gefesselt, bis zu Stendhal und Tieck.

Oder war Vittoria Accoramboni nicht doch die große Liebende, die den kranken Orsini, einen häßlichen Fettwanst, mit Hingabe gepflegt hat und nach seinem Tode nicht weiterleben wollte?

Mit der Ermordung Francesco Perettis hatte die Tragödie des Liebeswahnes und menschlicher Verwirrung begonnen – das Ende wurde ein pompöser Trauerzug mit festlicher Totenmusik: die Beisetzung des ersten Opfers.

Papst Sixtus V. ließ den Sarg seines Neffen im Juni 1588 aus der Kirche S. Maria degli Angeli mit großem Geleit, darunter 18 Kardinäle und zahllose Weltgeistliche und Mönche, in die Kirche S. Maria Maggiore überführen und in der Krypta beisetzen. Der Gerechtigkeit ward Genüge getan.

Der Papst lebte danach noch zwei Jahre. Er starb am 27. August 1590, 69 Jahre alt. Er hat nur fünf Jahre regiert. Auch hier kam das Gerücht auf, der spanische Gesandte Olivarez, der mit dem Papst nicht gut stand, habe ihn aus politischen Gründen vergiften lassen.

Donna Camilla überlebte ihren Bruder bis zum Jahr 1605.

KÖNIGIN JOHANNA I. VON NEAPEL

Johanna gehörte dem Geschlecht der Anjou an. Dessen Stammland lag im Nordwesten Frankreichs; durch Heirat war die Provence dazugekommen. 1265 wurde Karl I. von Anjou, der Bruder König Ludwigs IX. des Heiligen von Frankreich, von Papst Klemens IV. mit der ehedem staufischen Doppelmonarchie Neapel-Sizilien belehnt. Das Geschlecht verzweigte sich in einige Linien, aus denen die Könige von Neapel und die von Ungarn und Polen und die Herzöge von Durazzo und Tarent hervorgingen. Johanna gehörte der neapolitanischen Stammlinie an, deren Königin sie 1343 wurde.

Die weitverzweigte Familie, deren Mitglieder vielfach untereinander verheiratet waren und einander bekämpften, muß im Zusammenhang dargestellt werden, um Übersicht zu gewinnen.

Die Anjou in Neapel

Die sizilische Doppelmonarchie Neapel-Sizilien war bis zum Tod Kaiser Friedrichs II. 1250 hohenstaufischer Besitz. Nach langen Kämpfen der Päpste gegen das staufische Geschlecht versuchten sie, Neapel-Sizilien, das sie als ihr Lehen betrachteten, in andere Hände zu bringen. Schließlich gelang es, Karl Grafen von Anjou und der Provence für den Plan zu gewinnen. Karl von Anjou traf 1265 in Neapel ein und wurde von Papst Klemens IV. mit Neapel-Sizilien belehnt und 1266 zu dessen König gekrönt. 1266 wurde Manfred, ein Sohn Kaiser Friedrichs II., bei Benevent besiegt und getötet, 1268 wurde Konradin, ein Enkel Kaiser Friedrichs II., bei Tagliacozzo geschlagen und in Neapel hingerichtet.

Karl I. von Anjou konnte sich des ungeteilten Besitzes seiner Doppelmonarchie nicht bis zu seinem Tode erfreuen; durch den Aufstand der Sizilianischen Vesper 1282 ging ihm Sizilien verloren. Es kam an das den Staufern verwandte Haus Aragon.

Als Karl I. 1285 starb, war sein Sohn und Nachfolger Karl II. noch in der Gefangenschaft des Feindes. Er wurde 1289 von Papst Nikolaus V. zum König gekrönt; er vermählte sich mit Maria, der Tochter König Stephans V. von Ungarn. Seine Versuche, Sizilien zurückzuerobern, mißlangen. Sein ältester Sohn Karl Martell war mit Clementia, einer Tochter König Rudolfs von Habsburg vermählt. Er wurde Titularkönig von Ungarn, dessen Krone sein Sohn Karl Robert erwarb.

Das Haus Anjou besaß nunmehr zwei Königreiche.

In Neapel wurde 1309 Robert der Weise der Nachfolger Karls II. Da er ohne männliche Nachkommen starb

– sein Sohn Herzog Karl von Kalabrien war schon vor ihm gestorben –, wurde Johanna, eine Enkelin Roberts des Weisen, Königin von Neapel. Um Johanna gegen Forderungen der anderen Anjou abzusichern, wurde sie mit ihrem Vetter Andreas, dem Bruder König Ludwigs des Großen von Ungarn und Polen, verheiratet. 1343 starb König Robert, Johanna wurde seine Nachfolgerin.

Die Anjou in Ungarn und Polen, Durazzo und Tarent

Nachdem in Ungarn mit Andreas III. 1301 der letzte König aus dem Geschlecht der Arpáden gestorben war, verwirrte sich die Lage. Die Magnaten rissen die Herrschaft an sich. Wenzel III. von Böhmen und Otto von Niederbayern konnten sich als Könige nicht behaupten. Die Anjou waren mit den ungarischen Arpáden verwandt; Karl II. von Anjou war mit Maria, der Tochter des letzten arpádischen Königs, verheiratet gewesen. Durch die Vermittlung des Papstes Bonifaz III. wurde Karl Robert von Anjou, der Enkel Karls II. von Anjou, 1308 König von Ungarn. Durch Verdrängung des Großadels erneuerte er die königliche Zentralgewalt und brachte durch eine straffe Verwaltung (italienische Beamte), durch Förderung der zumeist deutschen Städte und Pflege von Kunst und Wissenschaften, besonders in den Städten Buda und Wischegrad, für Ungarn eine Blütezeit. Er vergrößerte Ungarn um Serbien und Bosnien. Wegen seiner guten und langen Regierungszeit erhielt sein Sohn Ludwig (1342–1382) den Beinamen »der Große«. Durch seine Mutter Elisabeth von Polen wurde Ludwig auch König von Polen. König Ludwig ist es, mit dem Johanna nach der Ermordung ihres ersten Gatten Andreas, der ein Bruder König Ludwigs war, in einen bösen Konflikt geriet. Nachdem mit dem Zusammenbruch der Hohenstaufen Manfred, einem Sohn Kaiser Friedrichs II., auch das Herzogtum Durazzo (heute Durrës) verlorengegangen war, kam es mit einem Teil Albaniens und mit anderen Ländereien des Balkans 1257 an die Anjou. Der erste Herzog von Durazzo wurde Johann, ein Sohn Karls II.

von Neapel. Dessen Nachfolger wurde Karl; dieser war mit der Schwester Königin Johannas, Maria, verheiratet. Das Herzogtum Durazzo blieb von 1257 bis 1368 im Besitz der Anjou, dann wurde es venezianisch.

Nach dem Tod Karls II. von Neapel wurde dessen jüngster Sohn Philipp Herzog von Tarent. Er war mit Katharina von Courtenay verheiratet, einer streitbaren Frau, die Johanna Schwierigkeiten bereitete. Philipps Sohn Ludwig wurde der zweite Gatte Johannas I.

Die erste Heirat Johannas

1328 war Herzog Karl von Kalabrien, ein Sohn König Roberts des Weisen von Neapel, gestorben. Er hinterließ zwei um 1325 und 1329 geborene Töchter, Johanna und Maria. 1331 starb den beiden sechs- und zweijährigen Mädchen während einer Wallfahrt in Bari auch die Mutter Maria von Valois; sie war erst zwanzig Jahre alt. Die beiden Mädchen Johanna und Maria waren Waisenkinder geworden und kamen zu ihrem Großvater König Robert von Neapel.

Der Großvater nannte sie illae infantulae melitae – diese honig-süßen Mädchen. Die Mutter hatte ihnen als Wunsch für die Zukunft zwei goldene Krönchen hinterlassen. Der sparsame Großvater schenkte ihnen hölzerne Schaukelpferdchen mit einem maurischen Sattel, jedes kostete vier Unzen. Johanna hatte Freude am Kreiselspiel.

Die Kinder wurden von zwanzig Dienstboten betreut. Sie spielten im Tapetenzimmer mit den Samtbehängen, in die Löwen und Lilien eingestickt waren. Das violette Kleidchen Johannas war mit silbernen Glockenblumen verziert.

Der Großvater war, als er die beiden Mädchen in seine Obhut nahm, 55 Jahre alt. Es bestand keine Aussicht auf männliche Erben. Blieben die beiden Enkelinnen.

Eheschließungen sollten einem Erbstreit zuvorkommen und zwischen den einzelnen Familien verwandtschaftliche Brücken schlagen. Vermittler war der florentinische Kaufmann Nicola Acciajuoli, der sich im Dienst bei König Robert bewährt hatte und weiterhin die Geschicke des Königreichs Neapel lenken sollte.

1333 wurde Johanna mit Andreas, dem zweiten Sohn König Roberts von Ungarn, vermählt. Johanna war acht, Andreas gar erst sieben Jahre alt. Der Großvater, wie es auch seine Frau gewesen, ein sehr frommer Mann, widmete dem jungen Paar eine Predigt auf den Text »Erunt duo in carne una« – erschütternd im Hinblick auf die Ermordung des Andreas durch Johanna.

In seinem Werk über die Anjou in Neapel schreibt Émile K. Léonard: »C'est ainsi que trois hommes sages, prudents et habiles, le pape et les deux rois, préparèrent, par leurs habilités mêmes, le malheur d'enfants qu'ils aimaient.«

Man ließ es dem kindlichen Paar an nichts fehlen – der Hof von Neapel galt als einer der vornehmsten –, nicht an hübschen Kleidern, Spielsachen, Dienerschaft. Johanna hatte eine Zwergin, die sie belustigte. Andreas besaß ein Schiff, Hunde, Billardkugeln, um mit seinem Cousin Ferdinand von Mallorca zu spielen.

Die Kinder wurden streng getrennt voneinander gehalten und lebten in verschiedenen Häusern. Jedes hatte seine eigene Kinderfrau, die Johannas hieß Philippa; gegen das Heimweh hatte man Andreas mit den Dienern auch die Amme Hungaria aus Buda mitgegeben. Beide sollten bei der Ermordung des Andreas eine Rolle spielen.

Die sehr frommen Großeltern legten Wert auf eine religiöse Erziehung, Gebete und Kirchgang; der eigentliche Unterricht wurde vernachlässigt. Johanna lernte schwer lesen, in einem späteren Brief an den Papst entschuldigt sie sich wegen ihres mangelhaften Lateins.

König Robert konnte sich den Kindern nur wenig widmen. Die letzten Jahre seiner Regierung waren unruhig wie Italien überhaupt, ob in den Städten oder den Ländern der Herzöge und Grafen. Für Neapel gab es Auseinandersetzungen mit Genua, um das Piemont und wegen der Rückeroberung der Insel Sizilien, mit Pisa, Venedig und Florenz.

Das Religiöse, zu Bigotterie entartet oder überhaupt mißachtet, fand jenseits des Dogmatischen auch in den Päpsten kaum würdige Vertreter. Auch sie mußten sich oft den Mahnungen und auch Verdammungsurteilen später heiliggesprochener Frauen beugen. Birgitta von Schweden und Katharina von Siena verkörperten – neben vielen bösen und bösartigen Frauen der Machthaber – ein strenges, reines, unerbittliches Christentum. Sie erhoben ihre warnende und anklagende Stimme gegen Machtkriege und die Verwahrlosung aller Sitten. So wie Hippolyte Taine die Zustände in Siena zur Zeit der heiligen Katharina schildert, herrschten sie in allen italienischen Städten: »Öffentliche Kriege gegen Pisa, Florenz und Perugia, Kriege zwischen Volk, Bürgern und Adel, Straßenkämpfe, Rathausgemetzel, Verfassungsumsturz, Verbannung aller waffenfähigen Nobili, Verbannung von 4000 Handwerkern, Konfiskationen, Ächtungen, Massenhinrichtungen, Anschläge der Verbannten gegen die Stadt, Handstreiche mit Hilfe des Pöbels, Verzweiflung bis zum Verzicht auf Freiheit, plötzlich wütende Revolutionen, Jakobinerklubs, geheime Gesellschaften wie die der Carbonari, verzweifelte Belagerung, systematische Entvölkerung.« Mit ähnlichen Verhältnissen bekam es Johanna während ihrer Regierungszeit in ihrem Königreich und in der Stadt Neapel zu tun. –

Die verschiedenen Zweige der Anjou waren mit Johanna als Thronerbin nicht einverstanden. Man wollte nicht hinnehmen, daß ein unmündiges Mädchen Königin von Neapel würde. Es meldete sich das Herzogtum Tarent mit Erbansprüchen, und zwar durch Katharina von

Courtenay, die Witwe nach Philipp, einem Bruder König Roberts; die Familie war kinderreich, und Katharina gab die Hoffnung nicht auf, einen ihrer Söhne zum König von Neapel zu machen.

Auch der jüngste Bruder König Roberts, Herzog Johann von Durazzo, war schlecht bedacht. Zwar konnte er sein Herzogtum auf das westliche Griechenland ausdehnen, aber auf dem italienischen Festland besaß er so gut wie nichts. Die Witwe des Herzogs Johann von Durazzo, Agnes von Périgord – Boccaccio schildert sie als sehr schön und sehr vergnügungssüchtig –, intrigierte wegen ihrer drei Söhne, die sie Neapel zu verbinden suchte. Sie rechnete mit der Hilfe des Papstes, der ihr durch ihren Bruder, den Kardinal Talleyrand, nahestand. Die Päpste regierten seit 1309 in Avignon, das mit der Provence im Besitz der Anjou war.

Allen Spekulationen der verschiedenen Familienmitglieder auf den Thron von Neapel machte König Robert durch sein Testament vom 16. Januar 1343 ein Ende. Darin wurde die etwa achtzehnjährige Johanna als Generalerbin und Nachfolgerin ihres Großvaters bestimmt; sie sollte allein regieren, ohne Einmischung von Verwandten, auch ohne ihren Gatten, der Königingemahl ohne königliche Rechte war. Nicht einmal im Fall des Ablebens Johannas stand ihm das Erbe des Königreichs und des Thrones zu; die Rechte gingen dann auf Johannas Schwester Maria über, von der König Robert wünschte, daß sie einen französischen Prinzen heiraten möge, aber keinen Anjou. Die alte Verwaltung, alle Einrichtungen und die Minister sollten erhalten bleiben, um der unerfahrenen Königin regieren zu helfen.

Vier Tage nach der Abfassung des Testaments starb König Robert am 20. Januar 1343. Seine Gemahlin Violante

(Jolanthe), eine Urenkelin Kaiser Friedrichs II., eine sehr fromme Frau, zog sich ins Kloster der heiligen Clara zurück, wo ihr Gatte bestattet worden war. Es war von König Robert erbaut worden.

Johanna I. war die erste weibliche Thronerbin innerhalb des Geschlechts.

Johanna als Königin

Beim Antritt der Regentschaft über das Königreich Neapel war Johanna achtzehn Jahre alt geworden. Es gibt einige zeitgenössische Schilderungen ihres Äußeren und ihres Charakters; sie sind sehr unterschiedlich und widersprechen einander, zumal die Legendenbildung um Johanna früh begann. Die einen nennen sie unzüchtig und blutdürstig, den Provenzalen hingegen gilt sie als »bono« und »bello reine Jano«. Äußerlich wird sie als weder mager noch füllig beschrieben, mit vollem Gesicht, von angenehmer Umgangsart, liebenswürdig und fröhlich.

Boccaccio nennt sie vornehm und heiter. Einmal wird sie mit der sagenhaften Semiramis verglichen, der kriegerischen assyrischen Königin der »hängenden Gärten«, die von ihrem Sohn ermordet worden sein soll, das andere Mal mit der zuchtlosen, herrsch- und habsüchtigen Messalina, der Gemahlin des Kaisers Claudius, die durch ihren Gatten getötet wurde. Sie glich beiden Frauen; der Vergleich mit ihnen hat prophetische Vorbedeutung.

Johanna I. war nach Karl I. von Anjou, Karl II. und ihrem Großvater Robert dem Weisen die vierte Herrscherin über Neapel. Das Königreich war keineswegs mehr die ehedem staufische, normannisch-sizilische Doppelmonarchie, die Jacob Burckhardt ein Kunstwerk, Benedetto Croce einen Musterstaat genannt hatten, doch immer noch groß und mächtig, ein Staat, der in Italien und Europa zu den ersten zählte. Nicht erst mit Johanna begann sein innerer und äußerer Verfall, er hatte schon in den letzten Jahren König Roberts begonnen und setzte sich unter Königin Johanna nur fort. Johanna wäre, auch wenn sie geistig und charakterlich anders gewesen wäre, den neuen Verhältnissen in einer sich verändernden Zeit kaum gewachsen gewesen.

»Ich bedaure nur etwas, nämlich das, daß der Schöpfer nicht einen Mann aus mir gemacht hat«, schrieb sie in einem Brief. Was aber hätte ihr das bei dem Mangel anderer Tugenden genützt?

Eine Reihe von Ursachen bedingte den Verfall. Ursachen, die in der Zeitenwende lagen, im desolaten Zustand Italiens überhaupt, aber auch in der Persönlichkeit der Königin und in einer sich immer heftiger bekämpfenden Familie; das Geschlecht war nicht nur gealtert, die Inzucht hatte es verdorben. Nimmermehr konnte die unter den Staufern vereint gewesene Doppelmonarchie jene Höhe erreichen wie unter Kaiser Friedrich II.; schon der verdüsterte Karl I. von Anjou hatte sie nicht halten können. Der lange Kampf, Neapel wieder mit Sizilien zu vereinen, blieb vergeblich und verbrauchte viel Kraft. In Italien griff ein Zustand der Erschlaffung um sich, zugleich der der Verwahrlosung und Verwilderung. Diese hatten auch aufs Papsttum übergegriffen. Auch bei noch so schlechten Päpsten war der Vatikan immerhin noch ein Mittelpunkt Italiens und Europas gewesen, der fehlte, seit die Päpste Rom verlassen hatten und in Avignon residierten. Allenthalben gewannen die zentrifugalen Kräfte die Oberhand.

Obwohl König Robert den Papst nicht als Lehnsherren über das Königreich anerkannt hatte, verhielt sich Klemens VI. seiner Vasallin gegenüber wohlwollend und hilfreich. Er brauchte sie als Nachbarin des Kirchenstaates, und er lebte in einem Lande, das im Besitz Johannas war. Nachrichten über die unguten Verhältnisse am Hof in Neapel, die den Papst in Avignon erreichten, beunruhigten ihn, erregten seinen Unwillen und stärkten den Entschluß, einzugreifen. Zunächst sandte er den Kardinal Aimery de Chatelus als Beobachter nach Neapel.

Familienintrigen

Der Niedergang des Geschlechts der Anjou, schließlich der Verlust ihrer Reiche und Länder in Italien und im südöstlichen Europa, wurden durch einen Prozeß der Selbstzerstörung ausgelöst und beschleunigt. Daran waren vor allem die Frauen der Anjou beteiligt, die Schwiegermütter Johannas und Marias, dann die Schwestern selber, die einen harten und häßlichen Kampf gegeneinander führten. Der Bischof von Neapel, Pierre Amiel, schrieb in einem Brief an den Papst: »Es gibt keine größere Schurkerei als die der Frauen, und insbesondere dieser beiden.«

Agnes von Périgord, die Witwe nach dem 1333 verstorbenen Herzog Johann von Durazzo, des jüngsten Bruders König Roberts, verheiratete gegen dessen testamentarischen Willen ihren Sohn Karl mit Maria, der Schwester Johannas. Sie hatte nun durch ihre Schwiegertochter Aussichten und Absichten auf den neapolitanischen Thron für ihren Sohn.

Die Verheiratung Karls von Durazzo mit Maria hatte kurze Zeit nach dem Tod König Roberts stattgefunden. Der Papst hatte ihr zugestimmt, wohl unter dem Einfluß des Kardinals Talleyrand, eines Bruders der Herzogin Agnes. –

Die ungarischen Anjou wiederum bemühten sich, Andreas als den Gemahl Johannas in der vollen Würde eines Königs zu wissen. Zu diesem Zweck erschien auch die Mutter des Andreas, die verwitwete Königin Elisabeth von Polen, in Neapel.

Die Anwesenheit der Königin Elisabeth verschlechterte die Beziehungen zwischen Johanna und ihrem Gatten.

Johanna betrachtete sich als selbständige Königin und wünschte, als solche von ihren Verwandten anerkannt zu werden. Königin Elisabeth aber versuchte ihren Sohn Andreas zu bewegen, die königlichen Rechte zu fordern; er habe, grollte Elisabeth, nicht deswegen eine Königin geheiratet, um nur für Nachkommenschaft zu sorgen.

Die Ungarn beurteilten den jungen Königingemahl mit viel Sympathie als ritterlich vornehmen Mann, der sich am leichtfertigen Hof in Neapel nicht wohlfühlen konnte. Petrarca lobte ihn wegen seines tiefen Gefühls und seiner Zartheit. Klemens VI. rühmte an ihm mancherlei Vorzüge, vor allem seine Tugendhaftigkeit. Boccaccio nannte ihn roh und grob, Donato Albanzani kurzweg einen Dummkopf. Die provenzalische Reimchronik beschreibt ihn als sehr schön, obgleich er schiele. –

Die Mutter des Andreas war wiederum mit einem ganzen Hof in Neapel erschienen, vor allem mit sehr viel Geld, um Anhänger gegen Johanna und für ihren Sohn Andreas zu bestechen. Der Papst hatte Andreas zum Titularkönig ernannt, das genügte der Mutter nicht.

Johanna haßte ihre Schwiegermutter. Fühlte Elisabeth ihren Sohn, den sie seiner Gattin entfremdet hatte, tatsächlich durch Johanna bedroht, oder redete sie ihm diese Bedrohung nur ein, um ihn zu bewegen, Johanna zu verlassen und mit ihr zu seinem Bruder, König Ludwig dem Großen von Ungarn und Polen, zurückzukehren?

Ende Februar reiste sie, nachdem sie genug Unfrieden und Verwirrung gestiftet hatte, allein ab und überließ ihren Sohn dem Schutz des ihr nahestehenden Hofjustitiars Grafen Bertrand von Les Baux. Zugleich mit ihr verließ der päpstliche Legat Pierre Améry Neapel, um den Papst in Avignon über die Verhältnisse in Neapel zu unterrichten.

Im Sommer 1345 stellte sich auch die Schwiegermutter Marias, Agnes von Durazzo, wieder in Neapel ein, um die Lage und Stellung ihres Sohnes Karl zu prüfen. Sie fand sie höchst mißlich; sie sah keine Aussicht, daß ihr Sohn durch eine Ausschaltung oder Verdrängung Johannas die Königswürde erreichen könnte und fand das Verhältnis der beiden Schwestern Johanna und Maria bis zur Feindseligkeit zerrüttet.

Agnes von Durazzo starb während ihres Aufenthaltes in Neapel eines plötzlichen und rätselhaften Todes. Es gibt darüber einen ausführlichen Bericht des Chronisten Domenico da Gravina, der dem Hause Durazzo nahestand. Er ist reich an novellistischen Details. Der erzählfreudige Autor, der um Einzelheiten Bescheid weiß, zweifelt nicht daran, daß die Herzogin vergiftet wurde.

Wer konnte der Urheber des Mordes sein? Doch nur die, welche am Ableben der Herzogin ein Interesse hatten. Das war in erster Linie Johanna, der die Herzogin dadurch verhaßt und gefährlich war, daß diese sich bemühte, nach einem etwaigen Ableben Johannas die Thronfolge für ihre Tochter Maria und deren Mann zu sichern. Konnte dieser Fall, das Ableben Johannas, nicht schon jetzt herbeigeführt werden? Dolche und Gifte lagen stets .bereit.

Johanna mußte die Freundschaft, die ihren Gatten mit ihrem Schwager verband, ein Ärgernis und verdächtig sein. Beide standen gegen sie. Sie war nicht bereit, auch nur den geringsten Teil ihrer Macht und Rechte preiszugeben. Das betonte sie in einem Brief an den Papst, der zu vermitteln versuchte. Für Johanna gab es nichts zu vermitteln; die Rechtslage war unantastbar; nach dem Testament ihres Großvaters war sie dessen alleinige Nachfolgerin in Würde und Rechten einer Königin.

Hatte der Papst zu viel Übles vom Hof in Neapel und über die Königin erfahren, daß er die Partei der ungarischen Anjou unterstützte? Außerdem war von Riesensummen die Rede, die von dieser Seite gezahlt wurden. Die verschwenderische Kurie in Avignon konnte sie brauchen.

Die Ermordung des Andreas

War der plötzliche Tod der Herzogswitwe Agnes von Durazzo nur ein Vorspiel gewesen? Kurze Zeit nach diesem rätselhaften Tod wurde in der Nacht vom 18. zum 19. September desselben Jahres der Gatte Johannas ermordet.

Johanna und Andreas hielten sich mit dem Hof im Schloß von Aversa, nördlich von Neapel, auf. Aversa war 1027 von den Normannen erbaut worden; es lag in einer anmutigen Gartenlandschaft.

Das junge Ehepaar befand sich am Abend des frühen Herbsttages in einem Raum im ersten Stockwerk des Schlosses; davor lag eine Galerie, von der eine Treppe in den Garten führte. Als Andreas von draußen gerufen wurde, trat er ins Freie, wurde erfaßt, gewürgt, am Balkon aufgehängt und von unten an den Füßen herabgezerrt. Als man den Toten durch den Garten wegschleppen wollte, erschien, eine brennende Kerze in der Hand, Hungaria, die ungarische Kinderfrau des Andreas, die ihn noch immer betreute; sie war durch den Lärm geweckt worden, aus dem Hause getreten, um nachzusehen, und stieß auf den im Gras liegenden Toten. Seine Haare waren ausgerissen, das Gesicht zerkratzt, die Nasenlöcher blutig, die Lippen durch Eisenhandschuhe aufgerissen, die Zunge hing als Fleischlappen aus dem Mund, der Hals trug Spuren eines Strickes, die Brust war eingeschlagen, der Unterleib auf schreckliche Weise entstellt. Das war das Ende des achtzehnjährigen Gatten Johannas. (L. Caste: L'assassinat du premier mari de la reine Jeanne. In: Mémoires de l'Institut historique de Provence, 1929). Nachforschungen wegen der Mörder blieben ohne Erfolg. Verdächtige gab es genug, auch unter den hohen Beamten Johannas, auch unter Johannas Verwandten, die durch diesen Mord Johanna diskriminieren und vom Thron verdrängen wollten. Schließlich blieb der Verdacht auf Johanna haften, zwar nicht als Mörderin, doch als Anstifterin zum Mord. Ihre Rechtfertigungen waren nicht glaubhaft, ihre Aussagen widersprachen einander. Sie behauptete, geschlafen und nichts gehört zu haben, während der Mord vor ihrer Tür begangen worden war. Bei der Untersuchung des Mordes durch die Kurie nannte der Papst Johanna als Anstifterin.

Robert von Tarent hielt schon wenige Wochen nach der Ermordung des Andreas um die Hand Johannas an, die, so wurde vermutet, bereits die Geliebte Roberts war. Er wurde von Johanna in hohe Ämter eingesetzt, so als General des Königreichs, und wurde mit der Regelung der Finanzen betraut. Johanna ersuchte den Papst, ihrer Vermählung mit Robert von Tarent nicht entgegenzustehen.

Anscheinend waren die Sympathien Johannas zu Robert von Tarent erloschen, denn es geschah etwas Unerwartetes; 1346 heiratete Johanna den Bruder Roberts, Ludwig von Tarent, den Sohn des 1321 gestorbenen Philipp I. von Tarent und der Katharina von Courtenay. Diese, die so viel Wirbel in Neapel hervorgerufen, hatte also ihren Willen durchgesetzt, daß einer ihrer Söhne König von Neapel wurde. Dem Einfluß auf ihren Sohn ist zuzuschreiben, daß dieser sich von Anfang an völlig anders verhielt als der erste Gatte Johannas; er riß die königliche Herrschaft an sich, drängte Johanna in den Hintergrund und entmachtete sie.

Die Flucht Johannas aus Neapel

König Ludwig der Große von Ungarn und Polen ging daran, die Ermordung seines Bruders Andreas zu rächen. Zur Zeit der Ermordung des Andreas war er zweiundzwanzig Jahre alt, ein mächtiger König über Ungarn, Moldavien, die Walachei, Galizien, Serbien, Kroatien und Dalmatien, schließlich durch seine Mutter auch König von Polen. Die aus italienischem Geist prächtig erbauten Residenzstädte waren Buda und Wischegrad, die geistige Entwicklung glich der des Frühhumanismus in Prag unter Kaiser Karl IV. Die Verwaltung des großen Reiches durch italienische Beamte war vorzüglich geordnet.

Dem König Ludwig von Ungarn waren zwei Männer vorbildlich, Alexander der Große und der ungarische König Ladislaus der Heilige (1077–1095); ihnen eiferte er als Herrscher und Eroberer und in seiner Frömmigkeit nach. Hochgemuten Geistes, in allen ritterlichen Künsten geübt, war er äußerlich groß und stattlich, offenen Blicks, das volle Haar war gelockt, das bärtige Gesicht lächelte; seine Lippen waren wulstig, ein kleiner Schaden der linken Schulter fiel kaum auf. In zweiter Ehe war er mit Elisabeth von Bosnien vermählt.

Er regierte zunächst mit seiner klugen und erfahrenen Mutter Elisabeth von Polen; sie starb 1381, ein Jahr vor ihrem Sohn. (Anton Pón: Nágy Lajos, Budapest 1892) – Johanna hatte durch ihren Großjustitiar Bertrand von Les Baux ein öffentliches Strafgericht über die vermeintlichen Mörder ihres Gatten abhalten lassen; dabei taten sich, wie Domenico da Gravina und Boccaccio berichten, die Volksmassen gütlich, indem sie die Verurteilten mit

Gabeln und glühenden Zangen marterten, deren Herz und Lunge aßen und die aus der Asche gescharrten Knochen als Andenken mitnahmen.

Auch dieser Schauprozeß befreite Johanna nicht von dem Verdacht, die Anstifterin zu dem Mord gewesen zu sein.

König Ludwig von Ungarn brach auf, um an Johanna Rache zu nehmen. Der Anmarsch seiner Truppen turbulierte das an und für sich unruhige Italien. Johanna beauftragte ihren Schwager Karl von Durazzo und Robert von Tarent mit der Verteidigung Neapels, aber König Ludwig von Ungarn genoß die Sympathien der Italiener und hatte in Kaiser Ludwig dem Bayern, im Markgrafen von Brandenburg und in Österreich Verbündete. Dazu kam Cola di Rienzo, der Sohn eines römischen Gastwirts, der sich, getragen von der Gunst der Römer, zum »Tribun der Freiheit, des Friedens und der Gerechtigkeit« ausgerufen hatte; sein Ziel war die Wiederherstellung der alten Einheit und Größe Italiens. Cola di Rienzos Revolte hatte in vielen Städten und Landschaften Italiens gezündet und kam, da sich Cola di Rienzo dem König Ludwig anschloß, diesem zugute.

Am 11. Januar 1348 erschien König Ludwig an der Spitze seines Heeres, von Dalmatien kommend, in Benevent, nur noch drei Tagemärsche von Neapel entfernt. Am 15. Januar floh Johanna in die Provence. Es muß überstürzt geschehen sein, denn ihr Gatte Ludwig von Tarent fand nur mit Mühe ein Schiff zu seiner Flucht. (Oder hatte das Johanna veranlaßt?) Sie gelang ihm erst an dem Tag, als König Ludwig in Aversa eintraf, in dem Schloß, in dem sein Bruder Andreas ermordet worden war. Am folgenden Tag unterwarf sich ihm Neapel.

Grausamkeit war schon ein Charakterzug des ersten Anjou in Italien, Karls I.; diese Grausamkeit hatten die

Nachkommen Kaiser Friedrichs II. in voller Härte zu spüren bekommen. Aber sie war auch ein allgemeiner Zug in der verwahrlosten und verrohten Zeit.

Die in Neapel anwesenden Anjou hatten ihren großen und mächtigen Verwandten begrüßt; Ludwig war ihnen gegenüber freundlich. Aber schon zwei Tage nach seinem Einzug ließ er sie während eines Banketts gefangennehmen, um jeden Widerstand im Keim zu ersticken. Er ließ Karl von Durazzo, den Gatten Marias, der Schwester Johannas, köpfen. Wollte er dadurch deutlich machen, daß er von nun an als einziger Anjou auch über Neapel herrschen wollte?

Auch die Neapolitaner, denen er in den ersten Tagen freundlich entgegengekommen war, schüchterte er durch seine unerbittliche Strenge und Härte ein. Das durch eine Hungersnot aufgebrachte Volk lehnte sich auf. Schließlich begann, wie in ganz Europa, auch in Neapel die Pest zu wüten.

Johanna in der Provence

Nach einem freundlichen Empfang in Marseille am 29. Januar 1348, dem Johanna die alten Rechte bestätigte, reiste sie in die Provence. Sie war ihr nicht gut gesinnt. Ihrem Gatten wurde vorgeworfen, die von Karl II. von Anjou der Provence verliehenen Rechte zu mißachten. Schon machte sich bemerkbar, daß Ludwig von Tarent als Gatte Johannas die Zügel der Regierung in seine Hände nahm. Der Dauphin Humbert II. von Vienne machte Johanna den Besitz der Provence streitig. In Aix wurde Johannas Liebhaber Enrico Caracciolo Rosso mit seinem Gefolge gefangengesetzt, weil man ihn der Beteiligung am Mord des Andreas bezichtigte. Dieser wies ihr Châteaurenard zum vorläufigen Aufenthalt an; das bedeutete eine Art von Gefangenschaft.

Nicola Acciajuoli, der einflußreiche Florentiner Bankier, der schon dem Großvater Johannas durch seine weitreichenden Beziehungen gedient hatte, erwirkte den Umzug Johannas nach Avignon. Da brach auch hier die Pest aus; in wenigen Tagen starben 11 000 Menschen. Der Papst – im Gegensatz zu den meisten Kardinälen und Würdenträgern – und Königin Johanna hatten Avignon nicht verlassen, was als mutig empfunden und gelobt wurde. In der übervölkerten Stadt wurde Johanna in einem ramponierten Haus in der Nähe der Kirche St. Martin untergebracht. »Der Mistral hatte die Fenster zerschlagen, die Türen hatten Risse, es fehlten die Schlösser, die Kamine drohten einzustürzen . . .«

Dreierlei Dinge hoffte Johanna durch den Heiligen Stuhl in Ordnung bringen zu lassen: Die Anerkennung ihrer Ehe mit Ludwig von Tarent – Johanna war schwanger –;

die Erklärung ihrer Unschuld am Tod ihres Gatten Andreas durch eine Untersuchungskommission; die Vorbereitung zu ihrer Rückkehr nach Neapel. –

Die schlimmen Verhältnisse in Neapel, verursacht durch die rücksichtslose Regentschaft König Ludwigs von Ungarn, minderten die Sympathien des Papstes für Ludwig. Die grausame Hinrichtung des Herzogs Karl von Durazzo, des Gatten der Schwester Johannas, trug das Ihre dazu bei. Schließlich brachen in Melfi durch den Sohn des Acciajuoli ausgelöste Unruhen aus, sie griffen auf das Königreich über, angeführt durch Werner von Urslingen. König Ludwig von Ungarn wurde der Unruhen nicht Herr, zumal sich auch Venedig feindselig gegen ihn stellte. Er verließ Neapel, wo die Pest innerhalb zweier Monate 64 000 Menschen hingerafft und das Heer dezimiert hatte. Im Mai schiffte er sich insgeheim, um von den Venezianern nicht abgefangen zu werden, in Manfredonia ein. Am 18. Juni zog Werner von Urslingen mit seinen Söldnern in Aversa ein, die Vornehmen hißten auf dem Schloß die Fahnen der Königin Johanna.

Johanna tat einen geschickten Schachzug zu ihrem und des Papstes Vorteil.

Das Comptat Venaissin, in welchem Avignon lag, war während des Kreuzzuges gegen die Albigenser vom Papst dem Grafen von Toulouse gewaltsam abgenommen worden. Avignon, eine kleine Provinzstadt – die Hauptstadt der Provence war Carpentras –, gehörte Johanna als Besitzerin der Provence. Um sich dem Papst für die günstige Regelung ihrer Angelegenheiten dankbar zu erweisen, verkaufte sie ihm Avignon für 80 000 Florinen; das Geschäft wurde innerhalb dreier Tage abgeschlossen.

In den Regesten der provenzalischen Kanzlei steht neben der Eintragung von Verkauf und Kauf Avignons der

Vermerk: »Venditio maledicta« (Verfluchter Verkauf). Der Papst war Herr im eigenen Haus geworden, und Johanna konnte das Geld für die geplante Rückkehr nach Neapel brauchen.

(Avignon wurde erst 1790 an Frankreich angeschlossen. 1797 leistete Papst Pius VI. unter dem Druck Napoleons, der mit der Eroberung Italiens begonnen hatte und den Kirchenstaat bedrohte, Verzicht.)

Wieder in Neapel

Was Johanna nach ihrer Rückkehr in Neapel erwartete, war ein doppelter Widerstand; der ihres Gatten Ludwig von Tarent, der die königlichen Rechte für sich in Anspruch nahm und Johanna immer mehr von den Regierungsgeschäften zurückdrängte, und der Widerstand König Ludwigs von Ungarn, der Teile seiner Truppen im Lande zurückgelassen hatte. Schließlich bekämpften sich Johannas Gatte und ihr Schwager, die Brüder waren. (Johannas Schwester Maria hatte in zweiter Ehe Philipp von Tarent geheiratet, den Bruder Ludwigs von Tarent.) Jeder der beiden stellte Ansprüche auf Neapel. Auch König Ludwig von Ungarn machte sie geltend, wodurch er aus Neapel, Ungarn und Polen ein Großreich der Anjou gründen wollte. Die Kämpfe untereinander brachten niemandem einen Vorteil, sie förderten die Selbstzerstörung der Anjou und ihrer Länder.

Johanna setzte sich zur Wehr und wurde dabei von ihrem Geliebten Enrico Caracciola, von ihren Anhängern im neapolitanischen Adel und vom Volk unterstützt, die in ihrem Gatten einen Usurpator des Thrones sahen und ihn mißachteten.

Es kam zum offenen Bruch zwischen Johanna und ihrem Gatten, der Enrico Caracciola gefangensetzen und töten ließ, die Königin selbst zu seiner Gefangenen machte.

König Ludwig von Ungarn brach den Waffenstillstand, der mit Hilfe des Papstes geschlossen worden war, und setzte den Krieg gegen Neapel fort.

Wieder wurde zwischen Ludwig von Tarent, der die königliche Macht an sich gerissen hatte, und König Ludwig von Ungarn um Aversa gekämpft. Die Ungarn belagerten Neapel. Ein Komplott des Heiligen Stuhls gegen König Ludwig, die neu aufflammenden Feindseligkeiten Venetiens gegen ihn, schließlich ein Sieg Ludwigs von Tarent schwächten die Lage der Ungarn so entscheidend, daß König Ludwig einem vom Papst ausgehandelten Friedensvertrag zustimmen mußte.

Sieger blieb Ludwig von Tarent. Er wurde zum Titularkönig von Neapel erhoben, also wieder nur als Mitregent Johannas. Auch die Thronfolge wurde geregelt, sie fiel an die Kinder Johannas, waren keine vorhanden, so an Johannas Schwester oder deren Kinder. Ein Sohn und zwei Töchter Johannas waren als Kinder gestorben, also würde der Thron ihrer Schwester Maria zustehen. Ludwig von Tarent suchte und fand Wege, seine Herrschaft zu sichern und auszubauen.

Die machtlose Königin

Außer seiner Gier nach Macht besaß der zweite Gatte Johannas wenige hervorstechende Eigenschaften. Die Urteile über ihn sind auch hier widersprüchlich. Er wurde kraftlos, ja feig genannt, ein stultus puer, den Nicola Acciajuoli als Großseneschall Neapels auf den Thron gebracht und zu dem gemacht hatte, als was er erscheine. Die Lobpreisungen Petrarcas klingen verdächtig überschwenglich: der König sei liebenswert, vornehm, klug, standhaft und verkörpere eine Überfülle ziviler und militärischer Tugenden; Italien werde sich immer rühmen, einen solchen Mann gehabt zu haben.

Er stand im Schatten des Nicola Acciajuoli (1310–1365), der, wie schon angedeutet, einer florentinischen Bankiersfamilie entstammte und selber ein ebenso geschickter Bankier wie schlauer Diplomat und tüchtiger Feldherr war und in seinem Onkel, dem Bischof von Florenz, einen Rückhalt hatte. Nicola Acciajuoli war schon unter Johannas Großvater, König Robert dem Weisen, Großmarschall gewesen. Neben seinen Geld- und Staatsgeschäften war er ein Liebhaber, Kenner und Förderer der Künste, rühmte sich der Freundschaft Petrarcas, gründete einen geistlich-geistigen Ritterorden, baute die prachtvolle Kartause im Val d'Ema bei Florenz, huldigte dem Geist des Humanismus. Die einen nannten ihn einen Mann von großer Noblesse, andere einen skrupellosen Spekulanten. Er erwarb umfangreiche Güter in Apulien und Griechenland. Er sei, sagte man von ihm, ein echter Florentiner, kalt und berechnend, realistisch denkend, klug, delikat, glatt, ironisch und geizig. Er soll der Liebhaber der Katharina von Courtenay, einer Schwiegertochter König Roberts des Weisen, gewesen sein und die Liebschaften und Abenteuer Johannas und ihres Gatten gefördert haben. Er selber, schreibt er in einem seiner vielen, autobiographisch aufschlußreichen Briefe, fühle sein Herz zu großen Dingen berufen. Man nannte ihn »Acciajuoli den Großen«. Andere Zeitgenossen hielten ihn für größenwahnsinnig.

Ein wichtiges Ereignis fällt in die Zeit der Rückkehr Johannas aus der Provence nach Neapel, der Tod Klemens' VI., dem die hl. Birgitta von Schweden kurz vor seinem Tod ihre Offenbarung seines harten Strafgerichts mitgeteilt hatte; den neuen Papst Innozenz VI. begrüßte sie nach seiner Wahl mit hoffnungsvollen Weissagungen. Innozenz VI. war ein ernster und strenger Mann; seine Bemühungen, die Herrschaft des Papsttums auch im Kirchenstaat neu zu festigen, obwohl er noch in Avignon residierte, führten zu Spannungen mit der stärksten weltlichen Macht in Italien, dem Königreich Neapel. Die Päpste hatten für diese Auseinandersetzungen den spanischen Kardinal Ägidius Albornoz betraut, den Gregorovius wegen seiner Klugheit, Energie, Umsicht und Vornehmheit den genialsten Staatsmann genannt hat, der je im Kollegium der Kardinäle gesessen. Er wurde der Widersacher, aber auch Gesprächspartner Nicola Acciajuolis, des ersten Mannes am Hofe König Ludwigs.

Johanna war seit ihrer Rückkehr aus der Provence zu einem Schattendasein gezwungen worden, das sie, wie sie dem Papst schrieb, als Demütigung empfand; sie lebe in »angustiis«. Die zehn Jahre, in denen Johanna keinen Anteil an der Regierung nehmen durfte, sollen summarisch zusammengefaßt werden, um den Übergang zu ihrer neuerlichen Machtergreifung nach dem Tod ihres zweiten Gatten zu verdeutlichen.

Diese zehn Jahre waren ein einziger Kriegszustand mit Feldzügen gegen verschiedene Machthaber oder solche, die die Macht an sich reißen wollten. Wiederum waren es vor allem Familienrevolten der Herzöge von Durazzo, dann der dreifache, stets gescheiterte Versuch, die Insel Sizilien zurückzuerobern, um die sikulische Doppelmonarchie Karls I. von Anjou wiederherzustellen. Robert und dessen Bruder Ludwig von Durazzo versuchten, Apulien und die Provence für sich zu erobern; Norditalien bekämpfte Neapel in Aufständen und Kriegen, die Matteo Villani ein riesiges Geschwür nennt, das sich entleerte und woran das Land hätte sterben können. Der Krieg um die Provence, durch den Onkel der Herzöge von Durazzo, den Kardinal Talleyrand von Périgord, geschürt, in den auch der französische Dauphin Ludwig von Valois, der Bruder des französischen Königs, eingriff, konnte Neapel die Provence nicht rauben; auch im Krieg um das Piemont blieb Neapel erfolgreich.

Endlich trat Ruhe ein. So groß der Jubel des Volkes und der Dichter über den endlichen Frieden war, es war nur ein Scheinfrieden. Zu viele Fragen waren ungelöst, zu viel Vergeltung und Rache standen noch aus. Und der Hof in Neapel? Sein Glanz und seine Pracht, sein festliches und lustvolles Leben wurden weithin gerühmt und besungen. Untergründig verband sich ihnen eine zur Verdüsterung neigende Askese, Mystizismus und Bigotterie, ein Erbe der Anjou.

Auch der Hof war voll Spannungen. Die Königin lebte abseits und abgesondert in der Vicaria, überwacht, mit einiger Dienerschaft; sie konnte Besuche empfangen und Festlichkeiten abhalten und auf ihre Art leben, solange sie sich nicht in Regierungsgeschäfte einmischte.

Im Castel dell'Ovo, dem berüchtigten Gefängnis der

letzten Staufer unter Karl I. von Anjou, wurde Ludwig von Durazzo festgehalten, angeblich nicht wegen seines Widerstandes gegen Neapel, sondern wegen Duldung der Herätiker, die sich in verschiedenen Sekten sammelten. Die Königin hatte genug Spione und Zwischenträger, um zu erfahren, was außerhalb der Mauern der Vicaria vorging, und sie hielt es in ihren Aufzeichnungen fest. Unterm 19. April 1362 notierte sie: »Der König ließ besagten Herzog (Ludwig von Durazzo) in sein Schloß in Neapel führen und ließ für besagten Herzog ein Bad herrichten; dann ging besagter Herzog am Abend des Tages, an dem er gekommen war, ganz zornig weg, weil der König nicht mit ihm gesprochen hatte, und kehrte ins Castel dell'Ovo zurück.«

Kurz nach diesem Vorfall, am 24. Mai, starb König Ludwig von Tarent, höchstwahrscheinlich an der Pest, die aus Nordeuropa nach Italien vorgedrungen war.

Petrarca schrieb an Nicola Acciajuoli: »Hätte er länger gelebt, hätte er einen glücklicheren Tod gehabt und einen glorreichen Namen hinterlassen.« Hätte er es?

Er habe in einer Zeit gelebt, in der ein Sturm den anderen ablöste. War er nicht vielfach selber der Entfesseler dieser Stürme gewesen? Emile K. Léonard sagte von ihm, er habe nichts gelöst, er habe nur eine wie kaum je gefährliche Situation verlängert.

Konnte diese von Johanna, die nach dem Tod König Ludwigs wieder Alleinherrscherin geworden war, gemeistert werden?

247

Johannas dritter Gatte Jakob von Mallorca

Die selbständige Regierung Johannas begann mit der Trauerfeier für ihren Gatten König Ludwig am 5. Juni 1362. Man hatte dafür die Rückkehr Nicola Acciajuolis aus Messina abgewartet. Vom Thron herab verkündete Johanna feierlich die Übernahme der Regierungsgeschäfte, dann begab sie sich ins Neue Schloß.

Das erste Opfer des sogleich wieder ausgebrochenen Familienstreites wurde Ludwig von Durazzo, den König Ludwig von Tarent im Castel dell'Ovo gefangengehalten hatte. Neuen Widerstand durch ihn befürchtend, ließ Johanna ihn durch Gift beseitigen, Robert von Tarent hielt sich im Torre de Grecco grollend abseits. Zwischen Philipp von Tarent und dessen Gemahlin Maria, die beteuerte, an der Ermordung ihres Schwagers Ludwig von Durazzo nicht beteiligt gewesen zu sein, und Johanna kam es durch die Vermittlung Nicola Acciajuolis zu einem erträglichen Verhältnis.

Man bemühte sich, eine Wiederverheiratung Johannas zu verhindern. Man mißtraute ihr. Sie hatte den sehr jungen Karl, den Sohn des beiseite geschafften Ludwig von Durazzo an den Hof berufen und als Sohn adoptiert. (Dieser, Karl III. von Durazzo, der Kleine genannt, sollte König von Neapel und Ungarn und der Mörder Johannas werden.)

Frankreich machte für eine Wiederverheiratung Johannas ein Angebot für einen Valois, den Grafen Philipp von der Tourraine, den vierten Sohn König Johanns II. von Frankreich. Das Ansehen Johannas hatte also keineswegs gelitten. Es gab schon einige verwandtschaftliche Beziehungen der Anjou zu den Valois. Johanna lehnte ab: Sie habe nicht die Absicht, sich noch einmal zu verheiraten, äußerte vielmehr den Wunsch, in ein Kloster zu gehen. Wer nahm eine solche Redensart für bare Münze?

Schon zwei Monate nach dem Tod ihres zweiten Gatten bat sie, die sich keinen neuen Gemahl von außen aufzwingen lassen wollte, Papst Urban V. um die Erlaubnis, den jungen Jakob von Mallorca heiraten zu dürfen. In den Briefen an den Papst erklärte sie, keinen Anjou mehr heiraten zu wollen; es hatte deswegen schon genug Verwicklungen und Auseinandersetzungen gegeben.

Noch leistete Frankreich Widerstand gegen den Plan Johannas; durch ihre Heirat mit einem Valois wäre das Königreich Neapel mit der französischen Krone verbunden worden. Urban V. gab seine Einwilligung zur Vermählung Johannas mit Jakob von Mallorca, der am 16. Mai 1363 mit sieben Galeeren in Neapel ankam; sogleich wurde die Hochzeit gefeiert.

Welch einen seltsamen dritten Gatten hatte sich die seltsame Johanna gewählt!

Jakob von Mallorca hatte trotz seiner Jugend schon ein hartes Leben hinter sich. Sein Onkel König Peter III. von Aragonien hatte 1344 gewaltsam Mallorca mit Aragonien vereinigt, und, um allen Widerstand von dorther zu brechen, den Knaben Jakob gefangengenommen und vierzehn Jahre in einem eisernen Käfig gefangengehalten, aus dem zu entkommen Jakob gelungen war.

Sogleich nach der Hochzeit erkrankte er an einem gefährlichen Fieber. Jakob hatte eine schwächliche Gesundheit, außerdem wurde ihm Lasterhaftigkeit nachgesagt. War er auch verrückt, wie behauptet wurde?

Hatte Johanna nur eine Marionette heiraten wollen? Sie hatte ihrem Gatten von vornherein alle Rechte auf den Thron und eine Mitregentschaft abgesprochen; sie wollte

nicht noch einmal wie von Ludwig von Tarent gedemü-
tigt und zur Seite geschoben werden. War also Jakob von
Mallorca nach seiner langen Gefangenschaft in eine neue
Gefangenschaft geraten, in die einer herrschsüchtigen
und liebestollen Frau?

Es gibt zahlreiche Briefe des Bischofs von Neapel Pierre
Amiel, die den neuen Papst Urban V. über die Mißver-
hältnisse in Johannas Ehe genau unterrichten. Johanna
selber schrieb darüber einen ausführlichen Bericht an den
Papst, wobei zu beachten ist, daß die Klagen und Anklagen nur von einer Seite vorgebracht werden. Johanna
schrieb: »Heiligster Vater! Acht Tage, nachdem ich mich
durch die Gnade Gottes, nach der Zustimmung Eurer
Heiligkeit und durch die notwendige Erlaubnis mit meinem Gatten vereinigt hatte, wurde er von Krankheiten
befallen, die mich sehr beunruhigten. Ich vermute, daß
sie eine Folge seiner Jugend und des Unrats seiner langen
Gefangenschaft seien, die seine Gefühle abgestumpft haben könnte. Aber nach einigen Tagen befiel ihn ein hefti-
ges Fieber, in welchem er einige unsinnige Handlungen
beging, worauf ich auf Anraten der Ärzte aus seinem
Zimmer Waffen, Steine und hölzerne Gegenstände, womit er handgreiflich werden könnte, entfernen ließ. Das
habe ich in aller Stille getan, weil ich meinte, daß seine
Krankheit die Ursache solcher Anfälle sei. In der Folge
machte ich die Erfahrung, daß er meist bei Mondwechsel,
vor allem nach Vollmond, Anfälle von Irrsinn hatte, zeitweise durch lichte Augenblicke unterbrochen. Ich hielt
das geheim und konsultierte mehrere berühmte Ärzte,
welche Mittel für seine Gesundung angewendet werden
sollten. Da wir keines fanden, wandte ich alle Sorgfalt auf
seine Ernährung, folgte den Anweisungen der Ärzte für
eine ihm bekömmliche Abwechslung und behandelte ihn

sehr aufmerksam und ausnehmend liebenswürdig. Aber die erhoffte Genesung stellte sich nicht ein. Ich weigerte mich nicht, sein Lager zu teilen, trotz der offensichtlichen Gefahr und des tiefen Kummers meines Herzens. Vor kurzem, beim Wechsel des Mondes, knirschte er am Morgen wie ein Irrer mit den Zähnen und schrie, daß er Herr und Generalreformator der Justiz im Königreich sei . . ., daß er urteilen werde, wie er wolle, ohne Rücksicht auf meine Person, und daß ich ihm einen Bericht über alle Pensionen und alle erteilten Rechte geben müsse, denn er wolle alles wissen. Ich beruhigte ihn, damit sein Wahnsinn sich nicht steigere, und befahl, um ihn zufriedenzustellen, ihm diese Berichte vorzulegen. Meine guten Absichten und mein Wohlwollen mißachtend, verhielt er sich anmaßend . . . Ich bat ihn, sich mit seinem ehrenhaften Stand und meiner Zuneigung zufriedenzugeben, und er möge sich nicht gegen die Versprechen vergehen, die er bei der Vermählung gegeben habe und die durch die Bulle des Heiligen Stuhles bestätigt wurden . . . Höchst aufgebracht, antwortete er mir, er widerrufe, was er öffentlich geäußert habe . . ., und er schrie mit Gesten der Verachtung, er beabsichtige nicht, dem Papst oder der Kirche zu gehorchen. Ich riet ihm, öffentlich nicht so zu reden. Er wandte sich gegen mich und sagte, daß er das, was er eben gesagt, öffentlich erklären werde. Ich fragte ihn, was er zu tun gedenke. Er antwortete, daß er selbst den Leib Christi mit einem Messer schlagen würde. Gewiß ist, daß er schon an die fünfzig Schenkungsurkunden an seine Verwandten ausgefertigt hat über nicht weniger als 3000, 2000 und 1000 Florin und daß er stets die Rechte des Königs für sich in Anspruch nehmen werde. Sich unverschämt auf mich stürzend, faßte er mich in Anwesenheit mehrerer Zeugen an den Armen, daß sie meinten, ich würde zu Boden fallen. Ich befahl jedem eindringlich, sich nicht von der Stelle zu rühren, indem ich ihnen vorstellte, daß er das nicht aus böser Absicht tue, sondern um mich zu unterhalten, und daß er mich nicht verletzen wolle. Er wandte sich gegen mich und ließ sich zu infamen Beleidigungen gegen mein Ansehen hinreißen, und er schrie, ich habe meinen Mann ermordet, ich sei eine Dirne, ich hielte mir Zuhälter, die nachts Männer zu mir führen ... Als ich merkte, daß solche Dinge nicht geheim gehalten werden konnten und zum Gespräch der ganzen Stadt wurden, so daß davon selbst der ehrwürdige Kaiser von Konstantinopel und der Prinz von Achaja und Tarent erfuhren, schickte mir die Kaiserin für diese Nacht ihre Hofdame und ihre Schwester, die Gräfin von Andria, um mir Gesellschaft zu leisten. Sie schliefen mit mir in einem Zimmer, zeigten sich sehr besorgt um mich, die Wahnsinnsanfälle meines Mannes befürchtend, und am Morgen fand man ihn in einem schlimmen Zustand ... Solche Ausbrüche des Wahnsinns werden plötzlich von Augenblicken der Geistesklarheit unterbrochen ... Schließlich entschied man, daß mein Gatte und ich nicht mehr allein in einem Bett oder in einem Zimmer zusammenkommen dürften, bevor man nicht genau wußte, was man zur Sicherheit meiner Person tun könnte.«

So weit einer der Berichte Johannas an den Papst. »Zu Ostern«, schrieb der Bischof Pierre Amiel an den Papst, »gab es so viele Skandale, daß es Tage bedurfte, sie zu beruhigen, ohne die Spuren tilgen zu können.« Jakob von Mallorca bestand darauf, alle Rechte eines Königs zu erhalten, »aber die Königin hat ihn in ein Gefängnis gesperrt«, schreibt der Chronist von Bologna, »so wie man einen Eber mit einer Wildsau zusammensperrt.«

Die erste Rückkehr des Papstes nach Rom

Höchstwahrscheinlich hatte Johanna zum dritten Male in der Hoffnung auf einen Thronerben geheiratet. War mit diesem im Hinblick auf den Gesundheitszustand Jakobs von Mallorca zu rechnen? Und Johanna war vierzig Jahre alt geworden. Sollte Johanna ohne Kinder sterben, wurden nach dem Testament des Großvaters nicht Jakob von Mallorca, sondern Johannas Schwester Maria oder deren Kinder Thronerben. Maria hatte mit Philipp II. von Tarent, dem Bruder von Johannas zweitem Gatten, drei Töchter, die sie aber als Konkurrentinnen im Fall des Ablebens Johannas betrachtete. Ausländische Mächte hatten Heiratswünsche und stellten verwandtschaftliche Ansprüche. Es gab deswegen Auseinandersetzungen zwischen Johanna und dem Papst, der in Heiratsangelegenheiten das letzte Wort sprechen wollte und konnte. Er hatte in Neapel den in seinem Sinne wirkenden Bischof Pierre Amiel, den Kardinallegaten Gil Albornoz, schließlich den anonymen Agenten Nicola Spinelli da Giovanizzo, der später Minister Johannas wurde.

Während der Verhandlungen Johannas mit dem Papst – es war seit 1362 Urban V., genannt lux mundi – verbesserten sich die Verhältnisse zwischen Neapel und Avignon zusehends. Der Papst griff in die italienischen Verhältnisse mit wachsender Härte ein. Er geriet mit Mailand in einen kriegerischen Konflikt; der Tyrann von Mailand, Barnabò Visconti, wurde exkommuniziert. Der Papst rief zu einem Kreuzzug gegen Mailand auf, das bei Solaro eine entscheidende Niederlage erlitt.

Das Eingreifen des Papstes in Italien, seine Obsorge um den Kirchenstaat deuteten auf die Vorbereitung eines wichtigen Ereignisses hin: die Rückkehr des Papstes nach Rom. Gegen die weltliche Macht des Papstes durch den Kirchenstaat aber stellte sich nicht nur Mailand; der Kirchenstaat war von feindlichen Städten und Ländern umstellt, die eine Rückkehr des Papstes nach Rom verhindern wollten. Der Papst hielt sich an den Grundsatz »divide et impera«. Aus der Not eine Tugend machend, schloß er mit Neapel einen für beide Seiten befriedigenden Vertrag. Auch Johanna konnte davon nur Vorteile haben, denn ihre Regentschaft war alles andere als unangefochten. Der Gatte ihrer Schwester Maria, Philipp von Tarent, stellte sich, damit der Familienstreit der Anjou ja nicht ende, gegen Johanna. Die gute Verbindung zwischen Johanna und dem Papst unterhielt der Neffe des mächtigen und umsichtigen Kardinallegaten Gil Albornoz, Gomez Albornoz, den Johanna zum Generalkapitän von Neapel machte.

Da trat ein Ereignis ein, das für beide Seiten wichtig war; 1365 starb in Neapel Nicola Acciajuoli. Er war schon als Florentiner kein Freund der französischen Päpste. Boccaccio hat ihn ausführlich negativ gewürdigt und in novellistischer Form lebendig erhalten. Nicola Acciajuoli wurde in der von ihm erbauten prachtvollen Kartause im Val d'Ema bei Florenz bestattet, für die Andrea Orcagna ein prächtiges Grabmonument schuf. Ob Johanna den Tod des hervorragenden Bankiers und Staatsmannes bedauerte, der unter ihrem zweiten Gatten so einflußreich gewesen? Der von Acciajuoli protegierte Sohn Angelo und der Neffe Francesco Buondelmonte wurden verhaftet, jedoch auf den Protest der auch in Neapel einflußreichen Florentiner Bankiers freigelassen; Angelo Acciajuoli wurde von Johanna ihrem Großseneschall zugewiesen. – Wieder einmal versuchte Johanna, die Erbfolge zu sichern. Sie bestimmte ihren Vetter Karl III. von Durazzo, den Kleinen, zu ihrem Nachfolger und vermählte ihn mit ihrer Nichte Margarete von Tarent. Daraufhin verließ 1365 Jakob von Mallorca Neapel und begab sich nach Spanien in den Dienst von Heinrich Transtamara, Königs von Kastilien, der sich gegen seinen Bruder Peter den Grausamen erhoben hatte. Kurz nach der Abreise Jakobs von Mallorca erlitt Johanna eine Fehlgeburt. Jakob wurde im Kampf gefangengenommen und sollte den Aragonesen ausgeliefert werden, die ihn seit seiner Kindheit vierzehn Jahre gefangengehalten hatten. Der Papst setzte sich für seine Freilassung ein, und es ist bezeichnend, daß er Johanna erst auffordern mußte, das auch zu tun.

Johanna gelang es, ihr Königreich innenpolitisch in Ordnung zu bringen und gute und friedliche Verhältnisse herzustellen. Außenpolitisch wurde sie, weil sie sich bemühte, dem Papst die Rückkehr nach Rom zu sichern, in kriegerische Auseinandersetzungen verwickelt. Weil die Lage für Urban V., den die Italiener als Franzosen nicht mochten, in Rom unsicher war, lud Johanna ihn nach Neapel ein.

Am 30. April 1367 verließ Urban V. Avignon und kam am 9. Juni in Orvieto an, wo er mit einem Aufstand der Bevölkerung empfangen wurde. Der Papst war in Orvieto im Namen der Königin von deren Minister Nicola Spinelli da Giovanizzo begrüßt und von dem greisen Kardinallegaten Albornoz empfangen worden, dem nach dem Sturz und der Ermordung des Volkstribunen Cola di Rienzo in Rom die Wiederherstellung der Autorität des Papstes gelungen war. Auf einem Wagen überbrachte Albornoz dem Papst die Schlüssel der Städte, die er ihm unterworfen hatte. Das war der letzte von vielen Diensten, durch die sich Albornoz um den Papst hervorgetan hatte. Albornoz war vor siebzehn Jahren als Flüchtling vor Peter dem Grausamen von Kastilien nach Avignon gekommen. Kurz nach der Ankunft Urbans V. in Orvieto starb er, vermutlich durch Gift.

Erst am 16. Oktober 1367 war es dem Papst möglich, in Rom einzuziehen. Dort empfing er am 17. März des folgenden Jahres Königin Johanna. Er war sich bewußt, was er ihrer Hilfe verdankte. Zu ihren Ehren wurden prächtige Feste gefeiert, der Papst überreichte ihr die goldene Rose. Zwischen Urban V. und Johanna herrschte Übereinstimmung und ein herzliches Verhältnis.

Kampf um die Provence

1278 hatte König Philipp II. von Frankreich dem Heiligen Stuhl die provenzalische Grafschaft Venaissin zugesprochen, in der Hoffnung, die Päpste zur Übersiedlung nach Frankreich zu bewegen. Seit 1309 residierten sie in Avignon, das die Königin Johanna als Erbin der Provence 1348 an Klemens VI. verkauft hatte. Mit diesem Bereich hatten sich die Päpste begnügt und keine weiteren Absichten auf Eroberungen oder Erwerbungen in der Provence gezeigt. Vielmehr war es Frankreich, dem daran lag, die Provence Frankreich einzuverleiben.

Seit der französischen Invasion in die Provence 1357/1358, die Johanna abgeschlagen hatte, herrschten dort Ordnung und Frieden. Auch der überaus strenge Winter 1363/1364, die folgende Hungersnot und Heuschreckenplage konnten die guten Verhältnisse nicht erschüttern.

Im Mai 1365 erschien der deutsche Kaiser und böhmische König Karl IV. in der Provence – Burgund und die Provence waren altes Reichsland, das dem Kaiser unterstand. Um das zu dokumentieren, ließ sich der Kaiser – wie vor ihm schon Kaiser Friedrich Barbarossa – am 4. Juli in der Basilika Saint Trophime durch den Erzbischof von Arles krönen. Diese Krönung hatte keine nachteiligen Folgen für Johanna. Karl IV. war im Gegensatz zu den meisten Herrschern seiner Zeit kein Eroberer, er liebte kriegerische Auseinandersetzungen nicht, was er schon bei seinem Zug nach Rom bewiesen hatte. Er hatte Johanna vor seiner Krönung alle ihre bisherigen Rechte zugesichert, war also nur Titularkönig der Provence. So wurde sein Zug durch die Provence eine heiter-festliche Angelegen-

heit. In Villeneuve d'Avignon war der Bruder des französischen Königs, Herzog Ludwig I. von Anjou, erschienen, um den Kaiser zu begrüßen und ihm zu huldigen. Gerade von Frankreich wurde nun die Provence neuerdings bedroht. Es bediente sich des berühmten und berüchtigten Söldnerführers Bertrand Duguesclin. Duguesclin (1320–1380), eine Landsknechtsnatur, hatte seine Truppe aus regellos die Lande durchstreifenden und bedrohenden Banden zusammengestellt und sie durch eiserne Disziplin zum Schrecken jedes Feindes gemacht. Bald bediente sich seiner Frankreich während des Hundertjährigen Krieges gegen England, bald Heinrich II. von Transtamare gegen seinen Bruder König Peter den Grausamen von Kastilien. Durch seine erfolgreichen Kriegszüge, bei denen er einige Male in Gefangenschaft geriet, wurde Duguesclin Konnetabel von Kastilien und Frankreich. Jakob von Mallorca war einer seiner Offiziere.
Ende 1365 hatte ihn der Bruder des französischen Königs Karl V. zum Krieg gegen die Provence gedungen, aber es gelang dem Papst, ihn gegen 30 000 Florinen vom Einmarsch abzuhalten. Danach beteiligte sich Duguesclin am spanischen Krieg, nach seiner Rückkehr stand er wieder für die neuerlich geplante Invasion in die Provence dem Herzog Ludwig von Anjou zur Verfügung. Trotz heftiger Kämpfe um Tarascon, Arles, Aix und Aigues-Mortes errangen die Franzosen keinen entscheidenden Erfolg. Wegen der Verwüstungen und Grausamkeiten während dieses Kreiges wurde Duguesclin vom Papst exkommuniziert. Kriegerische Verwicklungen an der Pyrenäengrenze zwangen die Franzosen, ihre Invasion in der Provence abzubrechen. Die Provence war gerettet und bekam Frieden.
Zwei Männer und eine Frau waren es gewesen, die den

Papst 1367 hatten bewegen können, nach Rom zurückzukehren, Kaiser Karl IV., der Dichter Petrarca und die
heilige Birgitta von Schweden (1302–1373). Diese um die
Reinheit der Kirche und ein christliches Leben hinge-
bungsvoll bemühte Frau, eine Mystikerin, die ihre Visionen unmittelbar von Gott empfangen zu haben meinte,
hatte auf ihre Zeit einen ungewöhnlich starken Einfluß.
Sie kämpfte gegen alles und alle, die gegen die Reinheit
der christlichen Lehre verstießen, und schreckte in ihren
Strafpredigten weder vor Herrschern noch vor dem Papst
zurück.

Auch Johanna stand mit der Heiligen in Verbindung, und
Johannas Briefe machen den Eindruck einer religiösen
Gebundenheit. Wie sie diese mit ihren Taten und ihrer
Lebensweise in Einklang bringen konnte, bleibt ein Rätsel. Petrarca schilderte sie während eines großen Sturmes
– 1343 – in Neapel: »Die junge Königin suchte barfuß
und begleitet von einer großen Anzahl von Frauen um sie
herum und in ihrem Gefolge immer wieder die der Heiligen Jungfrau und Muttergottes geweihten Kirchen auf.
Im Hafen war kein Schiff, das sich gegen den Sturm
halten konnte.« – Andere Chronisten schildern sie als
eine durch und durch verdorbene, liederliche und lasterhafte Frau, die sogar eine ihrer Wäscherinnen zu ihrer
Liebhaberin machte, wie ein Geheimdokument im Vatikan zu berichten weiß.

Die heilige Birgitta von Schweden

Die beiden entscheidenden Mächte im zerklüfteten und zerstrittenen Italien waren der Papst und die Königin Johanna. Der Kirchenstaat, dahin Urban V. zurückgekehrt war, lag nachbarlich zum Königreich Neapel, und die beiden Nachbarn waren einander herzlich verbunden. Die vier Jahre von 1370 bis 1374 waren innerhalb der vierzigjährigen Regierungszeit Johannas die verhältnismäßig ruhigsten Jahre, zumindest fanden keine großen kriegerischen Auseinandersetzungen statt. Die Kämpfe blieben örtlich begrenzt.

Auch der vordem so heftige Streit innerhalb der großen Familie der Anjou hielt sich in Grenzen. Maria, die Hauptintrigantin gegen ihre Schwester Johanna, war 1366 oder 1367 gestorben. Johannas anderer Widersacher, König Ludwig von Ungarn, war damit beschäftigt, sein Reich über die Grenzen hinaus im Osten und auf dem Balkan zu vergrößern, durch Heiraten der Anjou politische Verbindungen anzubahnen und Nach- und Erbfolge zu sichern. Er bahnte die spätere eheliche Verbindung seiner beiden Töchter Maria und Hedwig mit Kaiser Sigismund und König Władysław Jagiełło von Polen an.

Wie festlich das Leben in Neapel war, erfuhr der byzantinische Kaiser Johannes V. Paläologus. Ein erstaunliches Ereignis! Der oströmische Kaiser war zu Verhandlungen nach Rom gekommen, um beim Papst Hilfe gegen die sein Reich bedrohenden Türken zu suchen. Er war sogar bereit, dafür mit dem Übertritt zur katholischen Kirche zu bezahlen, wodurch die seit 1054 dauernde Kirchenspaltung zwischen Katholiken und Griechisch-Orthodoxen hätte beendet werden können. Das hätte für das Christentum eine entscheidende Wende bedeutet. Der Papst blieb gleichgültig. Er hatte noch nicht die Autorität wiedererlangt, die die westeuropäische Christenheit zu einem Kreuzzug gegen die Türken angespornt hätte, er hatte mit seinen eigenen Angelegenheiten zu schaffen.

In Neapel wohnte Johann Paläologus im Neuen Schloß, das Johanna für ihn geräumt hatte. Prunkvolle Feste und üppige Bankette sollten den sorgenvollen Gast ehren und erheitern.

Ostrom war von den Türken bedroht, das italienische Rom war von Feinden umstellt; es war nur noch Johanna, die den Papst vor Angriffen rundum zu schützen versuchte. Als sich der Papst wieder in Viterbo aufhielt, brach ein Aufstand aus, der Papst mußte nach Perugia fliehen, wo er, unterstützt durch das Söldnerheer John Hawkwoods, belagert wurde. Die Italiener wollten keinen französischen Papst.

Das Bemühen Urbans V., das Papsttum in Rom wiederherzustellen, war gescheitert. Verdrossen und erschöpft von den Angriffen verließ er am 5. September 1370 Rom und kam müde und krank in Avignon an.

Die heilige Birgitta von Schweden hatte den Papst beschworen, in Rom zu bleiben, und ihm ein baldiges Ende vorausgesagt, wenn er es verließe. Urban V. starb am 19. Dezember 1370, drei Monate nach seiner Rückkehr nach Avignon. Sein Nachfolger wurde Gregor XI.

Ein großes Ereignis für Neapel war das Erscheinen der heiligen Birgitta und ihr Aufenthalt; sie war auf einer Pilgerfahrt ins Heilige Land. Sie wurde mit großer Ehrfurcht empfangen, aber sie war entsetzt über das überhebliche und lasterhafte Leben der Neapolitaner, besonders der Königin. Diese werde, sagte die Heilige, von

Lastern wie von unwissenden Tieren verzehrt. Die Heilige geißelte die Gewohnheit der Neapolitanerinnen, ihr Gesicht mit verschiedenen Farben zu bemalen, rügte mit harten Worten die Mode, nach der sich die Männer wie Frauen und die Frauen wie Männer kleideten. Sie predigte ein kommendes Strafgericht; die Pest werde die Stadt wieder heimsuchen und ein Komet Unheil bringen. In einer Vision sah sie die Königin auf ihrem goldenen Thron sitzen, vor ihr zwei Neger, die zu ihr sprachen: »O löwenhafte Frau, ich bringe Blut; nimm es und vergieß es!« »Ich bringe dir dieses Gefäß voll Feuer; nimm es, die du von der Natur des Feuers bist!«

Ruhe vor dem Sturm

Johanna hatte in ihrem Königreich Ruhe und Ordnung geschaffen, seine Menschen bewegte eine mit Luxus und Lastern durchmischte Lebensfreude und eine Kirchenfrömmigkeit, die mehr den Sinnen als der Seele diente, mehr Aberglaube als Glaube war. Neapel glich dem späten Rom.

Nun war sie auch außenpolitisch erfolgreich. Sie war es mit der Hilfe des neuen Papstes Gregor XI. und ihres vortrefflichen Ministers Nicola Spinelli.

Die stets in der Luft liegende Bedrohung und Gefahr von Sizilien her konnten aus der Welt geschafft werden, wobei zugleich dem geschworenen Feind des Papstes und Johannas, dem Bernabò Visconti von Mailand, Schaden zugefügt wurde; der Papst verhinderte eine Vermählung der Tochter des Visconti, Maria, mit König Friedrich IV. von Sizilien; dieser verheiratete sich mit Antoinette, einer Tochter Margarethes von Tarent und des François von Les Baux, einer nahen Verwandten Johannas. Die Hochzeit wurde in Messina gefeiert, der Frieden zwischen Neapel und Sizilien wurde durch einen Vertrag gesichert. Nachdem die sizilische Frage gelöst war, ging es Gregor XI. darum, seinen hartnäckigen Gegner, Bernabò Visconti, in die Knie zu zwingen. Er verkündete in ganz Europa einen Kreuzzug gegen Mailand. Es wurde daraus zwar keine europäische Angelegenheit, aber Norditalien wurde der Schauplatz eines langen und mit aller Härte geführten Krieges. Johanna beteiligte sich an der Seite des Papstes mit ihrem Minister Nicola Spinelli Giovanizzo, der nicht nur ein ausgezeichneter Jurist und Diplomat, sondern auch ein tüchtiger Feldherr war.

Einer der führenden Männer des Feldzugs war Graf Amadeus VI. von Savoyen, dem der Kondottiere Otto von Braunschweig zur Seite stand. Neben diesen bekämpften vier Heere Mailand. Rücksichtslos geführt, brach der Krieg die Vormachtstellung Mailands in Norditalien und hinderte es, gegen die ligurische Küste und Genua vorzudringen. Dem Papst war gelungen, sein angeschlagenes Ansehen und seine angefochtene Würde zu festigen – mit welchen Mitteln immer. Der Sieg kam auch Johanna zugute. Sie erhielt verlorengegangene Besitzungen in Piemont zurück, die als Übergang in die Provence wichtig waren, ihr Königreich genoß wieder das Ansehen, das es unter ihrem Großvater König Robert dem Weisen gehabt.

Die Verhältnisse im ungarisch-polnischen Reich der Anjou gestalteten sich minder günstig. Die Türken begannen seit der für sie siegreichen Schlacht an der Mariza 1371, in den zum Teil König Ludwig von Ungarn gehörenden Balkan einzudringen. Auch jetzt fanden die Bitten der Anjou um Hilfe gegen die Türken kein Gehör. Damals hätte eine Gefahr im Keim erstickt werden können, die später ganz Europa durch Jahrhunderte bedrohen und in Abwehrkriege stürzen sollte. Europa und auch der Papst waren nicht reif dafür, das zu erkennen. Gegen die Sekte der Bogumilen in Bosnien unternahm der Papst einen kläglichen Kreuzzug, der erfolglos blieb. Lediglich für Armenien zeigte er noch einiges Interesse, das ebenfalls durch Heirat im Besitz der Anjou war. Dort war Maria, eine Enkelin Philipps I. von Tarent, Gemahlin des Königs von Armenien. Nach dessen Tod befand sich Maria durch die andrängenden Türken in Bedrängnis und Gefahr. Papst Gregor XI. schlug Königin Johanna vor, Maria von Armenien mit dem kriegstüchtigen, dem Papst treu ergebenen Otto von Braunschweig, der sich im Krieg gegen Mailand hervorragend bewährt hatte, zu verheiraten.

Wer war dieser Otto von Braunschweig?

Herzog Albrecht von Braunschweig war 1279 gestorben. Das Herzogtum wurde unter seine drei Söhne aufgeteilt, wobei der älteste Grubenhagen bekam. Dessen Sohn war der um 1320 geborene Otto, der in erster Ehe mit der Witwe nach dem König Jakob II. von Mallorca verheiratet gewesen war. Jakob II. von Mallorca war der Vater des dritten Gemahls Johannas, Jakobs von Mallorca.

Gregor XI. nannte in seinem Empfehlungsbrief an Johanna Otto von Braunschweig-Grubenhagen »Unseren lieben Sohn«; der edle Mann entstamme dem sächsisch-kaiserlichen Geschlecht und sei der Vetter des Johann von Montferrat und des Prinzen von Zypern; er sei, schrieb der Papst weiter, ein hervorragender Feldherr, allgemein hochgeschätzt, klug, umsichtig, tapfer, eine prächtige ritterliche Erscheinung; er habe sich in einigen fremden Diensten bestens bewährt.

Otto von Braunschweig war ein Liebhaber aller ritterlichen Künste, die er hervorragend beherrschte. Weil er bei Turnieren stets grün gekleidet war, hatte er den Beinamen »der Grüne« erhalten.

Die vom Papst vorgeschlagene Ehe zwischen Otto von Braunschweig und Maria von Armenien kam nicht zustande. Otto sollte 1376 vierter Gatte Johannas werden.

Das Unwetter zieht auf

1375, nachdem der Herzog Amadeus IV. von Savoyen sich mit seinem ehemaligen Feind, Mailand, geeinigt hatte, schrieb Gregor XI. an Spinelli: »Die Zeiten sind schwierig. Wir müssen klug sein, wenn wir neue Unglükke verhindern und Gefahren vereiteln wollen, die uns drohen.«

Unter Ludwig dem Großen von Ungarn und Polen hatte das Königreich die größte Ausdehnung und Macht erreicht, die es je besessen hatte und nie wieder erlangen sollte. Ludwigs ungarisches Königreich erstreckte sich von der dalmatinischen Adriaküste bis ans Schwarze Meer, vom Wardar-Fluß bis an die Weichsel; durch die Mutter hatte Ludwig Polen geerbt, er wurde 1370 in Krakau zum König von Polen gekrönt. Nach der Beendigung eines neuerlichen Krieges mit Venedig wegen der dalmatinischen Hafenstädte dachte König Ludwig, der rasch gealtert und nicht von kräftiger Gesundheit war, daran, Erbe und Nachfolge zu sichern. Auch bei ihm gab es, wie vielfach bei den Anjou, nur weibliche Nachkommen. Mit seiner Gattin Maria von Bosnien hatte er drei Töchter, die zwischen 1370 und 1373 geboren worden waren. Maria heiratete Sigismund von Luxemburg, den Sohn und Nachfolger Kaiser Karls IV., Hedwig den König Władysław Jagiełło von Polen. Nun suchte Ludwig von Ungarn noch ein Reich und eine Krone für seine älteste Tochter Katharina.

Schließlich einigten sich König Karl V. von Frankreich und der König von Ungarn auf eine Heirat Katharinas mit dem Bruder des französischen Königs, Herzog Ludwig I. von Anjou. Katharina sollte als Mitgift Neapel,

Salerno, Monte Sant'Angelo, die Provence und das Piemont erhalten. Hinter dem Rücken Johannas wurde also deren Erbe verteilt. Die Vermählung kam nicht zustande.

Johanna wurde in den Konflikt zwischen Gregor XI. und Florenz verstrickt. Der Konflikt hatte schon 1367 bei der Rückkehr des Papstes Urban V. nach Rom begonnen. Als nun Gregor XI. neuerdings eine Rückkehr nach Rom plante, wollte Florenz sie verhindern. 1375 entfachte Florenz in Rom einen Volksaufstand gegen den noch abwesenden Papst, den der Präfekt von Rom, Francesco di Vico, anführte. Der Papst schob religiöse Gründe für sein Vorgehen gegen die Florentiner vor, und zwar das in Florenz grassierende häretische Sektenwesen.

Trotzdem Johanna mit Florenz verbunden war, unterstützte sie den Papst, versuchte jedoch mit dem florentinischen Kapitängeneral Tommaso Sanseverino einen Frieden auszuhandeln. Heimlich schlug sie sich auf die Seite von Florenz, auch sie wollte die Bevormundung durch den Papst loswerden.

Unter den italienischen Anjou flammte der Widerstand gegen Johanna wieder auf.

Margarete von Tarent, die letzte Nachkommin dieser Linie, erhob für ihren Gatten François von Les Baux, Grafen von Andria, Ansprüche auf Neapel. Johanna unternahm unter Giovanni Malattaca einen Kriegszug gegen François von Les Baux, besiegte ihn und sprach ihm alle Titel und Besitztümer ab. François von Les Baux floh nach Avignon und wurde vom Papst aufgenommen.

Nun wußte Johanna, daß der Papst zu ihren Feinden stand.

Als 1375 in Neapel eine Revolte ausbrach, fühlte sie, daß sie dieser Gefahr und den folgenden Ereignissen nicht mehr allein gewachsen sein würde.

Jakob von Mallorca, Johannas dritter Gatte, der an der Seite des Grafen von Savoyen am Krieg gegen Mailand teilgenommen hatte und in Frankreich einen neuen Feldzug gegen seinen Schwager, den König Peter von Aragonien, rüstete, war im Februar 1375 an einer Krankheit gestorben. Johanna war also frei. Sie wählte aus ihrer notvollen Lage heraus Otto von Braunschweig zum vierten Gatten. Dieser erfolgreiche und berühmte »grüne Ritter« sollte ihr eine Hilfe gegen die sich sammelnden Feinde sein. Otto von Braunschweig mußte auf alle königlichen Rechte, auch auf das Anrecht der Thronfolge, verzichten. An Stelle des geflohenen Grafen von Andria, François von Les Baux, erhielt Otto von Braunschweig das Herzogtum Tarent.

Am 25. März 1376 kam Otto von Braunschweig von Nizza mit vier Galeeren, vier Baronen und vierzig neapolitanischen Edlen in Neapel an, schlug einige Vornehme zu Rittern und schlief – so das Chronicon Siculum – in dieser Nacht bei der Königin.

Der Papst und die Heilige

Johanna regierte jetzt im vierzigsten Jahr. Kaum ein Jahr
war ohne Krieg oder Aufruhr gewesen, in Neapel, in
ganz Italien.

Was verdankte das kleine Volk jenen Potentaten, den
Königen, Herzögen und Grafen, dem Papst? Nichts, das
ihm sein hartes Dasein erleichtert hätte. Nur Unbill widerfuhr ihm durch die ruhe- und rastlosen Großen, die
ihre Kriege, Streitigkeiten und Eroberungen, ihre Fami-
lienzwiste auf dem Rücken des Volkes austrugen. Blutvergießen, Plünderungen, Morde, Gefahren und Elend
und Not, Verwüstungen ihrer Städte und Dörfer, das war
es, was die Großen den Kleinen einbrachten. Der Fischer
an der dalmatinischen Küste, der Seiler in Ferrara, der
Tischler in Bologna, der Färber in Siena, die Wäscherin
am Tiber, die Spinnerin, die das Licht der Vollmond-
nächte zum Spinnen nutzte, wollten nichts, als in Ruhe
und Frieden ihrer Arbeit nachgehen, aber jeder neue Tag
drohte mit neuen Gefahren. Das wenige, das sie sich
durch ihre mühselige Arbeit erwarben, wurde immer weniger, manchmal nichts durch Abgaben und Steuern,
durch welche Kriege und Feldzüge, der Luxus und die
Ausschweifungen der Höfe bezahlt werden mußten.

In Emile K. Léonards Buch über die Anjou in Neapel
sticht aus der trockenen Sachlichkeit der Darstellung die
Bemerkung heraus: »Dieses Ende des Mittelalters war
eine Epoche der verrückten Könige.« In diese Verrückt-
heit sind die meisten Päpste einzubeziehen.

In dem wahnwitzigen und blutigen Wirrwarr erhob sich
eine einzige Stimme, laut, beschwörend, anklagend und
verdammend, die der heiligen Katharina, Tochter eines

Färbers aus Siena. Sie konnte an den Mißverhältnissen kaum etwas ändern, aber sie war die Stimme aus einer Welt, die verneinte, was rundum vorging; sie sprach aus einer leidenschaftlichen Gesinnung und in ihren Visionen aus, wogegen sich der damalige Papst verging: »Gott will, daß Ihr mehr achthabt auf die Seelen und geistlichen Dinge als auf die zeitlichen.« Nicht nur das Volk in den Ländern und Städten warf dem Papst vor, daß er das Gegenteil tue, auch von den Kanzeln wurde es gepredigt, vor allem durch die Franziskaner, die der Papst alsbald als Ketzer verdammte. Florenz wurde der Mittelpunkt des Widerstandes gegen die Rückkehr des Papstes nach Rom, denn seine Absichten waren nur weltlich und machtpolitisch.

Am 18. Juni 1376 traf Katharina von Siena in Avignon ein. Mit Entsetzen beobachtete sie das Leben der den Papst umgebenden Würdenträger und tadelte es mit Abscheu. Befragt, wie sie so bald nach ihrer Ankunft die Verhältnisse schon beurteilen könne, antwortete sie: »Zur Ehre des allmächtigen Gottes wage ich zu sagen, daß ich in meiner Geburtsstadt mehr vom Gestank der Sünde der römischen Kurie empfunden habe als die empfinden, die sie begangen haben und täglich begehen.«

Katharina von Siena war nach Avignon gekommen, um den Papst zu ermahnen, endlich dorthin zurückzukehren, wo der Stuhl Petri stehe. Der Papst war dazu entschlossen, zuvor wollte er an Florenz Rache nehmen. Er schickte das Interdikt gegen Florenz voraus, woraufhin die Franziskaner predigten, der Papst habe kein Recht, »ein christliches Volk wegen eines politischen Zwiespalts der Segnungen des Christentums zu berauben«.

Johanna leistete dem Papst Hilfe, indem sie in ihrem Königreich eine Einfuhrsperre für florentinische Waren verfügte, sie versprach Heereshilfe, auch Geld, das der Papst in jedem Fall reichlich zu fordern wußte. Schließlich war es Albornoz gewesen, der vom Kirchenstaat gerettet hatte, was zu retten war. Zugleich bemühte sich Johanna, den Frieden zwischen Florenz und Papst herzustellen; sie handelte im Sinn der Katharina von Siena, die Johanna beschwor, auf einen Frieden hinzuwirken. Der päpstliche Legat stellte indessen für den Papst ein Kontingent aus Söldnern zusammen, die sich »Bretonen« nannten, obwohl es zum größten Teil aus den gefürchteten Gascognern bestand.

Rom, in das der Papst zurückzukehren sich anschickte, war eine öde und verwilderte Stadt geworden. »Die Stadt der Päpste und Cäsaren war zertrümmert, verrottet und entstellt. Gras wuchs im Herzen Roms, in manchen Kirchen weidete Vieh, elende Häuser standen zwischen Schutthaufen, am Tiber breitete sich über das ganze Marsfeld Sumpf aus. Auf nur 20000 Seelen, wenn das glaubhaft ist, war das Römervolk herabgeschmolzen, welches unter den Kaisern mehr als zwei Millionen gezählt hatte.« (Gregorovius)

Am 17. Januar 1377 traf Gregor XI. in Rom ein. Otto von Braunschweig und Galeazzo Visconti begleiteten ihn; die Soldaten des päpstlichen Heeres unter Führung des Neffen Gregors XI., Raymond von Turenne, beschützten ihn. Tausend weiß gekleidete Tänzer huldigten ihm mit Musik und Gesang; das Volk jubelte. Die mehr als siebzigjährige »babylonische Gefangenschaft« der Päpste in Avignon war beendet.

Sogleich nahm der Papst den Krieg gegen Florenz auf. Er breitete sich wie ein Waldbrand über Norditalien aus. Noch erlebte Gregor XI. den »Sieg« seiner Truppen und Verbündeten am 1. Februar 1377, der unter dem Namen

»das Blutbad von Cesena« in die Geschichte eingegangen ist, weil der päpstliche Kardinallegat Robert von Genf einen Teil der Bevölkerung niedermachen ließ. Das geschah nicht zum Ruhm des Papsttums. Der Dichter Francesco Sacchetti nannte Gregor deswegen »papa guastamondo«, den Weltverderber.

Die heilige Katharina klagte den Papst und Florenz an und forderte Frieden. Nicht die Vernunft, vielmehr die Verluste auf beiden Seiten veranlaßten beide Parteien, Friedensverhandlungen aufzunehmen. Während dieser starb Gregor XI. 1378 unter Gewissensqualen, die Mahnung der heiligen Katharina von Siena nicht befolgt zu haben: »Gebt die Sorge um weltliche Dinge auf und blickt auf die geistlichen!«

Der Beginn des großen Schismas

Ungewöhnlich rasch, schon dreizehn Tage nach dem Tod Gregors XI., wurde am 8. April 1378 der neue Papst gewählt, endlich kein Franzose mehr, sondern ein Italiener, sogar aus dem Königreich Neapel, der Erzbischof von Bari, Bartolomeo Prignano, der den Namen Urban VI. annahm. Er war ein Gegner der Simonie, bekämpfte die Verweltlichung des Klerus, aber er war rücksichtslos, tyrannisch und regierte autokratisch. Katharina von Siena, die nach Rom gekommen war, ermahnte ihn: »Gerechtigkeit ohne Barmherzigkeit ist mehr Ungerechtigkeit als Gerechtigkeit.« Sie warf ihm vor, daß die neu ernannten Kardinäle das Amt nicht verdienten. Grausamkeit und Unberechenbarkeit Urbans VI. führten zunehmend zu geistiger Umnachtung.

Die Gesinnung des neuen Papstes gegenüber Johanna zeigte sich, als Otto von Braunschweig, von seiner Gemahlin zur Huldigung nach Rom geschickt, ungnädig empfangen wurde, weil Johanna die ihm feindlichen Florentiner unterstützt habe; am liebsten würde er, so äußerte sich Urban VI., Johanna ins Kloster der heiligen Clara verbannen, um dort zu spinnen. Die Beziehungen zwischen Johanna und dem Papst waren also schlecht.

Schon vier Monate nach der Wahl Urbans VI. wählten dreizehn aus Rom geflohene französisch gesinnte Kardinäle mit der Unterstützung Johannas in Fondi, also auf neapolitanischem Boden, den Kardinal Robert von Genf, den »Henker von Cesena«, als Klemens VII. zum Gegenpapst. Damit begann das große abendländische Schisma, das 39 Jahre dauern und sieben Gegenpäpste aufstellen sollte. Es wurde schicksalhaft auch für Johanna.

Urban VI. verdammte den Gegenpapst, aber Frankreich erkannte ihn an. Urban wurde in Rom von den »Bretonen« bedroht, so daß die Kurie Rom verlassen mußte und teils nach Anagni, teils mit dem Papst nach Tivoli ausweichen mußte. Der Papst erwog die Absetzung Johannas als seiner Gegnerin. Er spielte gegen sie Karl III. den Kleinen, einen Sohn Ludwigs von Durazzo, aus. Karl erhob sich, vom Papst unterstützt, gegen Johanna.

Im Königreich Neapel brachen Streitigkeiten zwischen Gegnern und Anhängern der beiden Päpste aus. Drei Kardinäle, die Rom verlassen hatten, wurden in Neapel aufgenommen, woraufhin Urban VI. vier Neapolitaner verdammte, den Erzbischof von Cosenza, den Bischof von Gaiazzo und die Grafen von Tondi und Caserta, die auf der Seite Johannas standen.

Der alte Widersacher Johannas, der Graf von Andria, François von Les Baux, der Gatte Margaretes von Tarent, brach in Apulien ein, wo der Kampf um Aquila und Monte Cassino entbrannte. Die Truppen des Gegenpapstes unter Louis Montjoie wurden vor Rom vom Heer Urbans VI. geschlagen. Am 10. Mai floh der Gegenpapst Klemens VII. nach Neapel, wo ihn Johanna aufnahm und ihm im Castel dell'Ovo durch Kniefall huldigte. Während der Zeremonie kam es vor dem Kastell zu einem von Lodovico Buzzuto ausgelösten Streit zwischen den Parteien, der auf die Gasse, schließlich auf die Stadt übergriff und zum Aufruhr anwuchs. Die Aufständischen, die Urban VI. anhingen, plünderten den Sitz des Erzbischofs und ein vom Gegenpapst unterstütztes Kloster und zogen schreiend und drohend vor den Palast der Königin. Klemens VII. mußte Neapel verlassen und ging nach Sperlonga, schließlich über Marseille nach Avignon, das er zu seiner Residenz machte.

Die Ereignisse überstürzten sich. Am 18. Mai proklamierte Johanna die Rechtmäßigkeit und Anerkennung Urbans VI. und ließ durch Abgesandte dem Papst in Rom ihre Unterwerfung überbringen.

Die Gefangennahme Johannas

Mit ihrer Unterwerfung unter Urban VI. hatte Johanna nur Zeit gewinnen wollen. Der Aufruhr in Neapel beruhigte sich, Otto von Braunschweig kam mit seinen Truppen ins Königreich.

Urban VI. ließ sich nicht täuschen. Seine Briefe an Johanna sprechen eine deutliche Sprache. Er nannte Johanna wegen ihrer Scheußlichkeiten »eine neue Athalia (die Mörderin aus dem Alten Testament), eine neue Jesabel (eine gotteslästerliche Mörderin) und einen Gipfel an Gottlosigkeit«. Damit war Johanna durch den Papst bereits abgesetzt. Er bereitete Prozesse gegen sie und ihre Minister vor und forderte Johanna wegen Förderung des Schismas und der Ketzerei vor den Heiligen Stuhl. Johanna erschien nicht. Bei der tyrannischen Rücksichtslosigkeit hätte Urban VI. sie zweifellos zu seiner Gefangenen gemacht. Er exkommunizierte sie und suchte Mittel und Wege, sie zu entthronen. Er schickte Karl III. den Kleinen von Durazzo, der an seinem Hof weilte, gegen Johanna. Der Papst krönte ihn bald darauf, als er wieder in Rom erschien, zum Gegenkönig Johannas.

Der Gegenpapst in Avignon führte dieselben Verhandlungen in entgegengesetzter Richtung, nämlich mit König Karl V. von Frankreich. Man einigte sich auf dessen Bruder, Herzog Ludwig I. von Valois, für die Thronfolge in Neapel. Am 1. Februar 1380 adoptierte ihn Johanna als Thronfolger. Er mußte sich verpflichten, die Souveränität der Königin so lange sie lebte anzuerkennen, die Rechte ihres Gatten Otto von Braunschweig zu achten und im Kriegsfall Hilfe zu leisten. Der Vertrag wurde zunächst geheimgehalten.

Somit waren die Fronten zwischen den Päpsten abgesteckt, aber auch die zwischen den beiden Päpsten und Johanna.

Zunächst herrschte noch Ruhe, aber es war die Ruhe vor dem Sturm.

Am 20. Juli 1380 setzte sich das Heer Karls III. von Durazzo gegen Neapel in Marsch; es bestand aus 1000 Italienern und 7000 Ungarn und stand unter dem Befehl des bosnischen Ban Johann Horvát. Am 16. August erreichte es Forli, am 6. September Gubbio.

Das neapolitanische Heer stand unter dem Kommando Ottos von Braunschweig und des jungen Kondottiere Rinaldo, eines Bruders des Kardinals Orsini. Rinaldo wurde von Johanna zum Grafen von Tagliacozzo erhoben.

Sie versuchte, in letzter Stunde ein Bündnis mit Florenz zuwege zu bringen, kam damit aber zu spät. Karl III. von Durazzo hatte sich für 40 000 Florinen die Neutralität von Florenz bereits erkauft. Auch mit dem Marsch auf Rom, den Johanna plante, kam ihr Karl III. von Durazzo zuvor. Er zog am 11. November in Rom ein und wurde vom Papst zum Senator der Stadt ernannt.

Rinaldo Orsini kam gegenüber Karl III. von Durazzo ins Hintertreffen. Er sammelte Bretonen, Gascogner, Italiener, Engländer und Provenzalen, die sich als käufliche Söldner in regellosen Banden in Italien herumschlugen und auf Anwerbung warteten.

Neapel bat Frankreich dringend um Truppenhilfe, doch der Tod König Karls V. hielt seinen Bruder Ludwig I. von Valois in Frankreich zurück.

Die Stadt Neapel rüstete sich zur Verteidigung. Es zeigte sich, wie brüchig hier die Verhältnisse waren. Das unzufriedene Volk war unzuverlässig, aber auch der Adel verfolgte egoistische Ziele und wartete ab, auf welche Seite der Erfolg sich neigen würde. Politische wie religiöse Interessen beim Volk und Adel standen gegeneinander in Widerstreit.

An der unsicheren Lage änderte sich dadurch nichts, daß Johanna die Adoption des Herzogs Ludwig von Valois bekanntgab, wodurch die Thronfolge, aber auch Hilfe aus Frankreich gesichert schienen.

Karl III. von Durazzo setzte sein Heer von Rom aus gegen Neapel in Bewegung; Otto von Braunschweig und Rinaldo Orsini konnten es nicht aufhalten. Am 28. Juni überschritt Karl von Durazzo die neapolitanische Grenze, am 16. Juli zog er gegen fünf Uhr am Nachmittag ohne Widerstand in Neapel ein. Lodovico Buzzulo, der Urban VI. ergebene Erzbischof von Neapel, der Bruder jenes Palamede Buzzulo, welcher wegen des Gegenpapstes einen Aufruhr ausgelöst hatte, hatte Karl III. von Durazzo die Tore der Stadt öffnen lassen.

Johanna verschanzte sich mit dem Hof und fünfhundert Soldaten im Neuen Schloß, das als eine der stärksten Festungen Italiens galt, und wartete auf die Hilfe Ottos von Braunschweig und des Herzogs Ludwig von Valois.

Im Hafen von Neapel erschienen unter dem Grafen von Caserta zehn Galeeren aus Frankreich, um mit ihren Soldaten Neapel zu entsetzen und Johanna zu befreien. Karl III. von Durazzo erstürmte das Neue Schloß, und Johanna war durch die Angriffe und Hunger gezwungen, sich zu ergeben.

Am 24. August erreichte Otto von Braunschweig, von Capua kommend, das Castel Sant'Elmo im Westen der Stadt. Dieses wie das Castel Capuana waren zwar in seiner Hand, gingen aber bei einem Ausfall verloren. Otto von Braunschweig geriet verwundet in Gefangenschaft. Da Johanna keine rechtzeitige Hilfe aus Frankreich mehr erhoffen konnte, kam es am 26. August zwischen ihr und Karl von Durazzo im Garten des Schlosses zu einer Unterredung, die bis in die Nacht dauerte.

Karl III. von Durazzo gab sich höflich, ja entgegenkommend – er und Johanna hatten denselben Urgroßvater –, versicherte die Königin seines Respekts und gab Versprechungen. Er erlaubte Johanna, mit dem Grafen von Caserta zu sprechen, um ihn davon zu überzeugen, daß er nicht imstande sei, mit den Soldaten der zehn Galeeren Neapel zu entsetzen. Ein Vertrag wurde abgeschlossen, woraufhin Johanna zum Zeichen der Kapitulation auf dem Schloß die Fahne des Siegers hissen ließ.

Neun Tage danach wurde Johanna als Gefangene in das Castel dell'Ovo gebracht. Otto von Braunschweig und Johannas Minister und Heerführer Nicola Spinelli waren im Castel Nuovo inhaftiert. Trotz der strengen Überwachung gab es Verbindungen zwischen den Gefangenen. Nachdem der Schwager des Herzogs von Valois, Robert von Artois, der mit Otto von Braunschweig in Gefangenschaft geriet, wieder freigelassen worden war, wurde ein Attentat auf Karl III. von Durazzo geplant. Die Verschwörung wurde entdeckt, Briefe wurden abgefangen, in denen Johanna von Ludwig von Valois rasche Hilfe erbat.

Daraufhin wurde Johanna in das entlegene und sichere Castel Nocera gebracht, danach begann am 28. März 1382 ihre Gefangenschaft in dem entlegenen Castel Muro mitten in den Apenninen.

Hier war ihr Kerkermeister Palamede Buzutto, der, wie schon berichtet wurde, den Aufstand in Neapel ausgelöst hatte, während Johanna dem Gegenpapst im Castel dell'Ovo huldigte. Johanna durfte nur eine provenzalische Dienerin und vier tatarische Sklaven behalten. Man hatte ihr die Fingerringe abgenommen, sie wurde nur ungenügend verpflegt.

Die Ermordung Johannas

Ludwig von Valois hatte lange gezögert, seiner Adoptiv-
mutter zu Hilfe zu kommen. Er hatte Regierungsgeschäfte für seinen kurz vorher gestorbenen Bruder zu regeln.
Dann ließ er es sich angelegen sein, die Provence zu
erobern, die von da an bei Frankreich blieb. Am 22. Februar 1382 kam er in Avignon an, wo ihm der Gegenpapst Klemens VII. den Titel eines Grafen von Kalabrien
verlieh.

Während er den Heerzug gegen Neapel vorbereitete, versuchte er vergeblich, einige italienische Städte zu Verbündeten zu gewinnen, nur Mailand erklärte sich bereit. Das
französische Heer wählte den Landweg über Lyon und
das Piemont, wo sich ihnen Graf Amadeus IV. von Savoyen anschloß. Schließlich zog das Heer von 60 000
Reitern über die Alpenstraße nach Italien. Noch nie hatte
ein so großes Heer die Alpen überschritten. Es wurde
wegen seiner großen Disziplin überall, wohin es kam,
bestaunt; in Mailand hieß es, Ludwig von Valois führe
einen so großen Goldschatz bei sich, wie ihn die ganze
Stadt nicht besäße. Ludwig von Valois zog nicht, wie
Klemens VII. gewünscht, zunächst nach Rom, sondern
gegen Neapel. Er kam, vereinigt mit den Truppen Rinaldo Orsinis und den der Königin treu gebliebenen neapolitanischen Kontingenten, am 17. September in Aquila an.
Das war zu spät, um Johanna noch retten zu können.
Zwei Monate vorher, wohl am 27. Juli, war sie im Castel
Muro ermordet worden.

Karl III. von Durazzo hatte ein Interesse an der Beseitigung Johannas gehabt, bevor Ludwig Valois in Neapel
eintraf, denn war sie tot, konnte er nicht mehr als Usur-

pator des Thrones gelten. Ein Interesse hatte auch Urban VI., denn Johanna war eine Verbündete seines Widersachers Klemens VII. Der Papst war kein Mann, der Skrupel – auch vor einem Mord – kannte, ließ er doch später fünf gegnerische Kardinäle unter furchtbaren Martern hinrichten. Dem König Ludwig von Ungarn und Polen galt die Hinrichtung Johannas als Rache für die Ermordung seines Bruders Andreas durch Johanna.

Da sich hier der blutige Kreis um Johannas Dasein schließt, sei an die Ermordung des 18jährigen Andreas, des ersten Gatten Johannas, vierzig Jahre vorher im Garten des Schlosses von Aversa erinnert. Papst Klemens VI. hatte damals bei der Untersuchung des Falles in einer förmlichen Ansprache die Untat so dargestellt: »Von den Verrätern gerufen, trat er (Andreas) aus dem Schlafgemach der Königin heraus. Einige der Verbrecher schlugen ihm die Fäuste vor den Mund, damit er nicht um Hilfe schreien konnte. Andere legten ihm einen Strick um den Hals, um ihn zu erdrosseln, wie die Würgemale zeigen. Wieder andere packten ihn bei den Geschlechtsteilen und zerrten ihn fort. Man kann von ihm sagen, was von Christus gesagt wurde, daß nämlich von Kopf bis Fuß kein Teil seines Körpers unverletzt blieb.«

Die Ermordung Johannas vollzog sich folgendermaßen. Vier Henker warfen sie nieder, fesselten ihr Hände und Füße und drückten zwei Kopfkissen gegen ihr Gesicht, bis sie erstickt war.

Öffentlich wurde bekanntgegeben, sie sei eines natürlichen Todes gestorben. Die Tote wurde nach Neapel gebracht und in der Kirche des Klosters Santa Clara aufgebahrt, zu Füßen des Denkmals, das Johanna ihrem Großvater, König Robert dem Weisen von Neapel, dem Erbauer der Kirche, errichtet hatte. Um die Tote brannten viele Kerzen. Kein Priester war anwesend. Eine neugierige und verschreckte Menschenmenge drängte sich, die tote Königin zu sehen.

Ein solcher Tod, eine solche Tote regten zur Legendenbildung an. Das betrifft auch den Ort ihrer Bestattung. Nach der Tradition der Franziskaner, denen die Kirche gehörte, ruht Johanna in einem Ossarium unter einer runden Steinplatte am Ende des Kirchenschiffs, nahe beim Kirchentor. In Santa Clara ruht neben dem König Robert dem Weisen auch die Urgroßmutter Johannas, Maria von Ungarn, die im Kloster der heiligen Clara gestorben war, auch die Mutter Johannas, Maria von Valois. Johanna ruht also in der Nähe der Angehörigen ihres Geschlechts, doch an einer Stelle, wie sie einer exkommunizierten Schismatikerin zusteht. (Die Kirche Santa Clara wurde am 4. August 1943 durch Fliegerbomben zerstört.)

Die Nachwelt gedachte Johannas als Märtyrerin und mater dolorosa und als einer abscheulichen Verbrecherin.

Die Schicksale der Hauptgestalten

Johannas Schwager, König Ludwig der Große von Ungarn und Polen, der die Ermordung seines Bruders Andreas durch dessen Gattin Johanna gerächt hatte, überlebte Johanna nur um zwei Monate; er starb am 11. September 1382 in Tyrnau bei Preßburg.

Herzog Ludwig I. von Valois, der Adoptivsohn und Erbe Johannas, der vom Gegenpapst in Avignon zum König von Neapel gekrönt worden war, starb während des erfolglosen Krieges gegen Karl III. von Durazzo, der ihm die Krone streitig machte, am 21. September 1384 in Bari.

Karl III. von Durazzo, der Mörder Johannas, geriet mit Papst Urban VI., der ihn in Rom zum König von Neapel gekrönt hatte, in Streit. Er ging, von den Gegnern der Elisabeth von Bosnien, der Witwe nach König Ludwig dem Großen von Ungarn und Polen, gerufen, 1385 nach Ungarn, wo er im selben Jahr in Stuhlweißenburg zum König gekrönt wurde. Die Anhänger Elisabeths von Bosnien übten bald nach seiner Krönung ein Attentat auf ihn aus, dessen Verwundungen er im Kerker von Wischegrad am 5. März 1386 erlag.

Papst Urban VI. starb sieben Jahre nach Johanna in Rom, am 15. Oktober 1389, von der Kurie und vom Volk gehaßt, im Wahnsinn.

Der Gegenpapst Klemens VII., nur von Frankreich, Spanien und Schottland anerkannt, behauptete sich in Avignon auch noch gegen den folgenden Papst in Rom, Bonifaz IX., bis zu seinem Tod 1394.

Das Ende der Anjou in Neapel

Karl III. der Kleine von Durazzo, der 1386 einem Mord-anschlag erlegen war, hinterließ einen Sohn und eine Tochter. Der minderjährige Sohn Ladislaus (Wladislaw), für den zunächst die Mutter regierte, erbte Neapel. Er geriet in langwierige kriegerische Auseinandersetzungen mit den Valois, die Johanna I. als Erben eingesetzt hatte und die Neapel beanspruchten. Ladislaus wurde auch in die Kämpfe des schismatischen Papsttums und in die Unruhen in Ungarn und Italien verwickelt, dessen König zu werden er sich bemühte; doch er starb 1414 im Castel Nuovo in Neapel an der Lustseuche.

Nachfolgerin wurde seine Schwester als Königin Johan-na II. Ihr Leben war so verwirrend, gewalttätig, genuß-süchtig und zuchtlos wie das Johannas I., die in Johanna II. wiedergeboren schien. Sie lebte von 1371 bis 1435. Zum Unglück des Königreichs regierte sie dreißig Jahre, in denen sie das Königreich Neapel an den Abgrund brachte.

Ihr erster Gatte seit 1389 war Wilhelm von Österreich, Sohn Leopolds III., ihr zweiter Gatte seit 1415 Jakob Bourbon von Marche. Dieser ließ Johannas Liebhaber, den jungen Mundschenken Pandolfo Alopo, auf dem Mercato enthaupten und Johanna einkerkern. Von ihren Untertanen befreit, setzte sie ihrerseits Jakob von Bour-bon gefangen. Er konnte entkommen, ging nach Frank-reich in ein Kloster und überließ Johanna ihrem Gelieb-ten Gianni Caraccioli.

Herzog Ludwig III. Valois, dessen Großvater Johanna I. adoptiert hatte, stellte Ansprüche auf den neapolitani-schen Thron. Es kam zu verworrenen kriegerischen Auseinandersetzungen im völlig zerrütteten Königreich. Gegen Ludwig III. Valois rief Johanna II. König Alfonso den Weisen von Aragon-Sizilien ins Land und adoptierte ihn 1421. Nach einem Streit mit ihm adoptierte nun Johanna II. Ludwig III. von Valois. Nach dessen Tod 1434 adoptierte sie dessen Sohn René und setzte ihn als Erben ein. Während René zu dieser Zeit vom Herzog von Burgund gefangengehalten wurde, gelang es König Alfonso V. von Sizilien, nach dem Tod Johannas 1435 das Königreich Neapel zu erobern. 1442 wurde er in Neapel zum König gekrönt. Dadurch war mit Ausschaltung der Anjou die Einheit der ehemals staufischen sizilischen Doppelmonarchie, die nach der Sizilianischen Vesper von 1282 in zwei feindliche Staaten zerfallen war, unter anderer Herrschaft wiederhergestellt. –

Mit Karl I., dem ersten Anjou, der von Papst Klemens IV. 1265 mit Neapel-Sizilien belehnt worden war, hatte der Aufstieg der Anjou in Italien begonnen. Ihre Herrschaft, die 177 Jahre gedauert, endete mit der Eroberung des Königreichs Neapel durch den sizilischen König Alfons V. den Weisen von Aragon im Jahr 1442.

MAROZIA UND DAS DUNKLE JAHRHUNDERT

Siebzig Jahre nach dem Tod Karls des Großen (814) befand sich sein Reich durch die Absetzung seines Urenkels Karls des Dicken 887 schon im Verfall. In Deutschland fehlte jede zusammenhaltende und ordnende Macht. Es bedurfte eines halben Jahrhunderts, bevor durch Otto I. den Großen die verworrene Zeit ein Ende fand.

Nicht anders lagen die Verhältnisse in Italien, das Karl der Große in der Absicht der Wiederherstellung des Römischen Reichs Konstantins des Großen (Renovatio Imperii) als König der Franken und Langobarden beherrscht hatte. Im Langobardischen Reich waren die Verhältnisse nicht minder zersplittert. Vielfach landfremde Könige erhoben sich zu Königen Italiens, bekämpften einander, die Herzogtümer machten sich selbstherrlich und trachteten nach Eroberungen. Das Dukat Rom wurde zum Zankapfel des Stadtadels.

Der innere Zerfall wurde gefördert durch Invasionen fremder Völker, die Italien nicht zur Ruhe kommen ließen. Sie verheerten jahrhundertelang Italien und raubten es aus: die Sarazenen, die bis Rom, bis in die Alpen vordrangen, die Ungarn, die durch ihre Raubzüge immer wieder Oberitalien verwüsteten, die Slawen des Balkans, vorweg aus Dalmatien, die Ostitalien heimsuchten (Zerstörung Sipontos), die Byzantiner, die weströmische Gebiete zurückerobern wollten, schließlich die Normannen, die sich in einzelnen Teilen Italiens festzusetzen begannen.

Wie in einem Zerrspiegel sammelt sich das Bild der politischen Zustände im Papsttum, das als Macht, aber auch religiös und sittlich einen Tiefpunkt erreichte. Seit dem Tod Nikolaus I. des Großen 867 bis zur Höhe der Verruchtheit unter Johannes XII. (955–963) gab es innerhalb eines Jahrhunderts 27 Päpste, von denen einige nur Wochen, ja Tage regierten und durch Mord endeten.

Mit dem Blick auf das Papsttum muß unsere Betrachtung beginnen, wurde es doch durch Theodora und deren Töchter völlig und unheilvoll beherrscht.

Die Leichensynode des Papstes Stephan VI.

Papst Stephan VI. ließ im Januar 897 seinen schon neun Monate im Grab ruhenden Vorgänger Formosus, einen untadeligen Mann, ausgraben und, in päpstliche Gewänder gekleidet, auf den Thron setzen, um ihn zu richten. Stephan, vergessend, daß er selbst durch Formosus zum Bischof von Anagni eingesetzt worden war, zählte zu den vielen angeblichen Freveln des Formosus die unrechtmäßige Verleihung von kirchlichen Ämtern und Würden, vor allem die Translation, die Wahl eines Bischofs zum Papst. Stephan ließ dem Toten die Segensfinger der rechten Hand abschlagen, erklärte alle durch Formosus verliehenen Ämter und Würden als ungültig und ließ Formosus nach einer spektakulären Begräbnisszene in den Tiber werfen.

Die Anhänger des Formosus setzten wenige Monate später Stephan gefangen und ließen ihn erwürgen.

Der Nachfolger Stephans, Theodor II., regierte nur drei Wochen. Er ließ den aufgefundenen Leichnam des Formosus feierlich bestatten und erklärte die »Leichensynode« – als solche ist sie in die Geschichte eingegangen – für ungültig. Zum Gegenpapst wurde der Graf von Tusculum erhoben, der den Namen Sergius annahm.

Der rechtmäßige Papst, Leo V., ein heiligmäßiger Mann, wurde schon im ersten Jahr seines Pontifikats von dem Presbyter Christophorus ins Gefängnis geworfen und gefoltert. Christophorus, der sich zum Papst aufgeschwungen hatte, erlitt dasselbe Schicksal wie Leo; er wurde nach kaum vier Monaten seines Pontifikats durch Sergius, den ehemaligen Gegenpapst, der aus der Verbannung zurückgekehrt war und sich als rechtmäßiger Papst erklärte, zu Leo ins Gefängnis geworfen, wo Sergius beide erwürgen ließ.

Mit Papst Sergius III. (904–911) stehen wir mitten im Dunklen Jahrhundert des Papsttums und Italiens, wie es der Historiker Kardinal Cesare Baronio um 1600 nannte. Noch beschäftigen wir uns nicht mit den italienischen Verhältnissen insgesamt, sondern zunächst mit dem Dukat Rom, dessen weltliche Macht durch zwei Frauen mit dem Vatikan verschmilzt.

Die Eltern der Marozia

Das Dukat Rom, das die weltliche Herrschaft über die Stadt ausübte, war eines der vielen, allerdings eines der wichtigsten Herrschaftsbereiche im aufgesplitterten Italien. Durch die Streitigkeiten des römischen Stadtadels waren auch hier anarchische Zustände eingetreten. Theophylakt, der einer römischen Familie entstammte, gelang es, sich die Herrschaft über Rom zu erkämpfen; er nannte sich Herzog, Konsul, Dux und Senator von Rom und erhob seine Frau Theodora zur Senatrix. Das römische Dukat sollte bis zum Beginn des 11. Jahrhunderts in den Händen der Familie bleiben.

Theophylakt wie seine Frau Theodora waren gleichermaßen machtgierig und schreckten vor keinem Mittel zurück, die erkämpfte Herrschaft zu behaupten. Das Papsttum wurde nur noch durch Theodora besetzt und beherrscht.

Liudprand, ein Langobarde, Bischof von Cremona, berichtet in seinem »Buch der Vergeltung« aus der Zeit von 887 bis 950 so viel Schreckliches und Erbärmliches und für das Papsttum Beschämendes, daß, wenn auch nur die Hälfte seiner Berichte wahr wäre, dies genügte, Abscheu vor der Sittenlosigkeit und Schauder über die Grausamkeiten zu wecken. Wir werden aus seinem »Buch der Vergeltung« noch zitieren.

Johannes X., der Nachfolger des Papstes Sergius, des Mörders seiner beiden Vorgänger und Freund des Leichenschänders Stephan, war durch seine Beischläferin Theodora Papst geworden; auch Theodoras Tochter Marozia wurde die Mätresse von Johannes X.

Unter der Führung des Papstes und Theophylakts wurde

eine Liga gegen die Sarazenen gegründet, die im August 915 in den Maremmen des Garigliano bei Caserta geschlagen wurden.

Das Papsttum war so entartet, daß es möglich wurde, einen fünfjährigen Knaben zum Erzbischof von Reims zu ernennen.

Die Töchter Marozia und Theodora die Jüngere

Der Ehe Theophylakts mit Theodora entstammten zwei Töchter, Marozia und Theodora die Jüngere. Beide hatten die Gier zu herrschen, die Lüsternheit und Grausamkeit mit der Muttermilch in sich aufgenommen, aber auch die Schönheit von der Mutter geerbt. Diese Schönheit zeichnet durch Generationen die Frauen der Familie aus. Marozia, auch Rozia genannt, war so schön, daß sie und ihre Nebenbuhlerin Pezola mit Venus und Juno verglichen wurden. (Pezola ist Bertha, die dritte Frau des Hugo von der Provence, deren Tochter Eudokia Kaiserin von Byzanz wurde. Mit Hugo von der Provence vermählte sich Marozia in dritter Ehe.)

Das Papsttum wurde auch durch Marozia – wie vorher durch ihre Mutter Theodora – zum Spielball in ihren Händen und zur Pornokratie erniedrigt. Der Sohn Marozias und des Papstes Sergius II. wurde später der verruchte Papst Johannes XI.

Der erste Gatte der Marozia war der lombardische Edelmann Alberich I. Er kämpfte an der Seite des Königs von Italien, Berengars I. von Friaul, gegen Wido (Guido), den Markgrafen von Camerino in der Provinz Macerata.

Berengar I. von Friaul, dessen Gefolgsmann der erste Gatte Marozias war, war 888 in Pavia zum König von Italien gekrönt worden, erlitt 899 eine furchtbare Niederlage durch die Ungarn an der Brenta, besiegte 900 seinen Gegner Ludwig von der Provence, den er blenden ließ, und wurde durch den Einfluß Marozias von Papst Johannes X. zum Kaiser gekrönt, wodurch sich auch die Stellung von Marozias Gatten erhöhte.

924 äscherten die Araber Pavia ein.

Marozias Gatte Alberich I. entzweite sich mit dem Papst, wurde aus Rom verbannt und um 924 in Orta Novarese ermordet.

Marozia rächte sich auf ihre Art an dem Papst, ihrem ehemaligen Geliebten; sie ließ ihn einkerkern und im Mai 928 töten.

Sie hatte sich den Weg frei gemordet. Sie war Alleinherrscherin über das weltliche und geistliche Rom. Ihre Machtgier ruhte nicht. 926 heiratete sie in zweiter Ehe den Markgrafen Wido (Guido), wodurch sie nicht mehr nur die Herrin Roms war, sondern auch die Tusculums wurde. Tusculum reichte von Mantua und Ferrara bis Lucera.

931 erlebte sie einen weiteren Triumph; der aus ihrem Verhältnis mit dem Papst Sergius herstammende Sohn wurde Papst Johannes XI.

Damit aber war ihr Ehrgeiz noch nicht gestillt.

Marozia als Königin von Italien

Die letzten Karolinger waren nicht mehr imstande gewesen, die Herrschaft über Italien zu erhalten, auch wenn sie – wie Arnulf von Kärnten 894 – zum römischen Kaiser gekrönt worden waren; krank nach Deutschland zurückgekehrt, starb Arnulf schon 899.

Berengar I. von Friaul, der 915 zum Kaiser gekrönt worden war, wurde 924 in Verona ermordet. Sein Nachfolger Rudolf II. von Hochburgund wurde 926 durch Hugo von der Provence (von Vienne) aus Italien verdrängt.

Hugo von der Provence (von Vienne) war ein Enkel Lothars II., also karolingischer Abstammung. Sein Vater war Theobald von Arles, sein Stiefvater Adelbert der Reiche von Tuscien. Dessen Sohn und Erbe war der Markgraf Wido (Guido) von Tuscien. Ihn heiratete 926 in zweiter Ehe Marozia.

Wido rief seinen Halbbruder Hugo von der Provence nach Italien, wo er 926 zum König gekrönt wurde. Liudprand, der ein Gefolgsmann Hugos war, schrieb über ihn: »Ob ihn aber auch so vieler Tugenden Glanz erhob, verdunkelte er doch den Ruhm derselben durch seine Schwäche für die Weiber.« Diese Schwäche mochte ihn mit der schönen Marozia in Verbindung gebracht haben. Liudprand urteilt milde über seinen Herrn, zu dem er wegen seiner schönen Stimme als Sänger gekommen war, später wurde er ein Gefolgsmann Ottos I. und Bischof von Cremona.

Hugo von der Provence herrschte als Tyrann.

Nach dem Tod Widos 932 heiratete Marozia in dritter Ehe Hugo von der Provence, an dessen Krönung zum König sie mitgewirkt hatte. Hugo war ein Stiefbruder ihres zweiten Gatten Wido von Tuscien. Marozia wurde durch die Heirat mit Hugo von der Provence, nachdem sie Alleinbeherrscherin Roms und Markgräfin von Tuscien geworden, Königin von Italien. Ihre herrscherlichen Wünsche waren damit noch nicht befriedigt; sie strebte für ihren Gemahl und damit für sich die Kaiserkrone an. Doch dem setzte ihr Sohn eine Grenze.

Alberich II., der Sohn Marozias aus ihrer ersten Ehe mit Alberich I., hatte die Herrschaft über Rom und Tuscien erlangt, nachdem seine Mutter durch ihren dritten Gemahl Hugo von der Provence Königin geworden war. Alberich war hochbegabt; von der Mutter hatte er den Drang zu herrschen geerbt. Durch sie gedrängt, ihren Gatten zum Kaiser krönen zu lassen, weigerte sich Alberich. Es kam zu Zwistigkeiten, während welcher Hugo seinen Stiefsohn beleidigte. Wegen der tyrannischen Herrschaft Hugos von der Provence gewann Alberich den römischen und lombardischen Adel und vertrieb 945 Hugo aus Rom. Er starb schon zwei Jahre danach in Arles.

In der Folge der Auseinandersetzungen ließ Alberich seine Mutter gefangensetzen – was sie selbst mit ihrem Geliebten, dem Papst Johannes X. getan hatte. Marozia starb als Gefangene ihres Sohnes, wir wissen nicht wie und wann.

Marozias Sohn Alberich als Alleinherrscher

Alberich II. war nach der Entfernung seiner Mutter Alleinherrscher über Rom geworden und regierte als dessen Patricius, Fürst und Senator zweiundzwanzig Jahre (932–954) unangefochten. Er bemühte sich, in die chaotischen weltlichen und kirchlichen Verhältnisse Ordnung zu bringen.

Er war mit Alda, einer Tochter aus der ersten Ehe Hugos von der Provence, seines Stiefvaters, den er aus Rom vertrieben hatte, verheiratet. Sein Sohn war Oktavian, der spätere Papst Johannes XII., unter dem der Vatikan noch einmal auf entsetzliche Weise verwildern sollte.

Alberich II. konnte ohne Bevormundung durch seine Familie, ob durch die Mutter oder deren Gatten Hugo von der Provence, nicht nur Rom und Tuscien, sondern auch die Päpste beherrschen. Gerade hier tat eine neue Ordnung und Zucht bitter not. Ein Ereignis bot sich ihm als Hilfe an – es kam, aus der verwahrlosten Zeit geboren, zur rechten Zeit.

910 war von Herzog Wilhelm dem Frommen von Aquitanien in Cluny ein Benediktinerkloster gegründet worden, durch dessen Reformen dem allgemeinen religiösen und kirchlichen Verfall Einhalt geboten werden sollte, vor allem in den Klöstern; auch das Papsttum, so sehr es sich gegen die Reformen wehrte, konnte nicht unangefochten bleiben. Wie schwierig gerade hier die Aufgabe war, sollte Alberich durch seinen eigenen Sohn erfahren. Auch im weltlichen Bereich bahnte sich aus der allgemeinen Verwirrung ein rettendes Ereignis an.

Die Veränderungen in Deutschland durch Otto I. wirkten sich auch auf Italien aus. Otto trachtete aus dem Geist der Reichstradition Karls des Großen, Italien wieder ins Imperium einzugliedern.

950 hatte sich Berengar II. von Ivrea (bei Turin) zum König über Italien erhoben und wurde zugleich mit seinem Sohn Adalbert gekrönt. Er machte sich durch seine tyrannische Herrschaft unbeliebt. 951 erschien Otto I. in Oberitalien und nahm den Titel eines Königs der Franken und Langobarden an. Berengar II. von Ivrea unterstellte sich ihm als Vasall. Es gelang Otto I. nicht, Rom zu erobern und sich dort zum Kaiser krönen zu lassen; Alberich II. verhinderte das und leistete Otto I. Widerstand.

Der Zug Ottos nach Italien hatte noch einen anderen Zweck gehabt. Adelheid, die Tochter Rudolfs II. von Hochburgund, war mit Lothar verheiratet, einem Sohn Hugos von der Provence aus seiner ersten Ehe mit Alda. Nach dem Tod Lothars weigerte sich Adelheid, den Sohn Berengars II. von Ivrea, Adalbert, zu heiraten. Daraufhin wurde Adelheid durch Berengar streng gefangengehalten; es gelang ihr, in das feste Canossa zu fliehen, von wo aus sie Ottos I. Hilfe erbat. Otto befreite Adelheid während seines ersten Italienfeldzugs und heiratete sie.

Die später heiliggesprochene Adelheid war eine ebenso fromme wie weltkluge Frau. Sie wurde, darum gebeten, die umsichtige Beraterin in Regierungsgeschäften ihres Sohnes Otto II. und ihres Enkels Otto III. – ein verheißungsvolles Aufleuchten am Ende des Dunklen Jahrhunderts, in welchem so ganz anders geartete Frauen, wie Theodora und deren Tochter Marozia, ihren verhängnisvollen Einfluß geltend gemacht hatten.

Papst Johannes XII., der Enkel Marozias

Vor seinem Tod 954 hatte Alberich II. den römischen Adel gezwungen zu schwören, seinen Sohn Oktavian, Grafen von Tusculum, der zum geistlichen Stand erzogen worden war, zum Papst zu wählen; dadurch sollte die geistliche und weltliche Macht wieder in einer Hand vereinigt werden.

Ein Jahr nach dem Tode Alberichs wurde Oktavian nach dem gestorbenen Papst Agapet II. zum Papst gewählt; er nahm den Namen Johannes XII. an – auch der Geliebte wie auch der uneheliche Sohn Marozias hatten als Päpste denselben Namen getragen. Johannes XII. setzte deren Tradition fort: Er wurde ihnen gleich unwürdig.

Seiner Urgroßmutter Theodora und Großmutter Marozia nachgeraten, wurde Johannes XII. »eine der erbärmlichsten und niederträchtigsten Figuren, die je den Heiligen Stuhl entweiht haben. Er war in jeder Hinsicht ungebildet, redete nur in der Vulgärsprache und herrschte als zynischer Tyrann. Unter seinem Regiment wurde der Lateran zum Bordell, wie die Historiker aller Richtungen zugeben.« (Hans Kühner: Papstlexikon). Liudprand schreibt als Zeitgenosse und Augenzeuge: »Wenn auch alles schweigen sollte, so wurde doch der Lateranische Palast, einst die Wohnung heiliger Männer, jetzt der Tummelplatz unzüchtiger Weiber.«

961 rief Johannes XII. König Otto I. gegen König Berengar II. von Ivrea und dessen Sohn Adalbert nach Rom. Otto stand im Glanz seines Ruhmes durch den Sieg über die Ungarn bei Augsburg 955, wodurch der Plage der bedrohlichen Invasionen ein Ende gemacht wurde.

Johannes XII. krönte Otto I. und seine Gemahlin Adel-

heid zum Kaiser und zur Kaiserin. Das ist die Geburts-
stunde des Sacrum Imperium Romanum, des Heiligen
Römischen Reichs. Es wurde zugleich das Reich »Deut-
scher Nation« – seit Otto I. wurden nur deutsche Könige
zu römischen Kaisern gekrönt.

War durch Cluny die reinigende Kirchenreform eingelei-
tet worden, so griff nun Kaiser Otto I. der Große als
ordnende Macht auch in die zerrütteten Verhältnisse Italiens ein.

(Inwieweit es ein Segen war, daß die deutschen Könige
als römische Kaiser die Wiederherstellung des alten Imperium Romanum anstrebten, wozu als erste Aufgabe die
Eroberung und Beherrschung Italiens gehörte, ist eine
weitläufige Frage. Geschah es nicht zum Schaden
Deutschlands, das durch die Italienpolitik der deutschen
Könige vernachlässigt wurde, während sich die anderen
Königreiche Europas festigten und zentralisierten? War
die Wiederherstellung des Römischen Reichs in einer
völlig veränderten Zeit nicht eine Utopie, an der nicht
nur die Staufer scheiterten?)

Nachdenklich und seltsam bleibt, daß die Würde des
Kaisers des Heiligen Römischen Reichs durch einen so
unwürdigen Papst wie Johannes XII. verliehen wurde.

Schon kurz nach der Kaiserkrönung Ottos I. begann
Papst Johannes gegen ihn zu intrigieren. Mit Adalbert,
dem Sohn Berengars II. von Ivrea, mit dem sich Johannes
versöhnt hatte, begann er, ein Bündnis der europäischen
Staaten gegen Otto zu begründen. 963 erschien Otto I.
wiederum in Italien, unterwarf den Abtrünnigen Berengar II. von Ivrea und ließ ihn als Gefangenen nach Bam-
berg bringen, wo er 966 starb. In Rom berief Otto eine
Synode ein, um die Anklagen gegen Johannes XII., der
geflohen war, zu verhandeln.

Die Synode hat Liudprand, der in den Dienst Ottos getreten und Bischof von Cremona geworden war, in seiner Chronik der Taten Kaiser Ottos I. als Augenzeuge festgehalten.

Nach der namentlichen Aufzählung der vielen Anwesenden fährt Liudprand fort: »Als diese nun also Platz genommen hatten und allgemeine Stille herrschte, da begann der heilige Kaiser mit folgenden Worten: ›Wie schicklich wäre es doch, wenn der Herr Papst Johannes in dieser so herrlichen und heiligen Versammlung anwesend wäre. Weil er aber einer so ansehnlichen Synode ausgewichen ist, fragen wir euch danach, o heilige Väter, die ihr mit ihm gelebt und an seinen Angelegenheiten teilgenommen habt.‹ Darauf antworteten die römischen Bischöfe und Kardinalpriester und Diakone mit dem ganzen Volk: ›Wir wundern uns, daß Eure heiligste Weisheit das von uns zu erfahren wünscht, was nicht den Iberern, nicht den Babyloniern, ja nicht einmal den Bewohnern Indiens unbekannt ist. Denn dieser gehört gar nicht mehr zu denen, welche in Schafskleidern kommen, inwendig aber reißende Wölfe sind; er wütet so offenbar, er treibt so offen des Teufels Werk, daß er es gar nicht zu verbergen sucht.‹ Der Kaiser antwortete: ›Es scheint uns billig, daß die Anschuldigungen einzeln vorgebracht werden; dann wollen wir gemeinschaftlich beraten, was zu tun sei.‹ Da erhob sich der Kardinalpriester Petrus und bezeugte, daß er gesehen, wie der Papst die Messe gefeiert habe, ohne zu kommunizieren. Der Bischof Johannes von Narni und der Kardinaldiakon Johannes erklärten, sie hätten gesehen, wie jener einen Diakon im Pferdestall und nicht zu der festgesetzten Zeit geweiht habe. Der Kardinaldiakon Benedikt und die übrigen Diakone und Priester sagten aus, sie wüßten, daß der Papst Bischofsweihen für Geld erteile und daß er einen zehnjährigen Knaben zum Bischof von Todi geweiht habe. Nach dem Kirchenraub, sagten sie, brauche man nicht zu fragen, denn darüber belehre der Augenschein besser als alle Worte. Über seine ehebrecherischen Handlungen sagten sie aus, sie hätten dergleichen zwar mit Augen nicht gesehen, wüßten aber ganz gewiß, daß er mit der Witwe Rainer, mit der Stephana, einer Beischläferin seines Vaters, und mit der Witwe Anna samt deren Nichte Unzucht getrieben und den heiligen Palast zu einem Hurenhaus und Bordell gemacht habe. Sie bezeugten ferner, daß er öffentlich der Jagd nachgegangen sei, daß er seinen Beichtvater Benediktus habe blenden lassen, und derselbe sei bald danach gestorben; den Kardinal und Subdiakon Johannes habe er entmannt und umgebracht; ferner bezeugten sie, daß er Feuer gelegt, das Schwert umgegürtet und Helm und Panzer angetan habe. Daß er des Teufels Minne getrunken habe, bezeugten alle, Geistliche wie Laien, mit lautem Zuruf. Beim Würfelspiel, sagten sie, habe er den Jupiter, die Venus und andere Dämonen zu Hilfe angerufen. Metten und kanonische Stunden habe er weder gehalten noch auch sich mit dem Zeichen des Kreuzes gesegnet.«

Johannes wurde nach Rom vorgeladen, um sich wegen dieser und anderer Übeltaten zu rechtfertigen. »Alle aufzuzählen, dazu würde ein ganzer Tag nicht ausreichen«, schreibt Liudprand. Johannes wurde des Totschlags beschuldigt, des Meineids, des Kirchenraubes und der Blutschande in seiner Verwandtschaft.

Der Vorladebrief konnte Johannes nicht übergeben werden, da er sich – wie um die Synode zu verhöhnen – auf der Jagd befand. So wurde Johannes von der Synode abgesetzt, Leo VIII. zum neuen Papst gewählt.

Daraufhin drohte Johannes dem Kaiser mit dem Bann.
In der Meinung, die Ordnung wiederhergestellt zu haben, blieb der Kaiser mit nur noch geringem Gefolge in der Stadt. Aber es gelang Johannes, ohne selbst nach Rom zu kommen, seine Anhänger aufzuwiegeln; an dem Aufstand nahmen vor allem Frauen teil. Nur mit Mühe konnte Otto den Aufruhr niederkämpfen.

Dann zog er gegen Camerino und Spoleto, um den noch immer widerspenstigen Adalbert, den Sohn Berengars II. von Ivrea und Freund des Papstes, der sich auf seine Besitzungen zurückgezogen hatte, zu unterwerfen.

Während der Abwesenheit des Kaisers kam es in Rom zu einem neuen Aufruhr gegen ihn, den Befehle und Versprechungen des Papstes ausgelöst hatten. Seine Anhänger begannen mit dem Strafgericht gegen die Widersacher des Papstes. Dem Kardinaldiakon Johannes wurde die rechte Hand abgeschlagen, dem Geheimschreiber Azo wurden Zunge, Nase und zwei Finger abgeschnitten.

Als Otto I. nach Rom zurückkehren mußte, um die Ruhe wiederherzustellen, lebte Johannes XII. nicht mehr. Bei einem Ehebruch ertappt, wurde er von dem hintergangenen Ehemann derart hergerichtet, daß er acht Tage später den Verletzungen erlag. Liudprand berichtet, der Teufel habe ihn geholt.

So elend endete der letzte Nachkomme Marozias.

Aber noch lebten die Nachkommen ihrer Schwester, Theodoras der Jüngeren. Sie traten jetzt auf den Plan.

Der Schlange wachsen neue Köpfe:
die Crescentiner

Das Böse war in dieser Sippe unausrottbar und unerschöpflich.

Nachdem mit dem Papst Johannes XII. der letzte Nachkomme der Marozia zugrundegegangen war, setzten die Nachkommen der Schwester Marozias, Theodoras der Jüngeren, das Unheil fort; auch sie verknüpften die Macht über das Dukat Rom mit der Herrschaft über den Vatikan. Weil sie den Namen Crescentius führten, werden sie die Crescentiner genannt.

Als Sohn Theodoras der Jüngeren gilt der Papst Johannes XIII. – so genannt in der Tradition der Marozia-Päpste. Er war ein Anhänger Ottos I. und regierte so hart, daß es zu einem Aufruhr gegen ihn kam. Er wurde gefangengesetzt, konnte aber zum Kaiser entkommen, mit dem er nach Rom zurückkehrte. Er ließ seine Gegner hinrichten oder verbannte sie.

Der andere Sohn Theodoras der Jüngeren, Crescentius I., errang wieder die Alleinherrschaft über Rom, stellte sich aber gegen den Kaiser, setzte den kaisertreuen Papst Benedikt VI. ab und den ihm willfährigen Bonifazius VII. ein. Dieser ließ seinen Gegner erwürgen. Crescentius floh vor Otto II. nach Byzanz, kehrte nach dessen Tod 983 nach Rom zurück und übte die alte Herrschaft aus.

Während seiner Regierungszeit begaben sich zwischen den Päpsten und Gegenpäpsten Feindschaft, Frevel und Greuel. Der durch Kaiser Otto II. eingesetzte Papst Johannes XIV., der ehemalige Erzkanzler des Kaisers in Italien, bemühte sich unter dem Einfluß des Kaisers, die Reformen von Cluny durchzusetzen, wurde aber nach einem halbjährigen Pontifikat von dem zurückgekehrten Bonifaz VII. eingekerkert und verhungerte. Auch der grausame Bonifaz genoß seine Würde nur ein halbes Jahr; 985 wurde er bei einem Aufstand des römischen Volkes durch die Straßen geschleift und getötet.

Inwieweit Crescentius I. an den Papstmorden beteiligt war, wissen wir nicht. Nur das ist von ihm noch bekannt, daß er, wohl von seinem Gewissen bedrückt, Mönch wurde und 984 starb.

Der Nachfolger seines Vaters wurde Johannes Crescentius II. Nomentanus. Er nannte sich wieder Patricius der Römer. Er machte Johannes XV. zu seinem willfährigen Papst, einen unsauberen Menschen schlimmster Art, berüchtigt durch Geldgier und Nepotismus. 989 kam die Kaiser-Regentin Theophano, die Witwe nach dem 983 gestorbenen Otto II., nach Rom, konnte aber die Herrschaft des Crescentius nicht erschüttern. Wegen einer Auseinandersetzung mit Crescentius floh Papst Johannes XV. in die Toscana und rief Otto III. zur Kaiserkrönung nach Rom.

996 unterwarf sich Crescentius II. dem nach Rom gekommenen Otto III. Dieser setzte Gregor V. als Papst ein, einen Urenkel Ottos I.; er wurde der erste deutsche Papst, war erst vierundzwanzig Jahre alt und krönte den sechzehnjährigen Otto III. zum Kaiser.

Nach dem Abzug des Kaisers riß Crescentius II. die Herrschaft wieder an sich und erhob Johannes XVI. zum Gegenpapst. 998 war Otto III. wieder in Rom. Der geflohene Gegenpapst wurde gefangengenommen, ohne Wissen des Kaisers gefoltert und verstümmelt, auf Befehl des rechtmäßigen Papstes Gregor V. auf einem Esel durch Rom geführt und in einem Kloster gefangengesetzt, wo er noch fünfzehn Jahre lebte. Auch Crescentius II. ereilte sein Schicksal. Vom Kaiser besiegt, ließ dieser ihn nach der Erstürmung und Eroberung der Engelsburg enthaupten und seinen Leichnam in die Tiefe werfen.

Gregorovius nennt Crescentius einen Vorläufer des Arnold von Brescia und des römischen Volkstribunen Cola di Rienzo: »Denn dieser Römer aus einem erlauchten lateinischen Geschlecht war der erste in einer langen Reihe von Patrioten, die es versuchten, ihre Vaterstadt von der Herrschaft des Papstes und des germanischen Kaisers zu befreien.« Wir können diesem Urteil nicht zustimmen, zumal Gregorovius selbst die Herrschaft der Crescentiner als dämonisch kennzeichnet. – Das Volk mochte Crescentius angehangen haben. Die »trauernden Römer« bestatteten den so erbärmlich ums Leben Gekommenen in der Pankratius-Basilika und widmeten ihm eine ihn rühmende Inschrift. (Ferdinand Gregorovius: Die Grabdenkmäler der Päpste, Jess Verlag, Dresden, S. 37, Anm. 9)

Die Kraft des crescentinischen Geschlechts mochte erschöpft gewesen sein. Die Herrschaft über Rom ging auf die den Crescentinern nahe verwandten Tusculanen über. Graf Alberich von Tusculum wurde Consul et Dux von Rom; sein Bruder Theophylakt, Kardinal von Porto, bestieg als Bendikt VIII. den päpstlichen Thron.

Schließlich wurden Wahrheit und Wirklichkeit der Familie der Theodora und Marozia zur Sage. Es heißt, Theodora (Stephania), die Witwe nach dem durch Otto III. enthaupteten Crescentius, soll durch ihre Schönheit den jungen Kaiser bezaubert und vergiftet haben. Otto starb, erst zweiundzwanzig Jahre alt, am 23. Januar 1002 in Paternô. – Mit Crescentius III., der noch einmal für kurze Zeit zur Herrschaft gekommen war, aber von den Tusculanen verdrängt wurde, geht das Dunkle Jahrhundert zu Ende, das die Familie und Verwandtschaft der Marozia so unheilvoll beherrscht hat. Zugleich bahnt sich das Ende der kirchlichen Mißwirtschaft an. Kaiser Heinrich II., der Nachfolger Ottos III., zwang durch die Synode den dazu wenig willigen Papst Benedikt VIII. zu den kirchlichen Reformen im Geist von Cluny. Die noch weit verbreitete Priesterehe wurde verboten, das Credo des Konzils von Konstantinopel (381) in die römische Meßordnung aufgenommen.

In Rom hat sich eine sichtbare Erinnerung an die Crescentiner erhalten, in einem Haus am Ponte Rotto, das als das älteste Haus Roms gilt. Es heißt irrtümlich Casa di Rienzi. Es wurde im 11. Jahrhundert von einem Nicola Crescenti erbaut.

Der Name Crescenti hat sich in Verbindung mit dem der römischen Familie Serlupi erhalten.

FREDEGUNDE

Unter den fränkischen Merowingern begann seit der Mitte des 5. Jahrhunderts aus chaotischen Anfängen die Bildung zweier neuer Staatengebilde, Frankreichs und Deutschlands. Dadurch verlagerte sich das politische Schwergewicht vom Mittelmeer in den romanisch-germanischen Norden. Aus dem Zusammenwachsen von Gallo-Römischem, Germanischem und Christlichem bildete sich im fränkischen Staatswesen etwas Neuartiges heraus.

Daß diese Neuordnung bei der Verwahrlosung des merowingischen Geschlechts möglich wurde, mutet rätselhaft an und veranlaßt, an eine geheim leitende Kraft zu glauben, die trotz der verworrenen und düsteren Regierungen vom 5. ins 8. Jahrhundert, also bis zu Karl dem Großen, zu einer neuen staatlichen Ordnung im Abendland führen konnte.

Die Franken, die sich aus verschiedenen germanischen Stämmen zusammensetzten, nahmen das romanisierte Land links und rechts des Rheins ohne ein Besiedlungsrecht, vielmehr durch gewaltsame Eroberung in Besitz. Nach wiederholten Teilungen unter die Königssöhne umfaßte das Frankenreich neben dem südfranzösischen Aquitanien Austrasien – Francia orientalis – (die Champagne, das Maas- und Moselland und die innergermanischen Länder mit Reims als Hauptstadt), Neustrien – Francia occidentalis – (den gallo-romanischen Westen von der Schelde bis zur Loire mit der Hauptstadt Paris) und Burgund (das mittlere und untere Loire- und Rhône-Gebiet mit Orléans als Hauptstadt). So erscheint das fränkische Reich um 561 nach der Aufteilung unter die Söhne Chlothars I.

Seit den ersten merowingischen Königen Chlodjo und Childerich I. (gestorben 482) veränderte sich der Charakter der Herrscher nur wenig. Unmaß kennzeichnete sie, Kriegsmut paart sich mit der Gier, rücksichtslos zu erobern und dabei vor keinem Mittel zurückzuschrecken; Klugheit verbindet sich mit Schläue und Betrug; Treue ist nur ein leerer Wahn; Mord, Rache, vor allem Blutrache, gelten unbedenklich zur Erhaltung oder Vergrößerung der Macht; der Drang nach Land ist ebenso stark wie der nach Geld und Schätzen. Von Launen beherrscht, steigern sich diese zu Jähzorn, mit Spott und Zynismus gepaart. Zur Trunksucht gesellt sich eine unersättliche Sinnenlust. Gattinnen, Nebenfrauen und Beischläferinnen treten in einer Art nebeneinander, daß von einem ehelichen Leben nicht die Rede sein kann.

Bis zu Chlothar I. (gestorben 561) wurden die bösen und zügellosen Untaten unter den rivalisierenden Brüdern und Verwandten zwischen Männern ausgetragen. Unter Chlothars Söhnen brachen die Leidenschaften durch Frauen in einer kaum faßbaren Zügellosigkeit und skrupellosen Grausamkeit hervor.

Fredegunde und ihre Gegenspielerin Brunhilde wurden die tragenden Gestalten einer merowingischen Familientragödie um die beiden Brüder Sigibert und Chilperich. In Machtgier, Haß und Rache erscheint das, was sie heraufbeschwören, wie ein Alptraum, eine Rückerinnerung an mythische, dennoch wirkliche Geschehnisse, wie sie im Epos von der Nibelungen Not und der Rache Kriemhilds schattenhaft beschworen erscheinen – oder als Strindbergsche Dämonie des Weiblichen.

Die drei königlichen Brüder

Die Hauptquelle für die Geschichte der Merowinger ist die bis 591 reichende »Historia Francorum« des Bischofs Gregor von Tours (gestorben 594). Während die ersten der zehn Bücher aus schriftlichen und mündlichen Quellen schöpfen, hält Gregor die Zeit, mit der wir uns beschäftigen, als Augenzeuge fest. – Die »Gesta Regum Francorum«, mehr als anderthalb Jahrhunderte später entstanden, neigen zum Erzählerischen und Anekdotischen, enthalten aber auch in dieser Form manchen Wahrheitskern.

Zunächst sind die drei Könige im Umriß vorzustellen, um den späteren Begebenheiten einen Leitfaden zu geben. Sie unterscheiden sich kaum von ihren Vorfahren. Eigentümlich bleibt, daß eine so umwälzende geschichtliche Epoche sich zum größten Teil als Familiengeschichte darstellt; große Fragen, Probleme und Ideen bewegen sie kaum. Das wechselvolle Geschehen wird durch Auseinandersetzungen innerhalb der Familien bestimmt.

Unter Chlothar I. war das Frankenreich als Ganzes vereinigt. Nach seinem Tode 561 gelangte es in seinen drei Teilen an drei Söhne: Guntram erhielt Burgund, Sigibert Austrasien, Chilperich Neustrien.

Guntram hatte einen zwiespältigen Charakter; einerseits war er vorsichtig und furchtsam, was seiner Neigung zur Gemächlichkeit entsprach, aber in seiner Wankelmütigkeit und Unentschlossenheit geriet er durch wechselnde Verhältnisse zu seinen Brüdern in Konflikte. Er war fromm, ja stand im Ruf eines heiligmäßigen Mannes, konnte aber auch vom typisch merowingischen Jähzorn überwältigt und unberechenbar werden. Seinen Kämmerer ließ er wegen eines geringfügigen Vorfalls zu Tode steinigen; er bereute das zwar nachher, aber nur deswegen, weil er einen tüchtigen Mann verloren.

Sein Sohn von der Beischläferin Veneranda, einer Dienstmagd, soll als Kind von seiner Frau Marcatrud vergiftet worden sein, wonach er diese verstieß und eine neue Ehe einging. Als sein Bruder Sigibert gestorben war, bot sich ihm eine von dessen Frauen mit ihrer reichen Mitgift an; Guntram ließ sie kommen, nahm ihr die Schätze ab und ließ sie in ein Kloster bringen.

Er überlebte seine Brüder, die beide ermordet wurden; er starb 593 ohne Nachkommen.

Sigibert neigte zu einem geordneten Leben und war um die Erhaltung seines Besitztums bemüht, wurde aber durch seine Frau Brunhilde in Auseinandersetzungen gedrängt, die mit seiner Ermordung 575 endeten.

An Chilperich werden verschiedene Begabungen hervorgehoben. Er hatte Sinn für die Tradition der römischen Kultur, verfaßte geistliche Hymnen und Gedichte im Stil des Sedulius, eines der besten christlichen Dichter der endenden römischen Literatur, und widmete sich grammatischen und theologischen Studien und Spekulationen. Er ergänzte das Alphabet um vier Buchstaben und forderte, daß in diesem Sinn die Knaben in den Klosterschulen unterrichtet und alle Handschriften umgeändert würden. Er schrieb eine eigenwillige Abhandlung über die Dreifaltigkeit und wollte die Kirchenmänner zwingen, an seine Auslegung zu glauben und sie zu verkünden. Trotz dieser Bemühungen nennt ihn Gregor von Tours einen Herodes und Nero seiner Zeit. Das wurde er unter dem Einfluß Fredegundes.

Durch die Frauen Sigiberts und Chilperichs, die Schwestern waren, und durch Chilperichs Beischläferin und

spätere Frau Fredegunde erreichte die an Tiefpunkten
reiche merowingische Geschichte das Ausmaß einer antiken Familientragödie.

Fredegundes List

Chilperich war mit Audovera verheiratet. Am Hofe von Soissons, wo er residierte, befand sich unter den Dienerinnen Fredegunde. Es gelang ihr, die Gunst Chilperichs zu gewinnen, ihn an sich zu fesseln und Audovera zu verdrängen. Wie es geschah, ist nicht bekannt. Ob die Erzählung in den »Gesta Regum Francorum« der Wahrheit entspricht oder nicht, sie beweist die Tatsache der Verdrängung Audoveras durch eine List Fredegundes, die ihrem Charakter entspricht.

Die »Gesta Regum Francorum« berichten:

Es gelang Fredegunde durch folgende List, die frühere rechtmäßige Gemahlin Chilperichs, die Königin Audovera, zu verdrängen und sich an ihre Stelle zu bringen. Chilperich lag zu Felde gegen die Sachsen, als Audovera daheim eine Tochter gebar . »Herrin«, sprach Fredegunde zu ihr, »wenn der König als Sieger zurückkehrt, wird er zürnen, wenn er das Kind noch ungetauft findet.« Die Königin ließ sogleich den Bischof herbeirufen, aber es war keine edle Frau gegenwärtig, das Mädchen über die Taufe zu halten. Dies hatte die arglistige Fredegunde erwartet. Die Königin, riet sie, möge das Geschäft selbst verrichten, da sie ja doch keine ihresgleichen finden könne. Audovera ging in die Falle. Als Chilperich zurückkam, ging ihm Fredegund entgegen, wünschte ihm Glück zu der Tochter und fügte, auf das Verbot der Ehe unter Paten hinweisend, hinzu: »Aber mit wem wird mein Herr, der König, diese Nacht zu Bette gehen? Denn die Königin ist selbst Pate deiner Tochter Childesind gewesen.« »Wohlan«, erwiderte der König, »so sollst du ihre Stelle einnehmen!« Und zu Audovera sprach er zürnend: »Weib, in der Torheit deines Herzens hast du eine Sünde begangen und kannst nicht mehr meine Gemahlin sein.« Sie mußte den Schleier nehmen, doch schenkte ihr der König große Landgüter, den Bischof verbannte er, Fredegunde aber ward seine Gemahlin. –

Dazu ist zu bemerken, daß kirchliche Patenschaft nach damaligem Recht eine geistige Verwandtschaft begründete, innerhalb welcher Ehen nicht zulässig waren. Es war aber damals möglich, sich neben einer rechtmäßigen Gattin mit einer Nebenfrau trauen zu lassen. Für Priester, auch Bischöfe, gab es noch kein Zölibat, nur die Ermahnung, möglichst mit nur einer Frau zusammenzuleben. Asketische Frömmigkeit bestand neben wüsten Ausschweifungen innerhalb der Priesterschaft, zumal im fränkischen Reich.

Die Schwestern Brunhilde und Galswintha

567 verheiratete sich König Sigibert mit Brunhilde, der Tochter des westgotischen Königs Athanagild und Godiswinthas. Sigibert hatte durch seine Heirat viele Vorteile. Das westgotische Reich war groß, über Spanien hinausgewachsen, und reich, zudem grenzte es ans Frankenreich; Brunhilde brachte eine große Aussteuer ein. Sie war eine schöne und stolze Frau, geistreich, gebildet und männlichen hohen Sinns. Sie war ganz eine Tochter ihres Volkes, von dem der Romane Isidor von Sevilla schrieb, die Westgoten seien das erste Volk der Welt. »Sie sind von behendem und kräftigem Körper, lebhaften Geistes und voll Selbstvertrauen, schlank und groß an Wuchs, würdevoll in Haltung und Gebärde, rasch zur Tat . . . Sie rühmen sich ihrer Wunden und verachten den Tod.« Eigenschaften, die wir aus den Handlungen Brunhildes und ihrer Schwester Galswintha wiedererkennen. In Gesittung und Kultur waren die Westgoten den Franken überlegen.

Sigiberts Bruder Chilperich muß von Brunhilde so sehr angetan gewesen sein, daß er sich sogleich um ihre Schwester Galswintha bewarb und diese unter der Bedingung zur Frau bekam, daß er sich seiner Kebsweiber entledige. Chilperich leistete den geforderten Schwur, ohne die Absicht zu haben, ihn zu halten.

Wir besitzen eine ergreifende Schilderung vom schmerzlichen Abschied Galswinthas von ihrer Mutter und Heimat in einem lateinischen Gedicht des Venantius Fortunatus, eines Freundes Gregors von Tours, eines Italieners aus der Gegend von Treviso, der sich auch an den Höfen der merowingischen Könige aufhielt. Galswintha und ihrer Mutter fiel die Trennung schwer, als bewege sie eine bange Ahnung des Kommenden.

Da sich Chilperich von Fredegunde nicht trennte, mußte es zu Mißstimmigkeiten und Auseinandersetzungen zwischen Chilperich und der stolzen Galswintha kommen. Galswintha war eine zu selbstbewußte Frau, um mit einem Kebsweib zu teilen. Fredegunde räumte ihren Platz an der Seite Chilperichs nicht, auch Chilperich war an sie gebunden.

Durch dieses Verhältnis beleidigt und gekränkt, wünschte Galswintha zu ihren Eltern zurückzukehren, war auch bereit, auf die Rückgabe der Mitgift zu verzichten.

Da hieß es, Galswintha sei plötzlich gestorben.

Das Verhalten Chilperichs und Fredegundes strafte diese Nachricht sogleich Lügen. Die Wahrheit, daß Galswintha erdrosselt worden war, kam bald an den Tag. Chilperich und Fredegunde verrieten sich selbst dadurch, daß Chilperich wenige Tage nach dem Mord Fredegunde heiratete.

Nun trat Galswinthas Schwester Brunhilde auf den Plan und forderte von ihrem Gemahl Sigibert Blutrache an seinem Bruder und an Fredegunde. Zwar wurde Chilperich durch einen Schiedsspruch, der seine Schuld bewies, gezwungen, als Sühne für den Mord fünf Stadtgebiete an Brunhilde abzutreten, wodurch diese sich nur zum Schein befriedigt gab; die Rache, vor allem an Fredegunde, war dadurch nicht abgegolten. Brunhilde schwieg und wartete den rechten Zeitpunkt ab. Dann sollte Frevel auf Frevel folgen.

»Alle Schritte und Spuren Fredegundes sind mit Blut bezeichnet, Mord war immer das erste Mittel, zu dem sie griff, ihre Pläne durchzusetzen, und eine furchtbare Gewalt, die sie über die Gemüter übte, ließ sie stets Werkzeuge zur Vollführung finden. So warfen weiblicher, sich immer steigernder Haß und teuflische Wut neue Brandfackeln in das durch Habgier und Bruderhaß schon so zerrüttete Geschlecht.« (J. W. Loebell)

Brunhildes mißglückte Rache

Die Ruhe nach der Ermordung Galswinthas war nur eine Ruhe vor dem Sturm. Es gelang Brunhilde, ihren Gatten Sigibert zum Krieg gegen seinen Bruder Chilperich zu bewegen, dem sich der dritte Bruder, Guntram von Burgund, gegen Chilperich anschloß. In diesem Bruderkrieg gelang es Sigibert, den größten Teil von Neustrien zu erobern und die Franken dieser Gebiete für sich zu gewinnen; sie erhoben ihn zum König auch von Neustrien. Brunhildes Rache schien gelungen, der Gerechtigkeit Genüge getan. Aber Fredegunde schlug zurück. Sie ließ Sigibert auf der Höhe seines Erfolges durch gedungene Mörder töten. Brunhildes Gatte wurde nach ihrer Schwester ein Opfer Fredegundes.

In den Wirren um Sieg und Untergang Sigiberts war es gelungen, den fünfjährigen Sohn Brunhildes und Sigiberts, Childebert, den Erben von Austrasien, dem Zugriff Fredegundes zu entziehen; der Herzog Gundobald konnte ihn entführen und retten.

Aber Brunhilde war in Gefangenschaft geraten. Wir wissen nicht, warum Fredegunde und Chilperich sie schonten. Brunhilde wurde in Rouen festgehalten.

Welches Schicksal dachte Fredegunde ihrer Widersacherin zu? – Das Schicksal ließ sich Zeit, bis es zum letzten Schlag ausholte.

In ihrer Gefangenschaft kam Brunhilde mit dem Sohn Chilperichs aus seiner ersten Ehe mit der von Fredegunde verdrängten Audovera in Verbindung. Er hieß Merowig. Der Jüngling faßte eine heftige Zuneigung zu der Gefangenen seines Vaters, die sie zu nützen wußte, ihn an sich zu fesseln. Ihr ganzes Sinnen und Trachten mußte dahin gehen, die Morde an ihrer Schwester und an ihrem Gatten zu rächen. Sie willigte in das Verhältnis zu Merowig ein, die Heirat wurde heimlich durch den Bischof von Rouen vollzogen. Brunhilde hoffte, durch Merowig dem Kerker zu entkommen.

Fredegunde hatte durch ihre Spione von der Verbindung Merowigs und Brunhildes erfahren und forderte von ihrem Gatten Maßnahmen gegen Merowig. Merowig entkam, floh und wurde von seinem Vater verfolgt. Merowig entging den Nachstellungen nicht. Auf der Flucht wurde er von Verrätern umzingelt; um seinen Verfolgern nicht lebend in die Hände zu fallen, bat er einen seiner Freunde, ihn zu töten.

Fredegunde triumphierte, nicht nur über den Tod ihres Stiefsohnes, sondern auch deswegen, weil sie vermocht hatte, Chilperich zur Verfolgung des eigenen Sohnes zu bewegen, der den Plan gehegt haben soll, mit Brunhilde den Vater zu ermorden. Der ihr verhaßte Stiefsohn, der ihren eigenen Söhnen den Weg zum Thron verstellt hatte, war tot.

Doch noch lebte ein Sohn Chilperichs aus dessen erster Ehe, Chlodowig. Es gelang Fredegunde, auch ihn aus der Welt zu schaffen. Fredegunde hatte durch die Pest zwei kleine Kinder verloren und Chlodowig beschuldigt, sie durch eine Zauberin getötet zu haben, worauf Chilperich der Hinrichtung Chlodowigs zustimmte.

Noch aber lebte die verstoßene Mutter Merowigs und Chlodowigs, Audovera. Die Herrschgier und Mordwut Fredegundes fanden Mittel und Wege, auch sie zu beseitigen.

Fredegunde wird verflucht

Wir halten vor so vielen Freveln, Morden und Greueln inne, nicht nur vor Entsetzen, sondern auch mit der Frage, wie sie so gehäuft möglich waren, zur Unform des Regierens gehörten und Fredegundes Lebensinhalt wurden. Sie kommen seit den Eroberungen der Franken und seit den ersten merowingischen Königen vor, beschränken sich also nicht auf eine Generation; sie sind keine Ausnahme, sondern die Regel.

Die Franken wurden nach langem Wanderleben in Ländern seßhaft, welche von der römischen Kultur und Zivilisation geformt waren. Sehr verschiedene Welten begegneten einander und lebten in dem gallo-römischen und nun auch fränkischen Raum zunächst mehr neben- als miteinander. Das Römertum befand sich in Niedergang und Verfall, die Franken erfüllte ein verwildertes Ungestüm. Luxus, Wohlstand und Erschlaffung bei den Galloromanen und die kaum gebändigte Barbarei der Franken stießen aufeinander und vermischten sich; die absterbende Stadtkultur mit erlahmendem Handel und Gewerbe und das bäuerliche Wesen der Franken.

Zwar hatten die Franken schon 496 mit ihrem König Chlodwig I. freiwillig das katholische Christentum angenommen – die anderen Germanen waren Arianer –, aber die sittigende und mäßigende Wirkung des neuen Glaubens drang nur langsam in die alten heidnischen Glaubensvorstellungen, während die Gallo-Romanen viel rascher und viel mehr durch das Christentum geformt worden waren. Auch die Romanisierung der westlichen Franken erfolgte erst im 9. Jahrhundert, dreihundert Jahre nach der Einwanderung und Besitzergreifung des Landes.

Das Christentum überdeckte nur dürftig den alten Aberglauben, von dem vor allem Fredegunde beherrscht war – oder ihn auch nur für ihre Schandtaten ausnützte.

Als sie zwei Kinder durch die Pest verlor – es wurde bereits erwähnt –, bezichtigte sie ihren Stiefsohn Chlodowig, er habe sie durch eine Zauberin töten lassen. Die Frau, welche die Untat begangen haben sollte, gestand in der Folter, dazu angestiftet worden zu sein, und wurde lebendig verbrannt; Chlodowig wurde durch einen Messerstich getötet.

Als später ein Sohn Fredegundes an der Ruhr starb, wurden der Majordomus Mummolus und zwei Frauen des Mordes an dem Kind verdächtigt. Die beiden Frauen wurden als Hexen gerädert und verbrannt. Mummolus wurde so furchtbar gefoltert, daß er nach wenigen Tagen starb.

Fredegunde muß in allerlei schwarzen Künsten bewandert gewesen sein und es verstanden haben, Gifte und Liebestränke zu brauen, aber auch Getränke aus Pflanzensäften, die gedungene Mörder betörten – Mittel, die später allgemein, vor allem von den Assassinen, verwendet wurden. Fredegunde schreckte nicht davor zurück, Priester für ihre blutigen Geschäfte zu dingen.

Aus einem Bericht des Gregor von Tours geht hervor, wie eigenwillig und gewalttätig die merowingischen Könige selbst mit hohen Geistlichen umgingen. Er wirft zugleich einen von vielen Schatten auf Fredegundes Charakter und Handlungsweise.

577 lud König Chilperich den Bischof Prätextatus von Rouen, der die gefangene Brunhilde mit seinem Sohn Merowig getraut hatte, vor eine Synode in Paris, damit der Bischof sich wegen dieser gegen den König gerichteten Handlung rechtfertige. Chilperich erwartete, daß die

45 versammelten Bischöfe eine empfindliche Strafe über Prätextatus verhängen würden, ohne daß er selber als Strafender betrachtet werden konnte. Chilperich klagte den Bischof an, Vater und Sohn zu Feinden gemacht und mit Merowig seine Ermordung geplant zu haben. Die Anhänger Chilperichs wollten den Bischof aus der Kirche zerren und steinigen, Chilperich verhinderte es, damit der Prozeß zu Ende geführt werde. Als der König die Versammlung verlassen hatte, ermahnte Aetius, der Archidiakon von Paris, die Bischöfe, den Angeklagten nicht der Willkür des Königs preiszugeben; auch Gregor von Tours sprach in diesem Sinn, doch die Bischöfe schwiegen, weil sie den Zorn des Königs fürchteten. Der König drohte dem Bischof von Tours an, er werde die Bevölkerung der Stadt gegen ihn aufwiegeln. Gregor blieb standhaft, woraufhin der König einzulenken versuchte und den Bischof einlud, von dem Geflügel auf einer vor ihm stehenden Schüssel zu essen; Gregor nahm nur etwas Wein und Brot. In der Nacht kamen Boten Fredegundes zu Gregor und boten ihm 200 Pfund Silber an, wenn er, was die anderen Bischöfe schon gelobt, nicht gegen den Willen des Königs spreche.

Chilperich klagte Prätextatus noch wegen anderer Verfehlungen und Verbrechen an und ließ ihm mitteilen, daß er, wenn er sich demütige, die Verzeihung des Königs erhalten würde. Der Bischof warf sich dem König zu Füßen, klagte sich an und bat um Gnade und Vergebung. Der König ließ Prätextatus wohl frei, doch er setzte ihn, seine Flucht befürchtend, in der Nacht gefangen und verbannte ihn auf eine Insel vor Coutances.

Nach der Ermordung Chilperichs 584, über die noch zu berichten ist, hatte Fredegunde freie Hand, sich an dem Bischof Prätextatus zu rächen. Nachdem dieser nach

Rouen zurückgekehrt und von der Bevölkerung freudig aufgenommen worden war, ließ ihn Fredegunde während des Gottesdienstes von einem gedungenen Mörder überfallen. Der Bischof wurde tödlich verletzt, und Fredegunde hatte die Unverfrorenheit, den Sterbenden zu besuchen und ihm zu versprechen, sie werde den Mörder suchen und, wenn er gefunden sei, bestrafen lassen. Der sterbende Bischof entgegnete: »Wer anders hat dies vollbracht als die Hand, die Könige getötet, so oft unschuldiges Blut vergossen und so viele Übel in diesem Reich verübt hat? Mich ruft Gottes Befehl aus dieser Welt; aber dich, die Urheberin dieses Frevels, wird Fluch treffen, und Gott der Herr wird Rächer meines Blutes an deinem Haupte sein!«

So berichtet Gregor von Tours, der an der Synode gegen den Bischof Prätextatus in Paris teilgenommen hatte.

Das Ende

Unser Bericht wurde an jenem Zeitpunkt unterbrochen, als Brunhilde nach der Ermordung ihres Gatten Sigibert in die Gefangenschaft Chilperichs geraten war und sich mit dessen Sohn Merowig vermählt hatte, der sich kurz danach auf der Flucht vor dem Vater das Leben nahm.

Einen neuen Krieg befürchtend, ließ Chilperich auf die Forderung der austrasischen Großen Brunhilde frei; Fredegunde gab nach, in der Hoffnung auf eine günstige Gelegenheit, mit Brunhilde abzurechnen.

Da gab ein Ereignis den Dingen eine andere als die erwartete Wendung.

Als Chilperich nach einer Jagd in den Wäldern um Paris bei eingebrochener Dunkelheit nach Hause zurückkehrte, wurde er, während er vom Pferd stieg, durch einen Messerstich getötet.

Als Veranlasserin des Mordes wurde Brunhilde vermutet, die sich für die Ermordung ihres Gatten hatte rächen wollen. Lauter aber wurde der Verdacht gegen Fredegunde, sei es, daß man ihr jede Untat nicht nur zutraute, sondern auch zusprach. Gregor von Tours berichtet lediglich die Ermordung König Chilperichs im Jahr 584, die »Gesta Regum Francorum« nennen Fredegunde als Anstifterin zum Mord und begründen ihn: Fredegunde lebte im Ehebruch mit Landerich, dem Majordomus. Am Morgen des verhängnisvollen Tages, als sich Chilperich zur Jagd anschickte, kam er noch einmal aus dem Stall in das Schlafzimmer der Königin zurück, die sich eben den Kopf wusch und nichts merkte, und schlug sie vertraulich auf den Hintern. »Was machst du, Landerich?« fragte Fredegunde. Dann sah sie sich um und erblickte zu ihrem außerordentlichen Schrecken den König, der sie ohne ein Wort zu sagen verließ und in den Wald ritt, tief bewegt von Kummer und über Racheplänen brütend. Das unvorsichtige Wort hatte das Geheimnis verraten, und Fredegunde verlor keinen Augenblick, Landerich kommen zu lassen. Verzweifelnd klagte er, daß er keinen Ausweg wisse. Sie aber, die in Freveln verhärtete, hatte ihren Entschluß schon gefaßt und sprach: »Damit wir nicht in Martern kommen, muß der König sterben. Auf, laß uns einen Mörder senden, der ihn umbringe, wenn er diesen Abend von der Jagd zurückkehrt. Wir breiten aus, daß es Feinde Chilperichs waren und herrschen dann beide im Namen meines Sohnes Chlothar.« Und dieser Anschlag wurde vollbracht. –

Ein Beweis für die Ermordung Chilperichs durch Fredegunde wurde nicht erbracht, aber der Verdacht des Ehebruchs verstummte nicht. Von den Großen Neustriens wurde bezweifelt, daß Chilperich der Vater von Fredegundes Sohn Chlothar sei, der im Todesjahr Chilperichs geboren war. Fredegunde mußte vor einem Gerichtshof aus drei Bischöfen und 300 vornehmen Männern als Eideshelfern beschwören, daß Chlothars Vater Chilperich sei. Was aber galt der vielfachen Mörderin ein Schwur? Nach den langen und unerbittlichen Kämpfen zwischen den Königen Sigibert und dessen Bruder Chilperich, zwischen Austrasien und Neustrien, die von zwei Frauen ausgelöst und weitergeführt worden waren, überlebten diese beiden Frauen, Brunhilde und Fredegunde, in ihren unmündigen Söhnen.

Fredegunde begab sich nach der Ermordung Chilperichs in den Schutz ihres Schwagers Guntram von Burgund und regierte mit diesem für ihren minderjährigen Sohn Chlothar während der andauernden Kämpfe zwischen

ihr und Brunhilde. Als Guntram 593 starb, führte sie die
Regierung allein, starb aber schon vier Jahre später, 597.
Brunhilde führte von Metz aus die Regierungsgeschäfte
für ihren Sohn Childebert weiter. Als dieser starb, regierte sie für ihren Enkel. Nach dem Tod Guntrams hatte sie
auch die Herrschaft über Burgund erlangt. Ihre Regentschaft war so kräftig und gut, daß sie noch lange in der
Erinnerung des Volkes weiterlebte.
Unter der Führung des Bischofs Arnulf von Metz und
Pippins I., dessen Tochter Bedda mit dem Sohn des Bischofs Ansegisel vermählt war, erhoben sich der Adel
und die Großen gegen Brunhilde. Chlothar von Neustrien, Fredegundes Sohn, verband sich mit ihnen. 613
unterlag Brunhilde. Ihr Heer löste sich auf, Brunhilde
geriet – sie war über sechzig Jahre alt geworden – in
Gefangenschaft und wurde, an einen Roßschweif gebunden, zu Tode geschleift. Das war die letzte Rache des
Sohnes Fredegundes an deren Gegenspielerin.
Chlothar II., einem tüchtigen König, gelang es, das gesamte Frankenreich unter seiner Herrschaft zu vereinigen. Er regierte bis zu seinem Tod 629. Unter seinem
Sohn Dagobert I. löste sich die Reichseinheit wieder auf.
Für die folgenden merowingischen Schattenkönige begann die Regentschaft der Hausmeier.

Drei Griechinnen
als Kaiserinnen von Byzanz

Athen – Rom – Konstantinopel

Athen – Rom – Konstantinopel sind die Städte, die einander vom Altertum ins Mittelalter ablösten. Athen galt noch bis in die dunklen Jahrhunderte des Frühmittelalters als die Quelle alles Schönen und die Mutter der Weisheit. Am 1. März 86 v. Chr. wurde es durch Sulla für Rom erobert, ausgeplündert und in seinem Eigenleben ausgelöscht. Dann brandeten die Wogen der germanischen Völkerwanderungen und slawischen Invasionen gegen Athen und setzten das Zerstörungswerk fort. Durch die germanischen und hunnischen Einfälle wurde auch Rom entmachtet. Im Osten drängte der Feind aus Asien.

Schon Kaiser Diokletian trug sich mit dem Plan, dem römischen Weltreich in Nikomedia eine neue Hauptstadt zu schaffen, um die Feinde aus Asien rasch und wirksam bekämpfen zu können. 330 machte Konstantin das von Caracalla nach der Zerstörung von 196 wiedererbaute Byzanz (Byzantion) zum »Neuen Rom«. In nur sechs Jahren errichtete er die Stadt, 60 Meilen von Nikomedia entfernt, und sie bekam den Namen Stadt des Konstantin – Konstantinopel. Auch in der Folgezeit nannten sich die Regenten in Konstantinopel Römische Kaiser und ihr Reich das Reich der Romäer.

Nikomedia hätte wegen seiner Lage nicht die große Zukunft erlangen können wie Konstantinopel, dem ein Ingenium die richtige Lage wählte, die dreieckige Landzunge mit dem Marmarameer im Südosten und dem Goldenen Horn im Norden.

Athen-Rom-Konstantinopel sind die Meilensteine der Geschichte vom heidnischen Altertum ins christliche

Mittelalter. Der Niedergang der einen Stadt bedeutete jeweils den Aufstieg der anderen. Athen und Rom sanken vor dem rasch emporwachsenden Konstantinopel zur Bedeutungslosigkeit herab, wurden Provinzstädte.

Konstantin, der das Christentum zunehmend bevorzugte – 391 wurde es unter Theodosius I. zur Staatsreligion –, errichtete seine Stadt nicht mehr nur als Bollwerk gegen die Asiaten, sondern auch als Mittelpunkt gegen die konservative heidnische Aristokratie Athens und Roms. Von Konstantinopel wurden die vier großen Konzilien einberufen, die dem Christentum seine endgültige Glaubensnorm gaben.

Die Wurzeln des Heidentums konnten nicht über Nacht ausgerottet werden. 394 untersagte Kaiser Theodosius I. die Olympischen Spiele, 529 löste Kaiser Justinian die 387 v. Chr. gegründete Platonische Akademie in Athen auf; um 355 hatten hier noch zwei künftige Kirchenväter und der kaiserliche Apostat studiert, Gregor von Nazianz und Basilius der Große und Kaiser Julian, der die antike Glaubenswelt wiederherstellen wollte. Bis auf verwaiste Reste verliefen sich die Professoren und Studenten der Akademie und fanden bei den Feinden Konstantinopels Zuflucht.

Konstantinopel entromanisierte sich immer mehr und gräzisierte sich zunehmend; es erbte von Athen Sprache und Schrift, vor allem auch die Kunst, deren Werke in Hülle und Fülle nach Konstantinopel gebracht wurden. Konstantinopel löste sich in einem wichtigen Punkt von Rom; es erkannte den dortigen Papst als Oberhaupt der Kirche nicht an, was zu einer Glaubensspaltung führte. Konstantinopel wurzelte in einem anderen Boden als Athen und Rom, es blühte anders und trug auf seine Art Frucht. Die orientalischen Völker, mit denen sich Konstantinopel ununterbrochen auseinandersetzen mußte, übten einen starken Einfluß auf alle Lebensbereiche in Konstantinopel aus. Aus dem Ineinander von Hellenismus und Orientalismus bildete sich heraus, was als Byzantinismus bezeichnet wird. Die Auffassung vom Kaisertum wurde anders als die im Westen und dokumentierte sich in einem bestimmten Hofzeremoniell, die Kunst nahm eigene Formen an. Hier wurde es möglich, daß ein Mädchen aus niederstem Stand Kaiserin werden konnte, daß Frauen überhaupt einen starken Einfluß auf die Regierung gewannen, sofern sie sich nicht selber die Herrschaft aneigneten.

Das byzantinische Reich mit der Hauptstadt Konstantinopel erhielt sich als oströmisches Reich seit seiner Gründung – mit der kurzen Unterbrechung des lateinischen, eigentlich fränkisch-französischen Kaisertums von 1204 bis 1261 – bis zur Eroberung durch die Türken, die am 29. Mai 1453 durch eine kleine unbewachte Pforte in die Stadt eindrangen und sie eroberten.

Konstantinopel wurde der Sitz des oströmischen Kaisertums, Rom der Sitz des mit Ostrom im Glauben entzweiten Papsttums.

Konstantinopel bekam im Lauf der Zeit einige andere Namen; türkisch hieß es Stambul (Istanbul) oder Der-i-Seadet, Pforte der Glückseligkeit, wonach Konstantinopel die Pforte, auch die Hohe und Goldene Pforte genannt wurde. Die Slawen, welche die Oberhoheit der östlich-orthodoxen Kirche im Patriarchen von Konstantinopel anerkannten, nannten es Zarigrad, Kaiserstadt. Die russischen Zaren fühlten sich als Nachfolger der byzantinischen Kaiser und führten deren roten Adler im Wappen.

Über dem mittelalterlichen Konstantinopel lag etwas von

der Pracht und dem gefährlichen Glanz der orientalischen Märchen. Orientalisch war die despotische Herrschaftsform, die den Kaiser göttlich verehrt wissen wollte und den Kniefall und Fußkuß forderte. Diehl nannte Konstantinopel das Paris des Mittelalters. Im 10. und noch im 13. Jahrhundert galt Konstantinopel als die Königin der Städte; die deutschen Kaiser von den Ottonen bis zu den Staufern bemühten sich vor allem durch Heiraten um Ostrom. Dallmayer bezeichnet Konstantinopel als Kosmos für einen Gebildeten, zugleich als Chaos, den grandiosen Schauplatz für Politik, Kultur, Kunst, Frömmigkeit, Recht, Laster und Lüste – den gründlichsten Schuttablageplatz der Geschichte.

Konstantin ließ auf dem Forum seiner neugegründeten Stadt unter einer Porphyrsäule das Palladium Roms vergraben, die hölzerne Statue der Pallas Athene aus dem Tempel der Vesta. Das bedeutete: Athen und Rom als Schutzheiligtümer der neuen Stadt.

Auch die Säule aus Porphyr ist bedeutsam. Die byzantinischen Kaiser tragen zu ihren Namen die Bezeichnung Porphyrogenetos, denn die Kaiserinnen brachten die Kinder in dem Porphyrzimmer der Palaststadt zur Welt. Dem fleischfarbenen, blutroten, purpurroten vulkanischen Gestein maß man magische Bedeutung bei. (Kaiser Friedrich II. wünschte in einem porphyrenen Sarkophag bestattet zu werden.) Das Kennzeichen der Kaiserwürde waren purpurne Schuhe.

Mit Porphyr und Purpur steht die Stadt und was sich in Jahrhunderten in ihr begab in einem geheimnisvollen Zusammenhang, auch in den eruptiven Leidenschaften, auch im Blut. Nirgendwo hat sich so viel Gräßliches begeben, ist so viel gemordet worden wie in der labyrinthischen Palaststadt Konstantinopels.

In unserer Betrachtung dreier Griechinnen, die Kaiserinnen in Byzanz wurden, wird sich dieser Umriß mit Gestalten und Leben füllen. Weil zwei aus Athen stammen, ergibt sich ein Einblick in den Zustand Athens im 5. und 10. Jahrhundert.

Athenais erlangte hundert Jahre nach der Gründung Konstantinopels als Tochter eines Gelehrten wegen ihrer großen Schönheit die Kaiserkrone; sie war noch Heidin.

Die ebenso schöne und geistreiche wie grausame Irene, um 752 in Athen geboren, eine Hauptbeteiligte am unerbittlich geführten Bilderstreit, blendete nach dem Tod ihres Gatten Leo IV. um der Herrschaft willen ihren Sohn. Karl der Große bewarb sich um sie, um das west- und oströmische Reich zu vereinen, doch Irene war inzwischen gestürzt und verbannt worden.

200 Jahre später begann Theophano, die Tochter eines aus Sparta nach Konstantinopel gekommenen Schankwirts, ihre Laufbahn als byzantinische Kaiserin mit der Ermordung ihres Schwiegervaters und erlangte als Mörderin ihres ersten und zweiten Gatten den Ruhm der Verruchtheit.

Jacob Burckhardt spricht mit Bezug auf Byzanz von einem 700 Jahre langen Wiederholen von Militär-, Palast- und Dynastierevolutionen. Die Frauen haben daran einen wesentlichen Anteil.

ATHENAIS

Die Zeit um 400 bis 450

Das erste Blatt über Athenais, die in der Taufe den Namen Eudokia (»Wohlwollen Gottes«) erhielt, könnte mit auf einem Goldgrund gemalten Initial beginnen – so erscheinen ihr junges Leben und ihre äußere Erscheinung. In dieses Initial des Mädchens müßte ihr Gemahl, der spätere Kaiser Theodosius II., einbezogen werden, der, als er Athenais kennenlernte, noch ein Knabe war. Abgesehen davon, daß das legendär begonnene Leben düster enden sollte, mag nicht das Poetische am Anfang stehen, sondern die Wirklichkeit der Zeit, in die Athenais hineingeboren wurde.

Das geschah um 400. Sie war die Tochter eines gelehrten und berühmten Rhetors der Platonischen Akademie in Athen und war noch Heidin. In diesem Jahr schrieb der Bischof von Hippo Regio in Nordafrika (heute Bona), Augustinus, seine »Bekenntnisse« (Confessiones) und sah dort die Ströme von Flüchtlingen vor den Westgoten Alarichs, die 410 Rom erobert hatten.

Nach dem Einfall der Hunnen hatte sich das Römische Reich 395 in zwei Hälften geteilt, ohne seine Einheit aufzugeben. In Rom herrschte Honorius (395 - 423), in Konstantinopel Arkadius (395 – 408), die beiden Söhne des Kaisers Theodosius I. des Großen.

Die Regierung des Arkadius war nicht gut gewesen. Zu den feindlichen Invasionen, die auch das Ostreich erschütterten (396 kamen die Westgoten Alarichs nach Griechenland), traten Erdbeben und Hungersnot. Arkadius war eine zu Trägheit, Behaglichkeit und Luxus neigende Natur; die Kriegs- und Regierungsgeschäfte überließ er seinen Generalen und Ministern. Eifrig war er nur gegen Heiden und christliche Häretiker, gegen die er harte Strafen verhängte.

391 zur Staatsreligion geworden, verbreitete sich das Christentum rasch und verfolgte nun seinerseits die Heiden. In Griechenland erhielt sich das Heidentum länger als anderswo, vor allem in und um Athen, das, mit den edelsten Bauwerken als Zeugen seiner großen Vergangenheit, in der alten Tradition weiterlebte. Zwar hatten 383 die letzten Olympischen Spiele stattgefunden, aber die Platonische Akademie, ein geistiges Bollwerk der Antike und des Heidentums, bestand noch. Einer ihrer Lehrer war der Rhetor Leontios, der seiner Tochter Athenais wie seinen beiden Söhnen Bildung und Wissen vermittelte. Etwa zwanzigjährig kam Athenais als Heidin an den christlichen, heidenfeindlichen Hof nach Konstantinopel.

Der junge Kaiser Theodosius
und seine Schwester Pulcheria

Bei aller Genauigkeit neigen Historiker und Chronisten
jener Zeit zuweilen dazu, den erzenen Griffel Klios mit
dem sanfteren der Kalliope zu vertauschen, wodurch sich
ihnen Geschichtliches in eine Geschichte verwandelt. So
kennen wir das erste Auftreten der Athenais am Hof in
Konstantinopel im Jahr 421 nur als Geschichte, deren
Wahrheitsgehalt sein mag, daß Athenais dort durch ihre
große Schönheit Entzücken hervorrief, wozu kam, daß
sie gebildet und eine Dichterin war.

Ihr Vater Leontios, so heißt es, »vermachte sein großes
Vermögen den beiden Söhnen Valerius und Gensius, der
Tochter vererbte er nur hundert Goldstücke, denn Athenais habe gute Aussichten, im Leben voranzukommen«,
wobei ihre Anlagen und Begabung gemeint sein mochten.
Sie bat die Brüder, mit ihr zu teilen, doch weil sich diese
nicht bewegen ließen, wandte sie sich an eine Schwester
ihrer Mutter, die in Athen lebte und sich der Nichte
annahm; sie ging mit ihr nach Konstantinopel, wo eine
Schwester des Leontios lebte, und diese riet Athenais,
ihre Klage bei Hofe vorzubringen.

Wie sah es zu dieser Zeit dort aus?

408 war Kaiser Arkadius gestorben. Er war mit Eudoxia
(»Wohlwollen Gottes«) vermählt gewesen, der Tochter
Bautos, eines fränkischen Heerführers. Eudoxia war eine
hab- und herrschsüchtige Frau gewesen, mit der am byzantinischen Hof das »Weiberregiment« einzureißen begann. Sie starb vier Jahre vor dem Kaiser, bei dessen Tod
vier Mädchen, Flaccilla, Pulcheria, Arkadia und Marina,
und der Sohn Theodosius als Waisenkinder zurückblie-

ben. 408 wurde der siebenjährige Theodosius nach dem Tod des Vaters Kaiser, 414 ernannte er seine etwa fünfzehnjährige Schwester Pulcheria zur Mitregentin, zur Augusta, während die anderen drei Schwestern den Titel einer Nobilissima oder Basilissa führten.

Nun regierten also in dem Palast, der aus zahllosen Baulichkeiten bestand, der Knabe Theodosius und das Mädchen Pulcheria das riesige oströmische Reich; der komplizierte und kunstvolle Mechanismus der byzantinischen Verwaltung, unterstützt durch Ratgeber, Minister und Heerführer, blieb intakt.

Pulcheria war ihrer Mutter Eudoxia nachgeraten. Sie hielt die Regentschaft in der Hand, während ihr Bruder sich in Stille und Zurückgezogenheit geistigen und geistlichen Studien widmete. Von der lauten, geschäftigen, lebensgierigen und lasterhaften Stadt mit Menschen verschiedener Rassen und Völker des Ostens und Westens, dem Schmelztiegel von römischer, griechischer und orientalischer Kultur und Zivilisation umgeben, verwandelte die orthodoxe Pulcheria den Kaiserpalast in ein Kloster. Man betete viel und sang zu allen Tageszeiten gemeinsam geistliche Lieder. Theodosius bekam vorzügliche Lehrer, zumeist Geistliche, verbrachte Tage und Nächte über Handschriften, schrieb selber gern und schmückte die Blätter mit Miniaturen, weswegen er den Beinamen eines Schönschreibers, Kalligraphos, erhielt. Er war aber auch ein vorzüglicher Bogenschütze, Fechter, Reiter und Jäger. Innerlich und äußerlich ein schöner, gutgewachsener junger Mann. Pulcheria hatte ihm das Hofzeremoniell beigebracht, und er wußte sich in der Öffentlichkeit so feierlich und steif zu geben wie es am Hofe in Byzanz für einen Kaiser geboten war.

»Der kaiserliche Knabe mußte manchmal öffentlich erscheinen, um die Theater und den Zirkus oder bei Festen die Kirchen zu besuchen oder sonst Ausfahrten zu machen. Sooft dies geschah, zogen ihm Scharen von Trabanten vorauf, Tribune und Duces in goldgestickten Togen auf reich gezierten Pferden, und Leibwachen, goldene Schilde und Lanzen tragend. Er selbst, im Purpurgewande, mit Juwelen bedeckt, glitzernde Bänder um die Arme, funkelnde Geschmeide in den Ohren, ein Perlendiadem um das Haupt, saß auf einem goldenen Wagen, welchen weiße Maultiere zogen.«

So Gregorovius, der Theodosius eine Puppe nennt.

Der männliche Geist des jungen Kaisers mochte in dieser von der Schwester behüteten Umwelt und bei dieser Lebensart verkümmert sein, zumal ihm die Regierungsgeschäfte und alles Alltägliche von Pulcheria abgenommen wurden. Theodosius lebte in einer künstlichen Welt, in einer Traumwelt, in welcher sein liebster und wohl auch einziger Umgang der gleichaltrige und gleichgesinnte Freund Paulinus war.

Aus Athenais wird Eudokia

So wird berichtet:

Athenais erschien mit ihren beiden Tanten vor Pulcheria, huldigte ihr durch den Kniefall, überreichte die Bittschrift und berichtete über das ihr von den Brüdern zugefügte Unrecht. Pulcheria war von der Anmut, Redegewandtheit und Vornehmheit der jungen Athenerin entzückt – Athenais wird als schneeweiß, goldblond und großäugig beschrieben. Pulcheria befragte die Bittstellerin nach Herkommen, Eltern und Lebensumständen und behielt die Frauen nach der Unterredung im Palast. Sie eilte zu ihrem Bruder und berichtete ihm von der Schönheit und Gelehrtheit der Athenais. Von der Schilderung begeistert, rief Theodosius seinen Freund Paulinus und bat die Schwester, ihnen, hinter einem Vorhang verborgen, Athenais zu zeigen. Theodosius wurde bei ihrem Anblick von heftiger Liebe erfaßt, behielt Athenais – höchstwahrscheinlich als Hofdame der Pulcheria – im Palast, ließ sie in der christlichen Lehre unterweisen, durch den Patriarchen Attikus in der Stephanskirche auf den Namen Eudokia taufen und vermählte sich mit ihr am 7. Juni 421. Die Vermählung wurde durch öffentliche Schauspiele und Wagenrennen gefeiert. – Mehr erfahren wir nicht.

Theodosius schickte sein und seiner Gemahlin Bild seinem Oheim Honorius, dem Kaiser der westlichen Reichshälfte, der damals nicht mehr in Rom, sondern in Ravenna, einem Exarchat Konstantinopels, residierte. Bei ihm lebte seine Schwester Galla Placidia.

Wie würde sich die Vermählung des Theodosius auf den jungen Kaiser und auf die Verhältnisse des Hofes auswirken, also auch auf Pulcheria und ihre beherrschende Stellung als Augusta? Pulcheria und Athenais-Eudokia wurden die Hauptgestalten innerhalb von Rivalitäten, die nicht gut enden sollten.

Pulcheria nahm sich der Athenais-Eudokia mütterlich an. Nach griechischer Sitte hatte sie sie adoptiert und behandelte die zur Christin gewordene Heidin als ihr »Seelenkind«. Es ist offenbar, daß sie Athenais-Eudokia, die ihr für die fabelhafte Erhöhung dankbar sein mußte, in derselben Abhängigkeit halten wollte wie ihren Bruder. Sie hoffte, daß die junge, schöne und gebildete Frau Theodosius von den Staatsgeschäften ablenken würde und diese ihr wie bisher überlassen blieben.

Ein wenig späteres Ereignis rechtfertigt diese Vermutung. Theodosius war gewohnt, die Schriftstücke, die Pulcheria verfassen ließ, ungelesen zu unterschreiben. Als er es eines Tages wieder getan, fragte ihn Pulcheria, ob er denn nicht wissen möchte, was er unterschrieben habe. Theodosius versicherte, daß er in diesen Dingen volles Vertrauen zu seiner Schwester habe. Da sagte Pulcheria scherzhaft, das von ihm unterschriebene Schriftstück enthalte seinen Befehl, Athenais-Eudokia müsse sich ihr als Sklavin unterstellen.

Ein böser Scherz, dazu bloßstellend. Schon auf den Gedanken eines solchen Scherzes zu kommen, verrät Pulcherias heimliche Gedanken und Wünsche.

Sie hatte ihr Gelöbnis, nie zu heiraten, auf einer in der Hagia Sophia niedergelegten Tafel, mit Gold und Diamanten ausgelegt, festgehalten. Jedermann konnte es lesen. Sie war mit ihrer Macht verheiratet.

Noch waren die Beziehungen ungetrübt. Athenais-Eudokia hatte zunächst mit ihren eigenen Dingen fertigzuwerden, mit dem überstürzten Wechsel vom Heidentum, in dem sie erzogen und großgeworden war, zum christlichen Glauben, mit ihrer jungen Ehe, der märchenhaften Standeserhöhung und neuen Umwelt.

Theodosius war kein kriegerischer Mann, aber als seine Generale einen Sieg über die Perser erfochten hatten, verfaßte Athenais-Eudokia ein panegyrisches Gedicht auf ihren Gatten, den sie als Kriegshelden feierte. Das bezeugt ihre verehrende Zuneigung zu ihrem Gemahl, auch ihre Weiterbeschäftigung mit der griechischen Poesie, in deren Form sie weiterdichtete. Als Dichterin war sie eine Epigonin, aber keine Dilettantin, was ihr späteres Epos »Cyprian und Justina« beweisen sollte, eine poëtria docta; die Zeitgenossen nannten sie eine carminum studiosa. Sie kannte den Homer genau und wußte Chorgesänge aus den Tragödien aufzusagen. Rund um sie lebte Athen weiter, im Palast und in der Stadt war sie von den besten Kunstwerken der klassischen Zeit umgeben, die aus Hellas hierher gebracht worden waren. In der Rennbahn des Hippodroms begegnete sie dem Herkules des Lysipp, dem delphischen Apollo, der Gruppe des Kastor und Pollux aus dem Dioskurentempel, dem Dreifuß des pythischen Apoll, dem berühmten Weihgeschenk der Griechen nach dem Sieg bei Platää – und sie sah neben der ihres Gatten ihre eigene Statue.

Noch stand im Palast des Lausus die große Bibliothek mit 120 000 Bänden und Handschriften, die von Kaiser Julian dem Abtrünnigen gegründet worden war – sie brannte 476 nieder –, unerschöpfliche Quelle für ihre Studien, vor allem der neuplatonischen Lehre von der Allbeseeltheit der Welt und der stufenweisen Erhebung der Seele aus dem Stofflichen. Ihr späteres Eingreifen in dogmatische Streitigkeiten bezeugt, wie tief sie in Heidentum und Christentum eingedrungen war.

In solchen Studien konnte sie mit Theodosius ein Herz und eine Seele sein. Sie folgte ihm bei seiner Beschäftigung mit Mathematik oder Musik, bei der Erkundung der Sterne oder der Erforschung der Natur von Pflanze und Stein. In jene Zeit fällt die von Theodosius angeregte und eingeleitete Kodifikation aller Erlasse seit Konstantin dem Großen, wodurch das grundlegende Werk der byzantinischen Staatsgesetzgebung entstand. (Theodosischer Kodex).

Zugleich war Theodosius fromm wie seine Schwestern, die Ehelosigkeit gelobt hatten. Er nahm an den gemeinsamen Andachten teil, fastete in jeder Woche an zwei Tagen und wußte mit hohen Geistlichen und Würdenträgern als mit seinesgleichen zu disputieren.

Noch kannte er keinen religiösen Fanatismus, war mild, gut, seelenruhig, von einer humanen Gesinnung, die den Einfluß seiner Gattin zeigte. Inmitten des starren Hofzeremoniells bewahrte er sich den Menschen gegenüber eine ungezwungene und freundliche Höflichkeit, die auch an Athenais-Eudokia gerühmt wird. An der bald einsetzenden Veränderung der Gesinnung und den Handlungen des Theodosius spürt man das Nachlassen der liebenden Zuneigung der Ehegatten, zugleich die wachsende Bevormundung Pulcherias.

Die Generale und Staatsminister beurteilten Theodosius als Schwächling. Die Priesterschaft konnte ihn nicht genug lobpreisen. Geschildert wird er als ein Mann mittlerer Größe, mit blondem Haar, feingeschnittener Nase, schwarzen scharfblickenden Augen mit langen dichten Wimpern.

Der Chronist Sozomenus hebt hervor, daß seine Regierung frei blieb von den am byzantinischen Hof üblichen Rivalitäten und Intrigen, Blutvergießen und Morden.

Aber Sozomenus hat Theodosius nur als jungen Mann gekannt. Zu den Rätseln der menschlichen Seele gehören die Wandlung und die Veränderung, die mit Theodosius und dann auch mit Athenais-Eudokia vor sich gehen sollten.

Der Kampf gegen die Heiden

422 gebar Athenais-Eudokia ein Mädchen, das nach der Großmutter Eudoxia genannt wurde. Aus Freude über das Ereignis ernannte Theodosius seine Gemahlin zur mitregierenden Augusta.

Sie rief ihre Brüder, die sich aus Angst vor der Rache der von ihnen ungerecht behandelten Schwester, die Kaiserin geworden war, in Hellas verborgen hielten, nach Konstantinopel. Dem Einfluß der Schwester verdankten sie hohe Ämter; Valerius wurde Präfekt von Illyrien, Gensius Reichsminister.

Theodosius gewährte, wohl auf Fürsprache seiner Frau, ihrem griechischen Vaterland nach der Verwüstung durch die Goten Steuererlasse und andere Vergünstigungen. Gewiß war Athenais-Eudokia an der Gründung der Universität von Konstantinopel 425 beteiligt. Das begab sich alles noch in den ersten Jahren der Ehe.

Wie sie, überzeugte Christin geworden, das Vorgehen des Theodosius gegen die Heiden hinnahm, wissen wir nicht. Wir können nur vermuten, daß sie es zu mildern versuchte.

Der Kampf des Theodosius gegen die noch immer erheblichen Reste des Heidentums war nur noch ein Kampf mit Schatten. Der Reichseinheit wegen duldete Theodosius das Heidentum nicht. Er duldete aber auch keine Absplitterung christlicher Lehrmeinungen, die sich gegen die durch die Konzilien von Nicaea 325 und von Konstantinopel 381 festgelegten Dogmen richteten. Nicht der Papst, in Ostrom entschied der Kaiser, der zugleich kirchliches Oberhaupt war, über Dinge der Lehre.

Die Verfolgung der Heiden folgte dem Muster, nach

welchem vorher die Christen durch die Heiden verfolgt worden waren.

Kaiserliche Gesetze und Erlasse gegen die Heiden gab es einige; sie waren unterschiedlich, auch widersprüchlich. 416 hatte Theodosius ein Gesetz erlassen, Heiden vom Kriegsdienst, von der Verwaltung und aus den Gerichtshöfen auszuschließen. 423 – es ist das Jahr, in welchem Theodosius seine Frau zur Augusta erhob – untersagte ein strenges Edikt alte heidnische Kulte und bestrafte Götzendiener mit dem Tod. Dieses Gesetz wurde gemildert, dann erneuert. Die Ausschreitungen von Christen gegen Nichtchristen nahmen einen solchen Umfang und solche Formen an, daß ein neuerliches Edikt Heiden und Juden gegen Mißhandlungen und Ausplünderungen schützte. Schwerwiegend war das Gebot, die heidnischen Tempel, Kunstwerke erlesenster Art, die selbst von den Barbaren geschont wurden, schönster Schmuck der Städte, zu zerstören.

Was Athenais-Eudokia zu retten versucht haben mag, läßt sich daraus schließen, daß die ehrwürdigsten Tempel, die auf der Akropolis, die zu den leuchtenden Jugenderinnerungen der Athenais-Eudokia gehörten, erhalten blieben. Die goldelfenbeinerne Statue der Pallas Athene wurde nach dem Gebot der Entfernung von Götterbildern aus den Tempeln wohl nach Konstantinopel gebracht, wie so viele der besten Skulpturen der klassischen Zeit; dort mag sie einer späteren Verwüstung der Stadt zum Opfer gefallen sein.

Durch die Fürsprache der Athenais-Eudokia blieb wohl auch die Platonische Akademie, die Wirkungsstätte ihres Vaters, in Athen unbehelligt. (Sie wurde erst 529 geschlossen, in dem Jahr der Gründung des Klosters Monte Cassino durch Benedikt von Nursia. Die letzten Philosophen der Akademie durften nach dem Friedensvertrag zwischen Kaiser Justinian und dem sassanidischen König Chosroes I. nach Persien auswandern.)

Weitaus gefährlicher als das absterbende Heidentum wurden dem Reich die dogmatischen Streitigkeiten der Christen untereinander, die nicht nur die Einheit des Christentums, sondern auch des Reichs bedrohten.

Vorher aber mag ein Blick auf die Verhältnisse im Westreich geworfen werden; sie wurden von entscheidendem Einfluß auf das Ostreich. Die Hauptgestalt des Westreichs war Galla Placidia, die Tante des Kaisers Theodosius II.

Galla Placidia

395 war das Römische Reich durch Theodosius I. den Großen in eine westliche und östliche Hälfte aufgeteilt worden, mit den Hauptstädten Rom und Konstantinopel. Der erste Kaiser des Westreichs war Honorius, der des Ostreichs Arkadius, der Vater Theodosius' II.

401 verlegte Kaiser Honorius die Regierung von Rom, das seinen alten Glanz längst eingebüßt hatte und durch germanische und hunnische Invasionen ständig bedroht wurde, ins byzantinische Exarchat nach Ravenna. Hier gewährten Sümpfe, Wälder, Kanäle und Befestigungen der großen und prächtigen Stadt Sicherheit vor Angriffen der Barbaren.

Die Schwester des Honorius war Galla Placidia. 410, nach der Einnahme und Plünderung Roms durch den westgotischen König Alarich, kam sie ins Heerlager Alarichs, wo sie, 21jährig, mit Alarichs Schwager und Nachfolger Athaulf in Narbonne vermählt und Königin der Goten wurde. Nach der Ermordung Athaulfs 415 in Barcelona und dem Tod ihres Sohnes wurde sie zu ihrem Bruder Kaiser Honorius nach Ravenna zurückgeschickt, wo sie dessen illyrischen Heeresmeister und Mitregenten Konstantius heiratete; ihre Kinder waren Valentinian und Honoria. Nach dem Tod des Konstantius kam es zu Zwistigkeiten zwischen Galla Placidia und ihrem Bruder Honorius, der sie verbannte.

Das ist die bewegte Vorgeschichte der Frau, die 423 mit ihren beiden Kindern in Konstantinopel Zuflucht suchte. Sie wurde von Theodosius und Pulcheria als deren nächste Verwandte freundlich aufgenommen.

Ein hochbedeutsames Ereignis versetzte den byzantini-

schen Hof in Aufregung. 423 starb Kaiser Honorius in
Ravenna. Dadurch wurde dessen Neffe Theodosius II.
Alleinherrscher in Ost- und Westrom. Die Teilung in
zwei Reichshälften hatte sich somit aufgehoben. Infolge
der schwierigen politischen und kriegerischen Zustände
konnte die Alleinherrschaft des Theodosius nicht auf-
rechterhalten bleiben.

Die beiden Frauen, Pulcheria und Galla Placidia, letztere
als Mutter des Nachfolgers und Erben Westroms, Valentinians, fanden eine Lösung. Sie brachten ein Familien-
bündnis zustande. Dem Sohn der Galla Placidia, dem
fünfjährigen Valentinian III., wurde Westrom zugesprochen; ihm wurde die Tochter des Theodosius und der
Athenais-Eudokia, Eudoxia, verlobt. Für ihren minderjährigen Sohn Valentinian regierte Galla Placidia. Da Pulcheria in Byzanz als Augusta herrschte, lag die Regierung
in West- und Ostrom in den Händen zweier Frauen.

Mit alledem aber war dem jungen Valentinian die Nachfolge in Westrom noch nicht gesichert. In Ravenna hatte
sich nach dem Tod des Kaisers Honorius dessen Notar
Johannes des Thrones bemächtigt; er mußte erst gestürzt
und entfernt werden.

Theodosius rüstete ein Heer und eine Flotte aus, der
General Ardaburius und dessen Sohn Apar führten sie.
Theodosius erkrankte während des Kriegszugs und
mußte nach Konstantinopel zurückkehren.

Die Eroberung Ravennas wurde der Frömmigkeit und
den Gebeten des Theodosius zugeschrieben; rasch war
eine Legende erfunden: Ein Engel in Hirtengestalt habe
die Reiterscharen Apars durch die unwegsamen Sümpfe
vor die Mauern Ravennas geführt, die Stadt konnte durch
Verrat eingenommen werden. Der Usurpator Johannes
wurde gefangengenommen und getötet, der Knabe Va-

lentinian mit dem kaiserlichen Purpur bekleidet, Eudoxia wurde weströmische Kaiserin.

Die Nachricht von der Eroberung Ravennas erreichte Konstantinopel während eines Wagenrennens. Kaiser Theodosius erhob sich, ließ eine Siegeshymne singen und zog an der Spitze des Volkes zu einem Dankgottesdienst in die Hagia Sophia.

Der Zerfall des weströmischen Reiches ließ sich nicht mehr aufhalten, er war zu weit gediehen, neue Feinde fielen ein. Schon war das weströmische Reich durch den Verlust weiterer Ländereien zusammengeschrumpft, Spanien war verloren. Die große Provinz Nordafrika mit dem altberühmten Karthago, die Kornkammer Roms, war 429 von den Vandalen unter Geiserich erobert worden. Im Osten drohte eine andere Gefahr. Die Hunnen drangen aus Ungarn gegen Illyrien vor, aber noch führte sie nicht Attila. Theodosius ließ Konstantinopel gegen die drohende Gefahr durch doppelte Mauern befestigen. Noch waren ihm einige Friedensjahre gegönnt.

Da brach im Innern des Reichs ein Streit aus, der nicht weniger gefährlich war als die Bedrohung durch äußere Feinde. In diesen Streit wurde Athenais-Eudokia verwickelt und sollte es bis zu ihrem Tod bleiben.

Kirchenstreit um Maria als Gottesgebärerin

In dem folgenden Kirchenstreit trat Athenais-Eudokia in den Vordergrund, und zwar als Gegnerin Pulcherias. Die Konzilien von Nicaea und Konstantinopel meinten nach dem Kampf zwischen Arianern und Athanasianern die Einheit des christlichen Glaubens hergestellt zu haben, aber es zeigte sich bald, daß die Kuppel dieses Glaubensbekenntnisses Risse bekam. Die Grundfrage um die göttliche und menschliche Existenz Christi konnte auch anders beantwortet werden als das in den beiden Konzilien geschehen war.

Daß immer wieder andere Antworten auf die alten christologischen Fragen gegeben werden können, ist innerhalb des Christentums bis heute so geblieben, auch die Form der Auseinandersetzung zwischen verschiedenen Glaubensmeinungen hat sich durch die Jahrhunderte nicht geändert: Gehässigkeit, Verleumdung, Verketzerung, Feindschaft bis zu Hinrichtungen und jahrelangen Kämpfen und Kriegen. In diesen Kampf wurden die Staaten verwickelt.

In den zwei ersten großen Konzilien war es darum gegangen, Christus als Mensch und Christus als Gott auf einen gemeinsamen Nenner zu bringen. Es war ein Streit um die griechischen Worte homoiusios und homousios, um die Auslegung, ob Christus Gott wesensähnlich oder wesensgleich sei. Die beiden griechischen Worte, die den Unterschied ausdrücken, sind voneinander durch das I (griechisch Jota) unterschieden. Dieses I war die Ursache des Streits der Meinungen, der heute noch nicht beendet ist.

Die spöttisch-sarkastische Bemerkung des Mephisto zu

dem Schüler im »Faust« bezieht sich auf dieses Jota und auf den theologischen Wortstreit:

> Mit Worten läßt sich trefflich streiten,
> Mit Worten ein System bereiten,
> An Worte läßt sich trefflich glauben,
> Von einem Wort läßt sich kein Jota rauben.

Im Zuge der fortdauernden Auseinandersetzungen um dieses Wort mit oder ohne Jota (Christus-gottähnlich oder Christus-gottgleich) trat in Konstantinopel eine neue Streitfrage auf, und zwar durch Nestorius, der hier 428 Patriarch geworden war. Wieder ging es dabei um ein Wort, um den Beinamen, der Maria gegeben worden war: theotókos-Gottesgebärerin. Nestorius behauptete, Maria werde zu Unrecht Gottesmutter genannt, weil sie nur auf menschliche Weise die Mutter Jesu gewesen sei: als Gottesmutter müßte sie selber göttlich sein; sie aber war Mensch und daher Christusgebärerin, wie Christus selbst Mensch war als das Gefäß, in das sich der göttliche Geist, der Logos, ergossen habe.

Sofort stand gegen die Meinung des Nestorius ein Mann auf, der schon auf der Lauer gegen den Patriarchen gelegen, der Bischof von Alexandrien, Cyrill, ein heftiger, unnachsichtiger und streitbarer Mann. Nestorius war ihm schon wegen seiner Zugehörigkeit zu der bedeutenden Schule von Antiochia widerwärtig, die mit der alexandrinischen Schule im Konkurrenzstreit lag, was christologische Deutungen betraf.

Der Kampf wurde zunächst in Konstantinopel ausgetragen, die Wogen schlugen in den Palast und schufen hier zwei Parteien; die orthodoxe Pulcheria stand auf der Seite des Cyrill, Athenais-Eudokia auf der des Nestorius. Athenais-Eudokia verwarf die Ansicht des Cyrill von der Göttlichkeit Mariens als Rückfall ins Heidentum, das seine Götter ebenfalls von göttlichen Müttern abstammen läßt.

Die orthodoxe Pulcheria hatte die stärkere Position; der größte Teil der Priesterschaft, vor allem der Mönche, und des Volkes stand gegen den Patriarchen Nestorius. Der Palaststreit griff in die Öffentlichkeit über, auch der skrupellose Cyrill nützte ihn zum Ärger des Theodosius aus und mischte sich brieflich in den Streit der beiden Parteien.

Cyrill, der Alexandriner, scheute kein Mittel, für seine Ansicht zu werben und sie auch im Palast in Konstantinopel durchzusetzen. Er ging so weit, daß er Pulcheria wissen ließ, ihr Bruder verdächtige sie eines intimen Verkehrs mit seinem Freund und Vertrauten Paulinus. Auch vor Bestechung des Hofpersonals schreckte Cyrill nicht zurück.

Pulcheria ging als Siegerin hervor. Theodosius ließ Nestorius fallen, zu dem er am Anfang gestanden. Dazu trug, neben der Beeinflussung durch Pulcheria, auch ein Volksaufstand gegen Nestorius bei, durch den der durch die Menge fanatisierte Pöbel gegen den Palast drang und die Anerkennung der Gottesmutterschaft Mariens forderte. Der Pöbel benahm sich bei dieser Kundgebung nicht anders und nicht minder zügellos wie bei Kämpfen für und gegen die grüne und blaue Zirkusfraktion, für vergötterte und für unbeliebte Wagenlenker im Hippodrom. Sport konnte die Volksmassen Konstantinopels ebenso entfesseln wie religiöse Streitigkeiten.

Um dem Wirrwarr, der im Reich um sich griff und es beunruhigte, ein Ende zu machen, berief Theodosius auf Pfingsten 431 das dritte allgemeine Konzil nach Ephesus, also in die Stadt, in der in einem prachtvollen Tempel eine heidnische Muttergöttin noch breite Verehrung genoß.

»Groß ist die Artemis der Epheser«, riefen die Heiden, die Christen nannten Artemis die große Hure von Ephesus.

Hier also sollte über Maria als Gottesmutter oder als Christusgebärerin entschieden werden, mit Hilfe des pfingstlichen Geistes, der die versammelten Männer erleuchten werde.

Das letzte Wort wurde auch damals nicht gesprochen, denn es ging bei dem Konzil so turbulent zu, daß die kaiserlichen Soldaten, die für Ordnung sorgen sollten, gegenüber den streitbaren und handgreiflichen Bischöfen und ihrem Anhang als Friedensengel erschienen.

Zu dem Konzil hatte Theodosius Augustinus eingeladen, ohne zu wissen, daß dieser bereits tot war.

Cyrill, der die Kirchenversammlung an sich riß, schloß sogleich am Anfang Nestorius als Gotteslästerer von aller priesterlichen Gemeinschaft aus. Theodosius ließ beide, Cyrill und Nestorius, einsperren, dann wieder frei – so wankelmütig verhielt er sich auch dieses Mal. Er rehabilitierte Cyrill und verbannte Nestorius in ein Kloster in Antiochia. Von dort wurde Nestorius in die große Oase in Ägypten vertrieben, wo er um 440 starb. Seine Lehre verbreitete sich mit exilierten Christen bei den Tartaren, in China, bei Chaldäern und Kurden.

Das Konzil endete ohne einen Abschluß. Es fand später seine unrühmliche Fortsetzung in der sogenannten »Räubersynode«, wiederum in Ephesus.

Pulcheria, der ihr Bruder schließlich nachgegeben hatte, erbaute zu Ehren der nun als Gottesmutter anerkannten Maria in Konstantinopel die Marienkirche. Papst Sixtus III., dessen Vorgänger Coelestin I. die Lehre des Nestorius verdammt hatte, errichtete 432 als Erinnerung an den Sieg im Marienstreit die Basilika S. Maria Maggiore.

Die christologischen Auseinandersetzungen durften nicht übersprungen werden, griffen sie doch tief in das Lebensschicksal der Athenais-Eudokia ein und gaben sie bis zu ihrem Tod nicht frei.

Die Reise nach Jerusalem

Der Kirchenstreit vertiefte den Zwiespalt und die Zwietracht zwischen Pulcheria und Athenais-Eudokia und förderte die Entfremdung zwischen Athenais und ihrem Gatten.

Die Griechin verletzte die unmenschliche Entscheidung gegen Nestorius, den sie als unbescholtenen Mann geschätzt hatte. Die Wirrnis in Denken und Tun am byzantinischen Hof mußte sie selber irre machen.

Noch war das Schicksal des anderen Patriarchen von Konstantinopel nicht vergessen, das dem des Nestorius aufs Haar glich. Johannes, der wegen seiner unorthodoxen Beredtsamkeit Goldmund (Chrysostomos) genannt worden war, hatte den Ärger der sittenlosen Eudoxia, der Gattin des schwachen Kaisers Arkadius erregt, weil er gegen die abgöttische Verehrung Eudoxias predigte, als diese sich zu ihren Ehren eine silberne Bildsäule aufstellen ließ. Chrysostomos war daraufhin vom Kaiser nach Kukukus in Kleinasien verbannt worden und 404 auf dem Weg in die härtere Verbannung nach Pithyus in Kolchis gestorben. Theodosius, der eben über Nestorius dieselbe Strafe verhängt hatte, ließ 438 die Gebeine des Chrysostomos nach Konstantinopel bringen und in der Apostelkirche feierlich bestatten. (Sie kamen später nach Rom in die Kirche des Vatikans.) Theodosius wollte auf diese Weise eine Schuld seiner Mutter sühnen, eine Schuld, die er durch die Vertreibung des Nestorius selber auf sich geladen hatte. Die dritte Vertreibung eines Patriarchen aus Konstantinopel sollte alsbald folgen.

Welches Spiel trieb da der wankelmütige, nun auch schon unberechenbare Kaiser? Athenais-Eudokia begriff es nicht, aber sie wurde in den Strudel mit hineingerissen. Was Jahrhunderte bestanden und gegolten hatte, veränderte sich, stürzte ein, das riesige Römische Reich, das Heidentum. Äußere und innere Wandlungen und Zerstörungen unerhörter Art begaben sich, Athenais-Eudokia mußte sie miterleben und durchleiden, auch durch die Schicksale ihrer Tochter und ihrer Enkel im Westreich. Der epochale Umsturz vollzog sich auch in ihr und bestimmte ihren äußeren Lebensweg.

Das Ostreich mit Konstantinopel blieb von äußeren Stürmen noch verschont, aber in der prächtigen labyrinthischen Palaststadt herrschte eine gefährliche Wirrnis. Der ursprünglich dem Geistlichen, Musischen und Religiösen in seiner stillen Inbrunst hingegebene Kaiser Theodosius strauchelte, sobald er in die Regierungsgeschäfte eingriff. Sie lagen ihm nicht, er war ihnen nicht gewachsen, weil seine Schwester Pulcheria ihn zu lange davon fernzuhalten verstanden hatte und noch immer fernhalten wollte. Aus seiner Unsicherheit heraus wurde aus dem Kalligraphos ein Tyrann.

Athenais-Eudokia wurde an ihrem neuen Glauben nicht irre. Er vertiefte und verfestigte sich in ihr, ungeachtet des Mißbrauchs, der mit dem Christentum auch vom Kaiser getrieben wurde.

431 starb die Tochter der Athenais-Eudokia, Flaccilla. Ob Trauer oder Vereinsamung durch die Vermählung ihrer ersten Tochter Eudoxia mit Valentinian und deren Fortzug nach Ravenna sie bewegten? Ob die Vermählung der fünfzehnjährigen Eudoxia mit dem achtzehnjährigen Valentinian Glück brachte? Ihre Tochter war nun Kaiserin im Westreich geworden. Was würde aber die Zeit ihr bringen? Die Befürchtungen, die Athenais-Eudokia für ihre Tochter hegte, sollten sich erfüllen.

In jener Zeit mögen durch die Vertiefung der Athenais-Eudokia in die heiligen Schriften ihre metrischen Metaphrasen nach dem Alten Testament entstanden sein, die »Homerocentra«, und die eigenwillige Umdichtung der Lebensgeschichte Jesu in homerischen Versen – Christliches in antikem Gewand. Beides, Glaube und Dichtung, bedeutete für sie Zuflucht.

Da wurde ihr Tröstung durch eine heilige Frau, die im Palast in Konstantinopel erschienen war. Melana entstammte einem angesehenen römischen Senatorengeschlecht; sie hatte mit vierzehn Jahren den jungen Adligen Apenianus geheiratet, mit dem Gelöbnis eines gemeinsamen gottgeweihten Lebens. Sie verwirklichten jenseits der damals üblichen dogmatischen Streitigkeiten die Nachfolge Christi. Sie verschenkten ihre Landgüter in Latium an die Armen, zogen nach Sizilien und Karthago, schließlich nach dem als mystisch geltenden Ägypten, wo Melana einige Klöster gründete; schließlich gingen sie nach Jerusalem, wo sie sich in der Nähe des Grabes Jesu niederließen und auf dem Berge Golgatha ein Mausoleum zu bauen begannen.

Die Berichte von den heiligen Stätten der Christenheit fielen bei Athenais-Eudokia auf fruchtbaren Boden. Der Entschluß, Jerusalem zu besuchen, bedeutete zugleich eine Flucht aus den unguten Verhältnissen zwischen ihr, ihrem Gatten und dessen Schwester. Für Pulcheria und Theodosius kam die Entfernung Athenais-Eudokias aus Konstantinopel gelegen.

Athenais-Eudokias Reise nach Jerusalem wurde keine Pilgerfahrt. Sie reiste als Kaiserin mit großem Gefolge. Die Seefahrt führte durch den Hellespont, am alten Troja vorbei, über Lesbos, Chios – die Heimat Homers –, über Samos und Cypern nach Syrien. Erinnerungen an ihre

Jugend, an griechische Geschichte und Dichtungen, mochten in ihr wachgeworden sein – Eudokia war wieder Athenais. Antiochia, die in ihrer heidnisch-orientalischen Üppigkeit und Pracht blühende Stadt, empfing sie feierlich. Bei allem Wohlstand war Antiochia eine der großen Stätten der Christenheit; die Kirche war eine Stiftung des Apostels Petrus.

Athenais-Eudokia saß im Senatorenpalast auf einem goldenen, edelsteingeschmückten Thron, das Volk huldigte ihr als Kaiserin. Athenais-Eudokia hielt eine mit Begeisterung aufgenommene griechische Ansprache, die mit dem homerischen Vers schloß:

Eures Geschlechts und Blutes zu sein,
Dess' rühm auch ich mich.

Die Antiochier, hingerissen von ihrer Kaiserin, widmeten ihr eine goldene Bildsäule im Senat, eine eherne für das Museum.

In Jerusalem, das sie auf dem Weg über Tripolis, Sidon, das durch seine Purpurfärbereien berühmte Tyrus, über Akkon und Caesarea erreichte, wurde sie von Melana empfangen. Sie nahm an der Einweihung der auf dem Kalvarienberg durch Melana errichteten Kirche teil.

Das zumeist von Syrern, Phöniziern und Aramäern bewohnte Jerusalem galt damals, auch nach den Berichten des griechischen Kirchenvaters Gregor von Nyssa, der hier 394 gestorben war, als eine von Grund auf verdorbene, lasterhafte Stadt; Gregor hatte die Pilger vor ihr gewarnt. Es gab hier nur noch wenige Reste aus römischer Zeit, dafür Reste des Heidentums in der Verehrung der Astarte und des Mithras. Vom Judentum waren alle Reste so gut wie ausgetilgt worden. Schon Kaiser Hadrian hatte die Juden seit dem Jahr 135 für alle Zeit aus Jerusalem vertrieben, nur am Gedenktag der Zerstörung des salomonischen Tempels im Jahr 70 durften sie zurückkehren, um an der Stelle, wo der Tempel gestanden, einen zerbröckelnden Stein mit Öl zu salben, zu beten, zu weinen und sich wehklagend die Kleider zu zerreißen.

Eine Kirche in Jerusalem, deren erster Bischof Jakobus ein leiblicher Bruder Jesu gewesen, wurde als die älteste Kirche der Christenheit besonders verehrt. Jerusalem war durch die Stätten des Lebens, Leidens und Sterbens Jesu das größte Heiligtum der Christenheit, in das gepilgert wurde, oft um in einem der vielen Klöster zu bleiben und zu sterben. Jerusalem gesehen und dort gebetet zu haben, galt als Sehnsucht und Glück jedes Christen.

Athenais-Eudokia mochte während ihres Aufenthaltes in Jerusalem in einem der Frauenklöster gewohnt haben.

Rundum war die Stadt von Stätten geheiligter Erinnerungen umgeben. Nirgendwo anders als hier gab es bis nach Ägypten hinein so viele Klöster und Einsiedeleien. Mit deren Gründung hatte im 4. Jahrhundert Hilarion, ein Schüler des Wüstenheiligen Antonius, begonnen. Rings um Jerusalem gab es auf Bergen, in Tälern, Felsenhöhlen und Einöden, ähnlich wie in der Thebaïs, zahllose Eremitagen.

Nirgendwo anders als hier gab es so viele Reliquien, denen Verehrung entgegengebracht, mit denen Kult und zugleich ein schwunghafter Handel getrieben wurde. Athenais-Eudokia erhielt für ihre Freigebigkeit gegenüber Klöstern die beiden Ketten, mit denen nach einer legendären Überlieferung König Herodes den Apostel Petrus hatte fesseln lassen. In Konstantinopel stiftete Athenais-Eudokia eine der beiden Ketten der Apostelkirche, die andere schickte sie ihrer Tochter, der Kaiserin Eudoxia, die dafür in Rom eine Kirche erbauen ließ, die ihren Namen bekam und später die Kirche S. Pietro in

Vincoli genannt wurde, wo die Kette noch heute aufbewahrt wird.

Athenais-Eudokia hatte sich ein Jahr in Jerusalem aufgehalten. Die heilige Stadt, die nach dem heidnischen Athen und dem orientalisch prächtigen Konstantinopel in ihr Leben getreten war, muß auf sie einen unauslöschlichen Eindruck gemacht haben. (Wenige Jahre später kehrte sie nach Jerusalem zurück, um dort zu bleiben und zu sterben.) Jerusalem wurde aber auch die Stadt ihres tiefsten Sturzes durch eine mörderische Untat, die sie neben ihrer Berühmtheit als Gelehrte, Dichterin und Kaiserin, die im Ruf großer Frömmigkeit stand, berüchtigt machte.

Die Apfelgeschichte

Trotz des besonderen Rufs, den ihr die Reise nach Jerusalem einbrachte, fand Athenais-Eudokia bei ihrer Rückkehr nach Konstantinopel die Verhältnisse zu ihren Ungunsten verändert vor. Es wurde ihr schwer, zu ertragen, von ihrer Schwägerin, die sich an die Alleinherrschaft gewöhnt hatte, mehr als vorher in die Schranken gewiesen zu werden, ohne daß ihr Gatte ihr beistand.

Im Palast waren neue Männer aufgetaucht. Einer von ihnen war der Ägypter Cyrus, der Stadtpräfekt geworden war, ein tüchtiger General, der sich im afrikanischen Krieg gegen Geiserich hervorgetan hatte. Athenais-Eudokia schätzte an ihm die griechische Bildung und seine dichterische Begabung.

Sie schloß sich ihm an.

Ein anderer Günstling war hochgekommen, der Eunuch Chrysaphius, der Tajuma genannt wurde. Er wurde der Liebling des Kaisers, den Tajuma beherrschte. Noch stand Paulinus, der Jugendfreund, in der Gunst des Theodosius.

Paulinus war es gewesen, der die Schönheit der Athenais gemeinsam mit Theodosius bei ihrem Erscheinen im Palast bewundert hatte. Noch in zunehmendem Alter wurden das Wissen und das angenehme Äußere des Paulinus gerühmt.

Um Paulinus tauchten ungenaue Gerüchte auf, wonach dieser eine wachsende Zuneigung zu Athenais-Eudokia zeige, die nicht unerwidert blieb. Andererseits, so hieß es, wurde Paulinus von Pulcheria umworben. Der ränkevolle Tajuma soll die gegenseitige Eifersucht der beiden Frauen genährt haben.

Da begab sich etwas, was in verschiedenen Versionen überliefert wird. In der Geschichte, die davon übrigblieb, wird der wahre Kern erkennbar – die Eifersucht des Theodosius auf Paulinus seiner Frau wegen. Gregorovius erzählt sie: Eines Tages ging der Kaiser Theodosius am Fest der Epiphanie in die Kirche, ohne seinen Hofmarschall Paulinus, welcher an der Gicht darniederlag. Ein armer Mann bot ihm einen ungewöhnlich großen phrygischen Apfel an, welchen der Kaiser und seine Begleiter sehr bewunderten. Theodosius ließ dem Armen 150 Goldstücke auszahlen, den Apfel aber seiner Frau überbringen. Die Kaiserin schenkte diesen sofort dem kranken Paulinus. Der Hofmarschall, welcher von der Herkunft des Geschenks keine Ahnung hatte, wußte nichts Eiligeres zu tun, als denselben Apfel dem Kaiser zu schicken, sobald dieser aus der Kirche in den Palast zurückgekehrt war. Der erstaunte Theodosius ließ seine Gemahlin zu sich kommen und fragte sie, wo der Apfel geblieben sei, den er ihr geschickt habe. Die Kaiserin antwortete voll Verlegenheit, daß sie ihn verzehrt habe, und nochmals bei ihrem Seelenheil aufgefordert, die Wahrheit zu gestehen, war sie schwach genug, mit einem Eide zu beteuern, daß sie jene Frucht gegessen habe. Da ließ der Kaiser den Apfel herbeibringen, hielt ihn seiner Gemahlin vor Augen und geriet in den heftigsten Zorn, daß Paulinus der Geliebte seiner Frau sei.

Daß daraufhin Theodosius seinen Jugendfreund und Vertrauten töten ließ, ist verbürgt; die Art, wie es geschah, wird verschieden berichtet.

Es heißt, Theodosius habe Paulinus den von ihm begonnenen Bau der Kirche der Heiligen Cosmas und Damian erst vollenden und ihn dann köpfen lassen.

Eine andere Überlieferung lautet, Theodosius habe Paulinus auf einer finsteren Treppe des Palastes überfallen lassen, um ihn zu töten; es sei aber nur gelungen, ihm die Ohren abzuschneiden, woraufhin Paulinus entkommen konnte; erst in Kappadokien, wohin Theodosius ihn verbannt hatte, sei er getötet worden.

Von einigen Chronisten wird vermutet, daß die eifersüchtige Pulcheria an der Hinrichtung des Paulinus beteiligt gewesen sei, um sich an ihm zu rächen oder um einen Vertrauten der Athenais-Eudokia und ihres Bruders aus dem Weg zu schaffen.

Hatten sich die blutdürstigen Dämonen im Palast von Konstantinopel zu lange im Hintergrund verborgen gehalten? Hatten sie jetzt Theodosius zu dem Mord an seinem Jugendfreund verleitet?

Der Vorfall muß Athenais-Eudokia mit Abscheu und mit Grausen erfüllt haben. Der Schatten des Mordes begleitete sie, als sie, entweder von ihrem Gatten verstoßen oder aus Angst vor dem unberechenbar gewordenen Theodosius, zum zweiten Male nach Jerusalem ging. Dieses Mal geschah es unter veränderten Voraussetzungen. Jedenfalls war der Verdacht des Theodosius gegen Athenais-Eudokia für sie so erschreckend und schwerwiegend, daß sie noch in ihrer Sterbestunde – Theodosius war schon tot – ihre Unschuld beschwören zu müssen meinte. Dieses Mal zog Athenais-Eudokia als unglückliche Frau, als Pilgerin nach Jerusalem.

Unheil, Untaten, Wirren

Nur von wenigen Menschen fiel Athenais-Eudokia vor
ihrer zweiten Reise nach Jerusalem der Abschied schwer.
Zu ihnen gehörte der Präfekt Cyrus. Seine Zuneigung
zum Griechischen, seine poetische Begabung und seine
Tüchtigkeit hatten ihn mit der Kaiserin freundschaftlich
verbunden. Er sorgte sich in hervorragender Weise um
die öffentlichen Bauten der Stadt, deren Pflege ihm oblag.
Als ein Erdbeben einen Teil der Stadt- und Befestigungs-
mauern zustörte, stellte er sie in kurzer Zeit wieder her.
Das Volk feierte ihn, der auch wegen seiner Vorsorge für
Handwerker und Geschäftsleute beliebt war, deswegen
im Hippodrom als Erneuerer der Stadt.
Das verdroß den Kaiser, und er leitete einen Prozeß
gegen Cyrus wegen Neigung zum Heidentum ein, durch
den er ihn aller Ehren, Würden und Ämter für verlustig
erklärte. Er bestrafte Cyrus damit, daß er ihn, der keiner-
lei geistliche Neigung und priesterliche Vorbildung besaß, zum Bischof in Phrygien machte, wodurch er sich
seiner entledigte. Das war eine seltsame Form der Bestrafung, die Theodosius schon bei seinem früheren Erzieher
und späteren Großkämmerer Antiochus praktiziert hatte,
indem er diesen in das geistliche Gewand eines Presbyters
»verbannte«.
Seine Vertreibung aus Konstantinopel hat Cyrus in einer
schönen Elegie besungen:

> Hätte mein Vater mich doch dickwollige Schafe zu
> hüten gelehrt,
> Dann säß ich jetzt unter der Ulme am Felsenhang
> Und versüßte mir mit dem Lied der Flöte den
> Gram ...

Mit Cyrus war ein in Konstantinopel zurückgebliebener Anhänger der Athenais-Eudokia entfernt worden. Bei zwei anderen Vertrauten, die Athenais-Eudokia nach Jerusalem mitgenommen hatte, schlug der Kaiser zu. Geschah es aus Haß, Rache oder Eifersucht? Oder hatte der über den schwachen leicht beeinflußbaren Kaiser allmächtige Eunuch Chrysaphius, Tajuma genannt, ihn dazu überredet? Oder Pulcheria? Oder tat er es verwirrten Sinnes?

Die beiden Begleiter der Athenais-Eudokia auf der Reise nach Jerusalem waren der Presbyter Severus und der Diakon Johannes, mit denen Athenais-Eudokia schon in Konstantinopel befreundet gewesen war. Theodosius schickte seinen Grafen der Leibwache, Saturnius, der schon unter Kaiser Arkadius als Offizier gedient hatte, nach Jerusalem und ließ durch ihn Severus und Johannes ermorden. Daraufhin hat Athenais-Eudokia, »ich weiß nicht, von welchem Schmerz außer sich geraten, den Saturnius sofort umgebracht«, heißt es lakonisch in einem zeitgenössischen Bericht. Andere Chronisten bestätigen die Tatsache, ohne Ursache, nähere Umstände und Folgen zu erwähnen. So muß die Tatsache des durch Athenais-Eudokia ausgeführten Mordes für sich stehenbleiben. Der Mord an Saturnius wurde noch Jahrhunderte später mit der Ermordung des Marquese Giovanni Monaldeschi durch die Königin Christine von Schweden verglichen.

Vielleicht war Athenais-Eudokia entsetzt und empört darüber gewesen, daß man sie, die den Hof verlassen hatte, auch hier verfolgte und die ihr vertrauten Menschen wegmordete. Wollte man sie auch in den Untergang jagen? –

Im Osten und Westen des Reichs bahnten sich gefährliche Veränderungen an. Die Geschicke standen unter einem doppelten Unheilstern, dem Vandalenkönig Geiserich und dem König der Hunnen Attila. Beide griffen tief auch ins Schicksal des byzantinischen Kaiserhauses ein.

Es gelang Theodosius nicht, Nordafrika von den Vandalen zu befreien, ein Kriegszug gegen sie scheiterte, Theodosius mußte einen schimpflichen Frieden schließen.

Während Theodosius Perser, Lyder und Sarazenen abzuwehren hatte, brachen die Hunnen unter Attila aus Ungarn in Thrakien ein und bedrohten Konstantinopel. Auch hier kam es zu einem Theodosius demütigenden Frieden und zur Abtretung von Land an die Hunnen. Der Hunnenkönig erhob einen seltsamen und erschrekkenden Anspruch.

Honoria, die Tochter der Galla Placidia, war, nachdem sie sich von ihrem Hofmarschall Eugenius hatte verführen lassen, aus Ravenna nach Konstantinopel gebracht worden, um die Schande zu verbergen; die sittenstrenge Pulcheria hatte Honoria in ein Kloster gesperrt. Das war im Jahr 434 geschehen.

Jetzt, siebzehn Jahre später, gelang es Honoria in der Verzweiflung über ihre klösterliche Gefangenschaft, einen Brief an Attila gelangen zu lassen, in welchem sie Attila durch einen mitgesandten Ring die Hand und das Erbrecht als kaiserliche Prinzessin anbot.

Attila forderte die Auslieferung Honorias, woraufhin Honoria zu ihrer Mutter Galla Placidia nach Ravenna zurückgebracht, zum Schein mit einem Hofmann verheiratet wurde und für immer in einem Gefängnis verschwand. –

Die andere Geißel Westroms war der Vandalenkönig Geiserich. Sein Gegenspieler war der schwache Kaiser Valentinian III., der seit 437 mit einer Tochter Athenais-

Eudokias, Eudoxia, verheiratet war. Sie lebte glück- und freudlos neben dem zu seiner Schwäche lasterhaften Valentinian in dem nur von Sümpfen und Wäldern geschützten prächtigen Ravenna, einem Klein-Byzanz.

Schon hatte Valentinian Afrika an Geiserich, Spanien, Britannien und Gallien an die Germanen verloren. Nun drängten von Norden die Hunnen gegen den Rest von Italien vor.

Was geschah in Konstantinopel?

Theodosius beschwor noch einmal und wieder den alten christologischen Streit herauf. Dieses Mal ging es um die Lehre der Monophysiten. Diese behaupteten, Christus sei nur *einer* Person und *einer* Natur (physis), nämlich der göttlichen; diese habe das Menschliche in ihm aufgesogen und ausgetilgt. Die Gegner der monophysitischen Lehrmeinung – dazu gehörten Pulcheria, Theodosius und der Papst – verteidigten die doppelte Natur Christi als Mensch und Gott, wobei in einer verschlungenen Dialektik beide Naturen als unlösbar miteinander verbunden gedeutet wurden.

Der Streit entzündete sich wieder an einem Patriarchen in Konstantinopel, der die monophysitische Lehre vertrat, an Flavianus. Auch Flavianus wurde ins Exil nach Lydien geschickt, erreichte es aber nicht, denn er erlag unterwegs den ihm zugefügten Mißhandlungen.

Um das mißglückte Konzil von Ephesus zu Ende zu führen, berief Theodosius es 449 noch einmal ein, wiederum nach Ephesus, wobei es zu der berüchtigten »Räubersynode« kam. Die monophysitische Lehre wurde verdammt.

Während der Streit sich zum Kampf steigerte, starb Theodosius am 28. Juli 450, fünfzig Jahre alt, an einer Verletzung des Rückgrats durch einen Sturz vom Pferd.

Die letzten Jahre

Das erste Blatt unserer Betrachtung der Athenais hätte – so sagten wir – mit einem auf Goldgrund gemalten Initial beginnen können; so stellt sich uns ihr junges Leben und ihre äußere Erscheinung dar; am Ende betrachten wir eine byzantinische Ikone. –

Wer sollte dem toten Kaiser Theodosius II. nachfolgen? Wer wäre dazu berechtigt gewesen? Zunächst seine Gemahlin Athenais-Eudokia; diese aber lebte verbannt in Jerusalem. Dann deren und des Theodosius Tochter Eudoxia, die mit dem weströmischen Kaiser Valentinian III. verheiratet war, schließlich eine ihrer beiden Töchter, die Enkelinnen des Theodosius und der Athenais-Eudokia. Pulcheria führte die Lösung herbei, hatte sie doch jetzt Gelegenheit, endlich die Alleinherrscherin zu werden.

Theodosius habe kurz vor seinem Tode, so hieß es, Zeit gefunden, die Großen des Hofes um sich zu versammeln, um ihnen zu sagen, ein Traum habe ihm als seinen Nachfolger Marcianus geoffenbart. Die Alleinherrschaft einer Frau wäre ohne Beispiel in der Geschichte des römischen Reiches gewesen. Pulcheria entschloß sich, der geträumten Voraussage ihres Bruders gemäß, Marcianus zu heiraten, um mit ihm eine platonische oder, wie es jetzt christlich hieß, eine Josephs-Ehe zu führen. Denn Pulcheria hatte in ihrer Jugend gelobt, sich nicht zu verheiraten und dieses Gelöbnis auf einer Tafel in der Hagia Sophia festgehalten.

Marcianus, 54 Jahre alt, war der Sohn eines einfachen thrakischen Soldaten und hatte sich als Offizier bewährt und hervorgetan, vor allem im afrikanischen Krieg gegen Geiserich, in dessen Gefangenschaft er geraten war. Die

377

Ehe wurde geschlossen und Marcianus zum Kaiser ausgerufen.

Die ersten Handlungen Pulcherias waren kennzeichnend; sie ließ den Vetrauten ihres Bruders, den Eunuchen Chrysaphius, Tajuma genannt, am Stadttor Melantias töten, ließ den Leichnam des verbannten Patriarchen Flavinianus feierlich nach Konstantinopel bringen und in der Apostelkirche beisetzen. Er war nach den Patriarchen Johannes Chrysostomos und Nestorius das dritte Opfer des Glaubensstreits geworden.

Dieser bewegte Pulcheria mehr als die politischen und militärischen Angelegenheiten, die auch Konstantinopel in Bedrängnis brachten. Sie berief noch einmal ein ökumenisches Konzil ein, dieses in unmittelbarer Nähe von Konstantinopel, nach Chalcedon. Sie ließ noch einmal die monophysitische Lehre verdammen und eröffnete den Krieg gegen deren Anhänger, zu denen Athenais-Eudokia gehörte.

Welche Gefahren das Römische Reich im Kampf um seine Existenz bedrohten, dafür schien Pulcheria keine Augen und Ohren zu haben. Die Gefahren aus der neuen politischen und militärischen Entwicklung in Italien trafen Athenais-Eudokia in besonderer Weise, auch wenn sie im fernen Jerusalem lebte. Auch damals blieben Konflikte nicht isoliert, sondern wirkten sich weltweit aus.

Kurze Zeit nach Theodosius II. war Galla Placidia in Ravenna gestorben, am 27. November 450. Ihr Sohn Valentinian III. hatte nun allein zu regieren. Er regierte schlecht, war dazu ein zügelloser Mann.

Zwar war Attila 451 durch den letzten römischen Feldherrn Aetius und die Westgoten auf der Katalaunischen Ebene geschlagen worden, aber er zog über den Rhein nach Italien und zerstörte Aquileja, dessen geflüchtete

Bewohner Venedig gründeten. Vor Rom konnte Papst Leo I. Attila zum Rückzug bewegen. Bald danach wurde er in der Hochzeitsnacht von Hildiko ermordet. (Ursprung der Kriemhilden-Sage.) Italien war diese Geißel los.

Kaiser Valentinian hatte Ravenna verlassen und war nach Rom gegangen. Dort verübte er zwei Untaten; er ermordete den Feldherrn Aetius, den Sieger über Attila, weil er in ihm einen Nebenbuhler vermutete, und er schändete die Frau des angesehenen Senators Maximus. Daraufhin ließen Maximus und die Freunde des Aetius Kaiser Valentinian 455 durch Meuchelmörder auf dem römischen Marsfeld töten. So war Eudoxia, die Tochter der Athenais-Eudokia, wie diese Witwe geworden, die beiden Töchter Eudokia und Placidia verwaist.

Die ungewisse Lage von Tochter und Enkelinnen in der politisch verworrenen, von Kriegen aufgeschreckten Zeit mußten Athenais-Eudokia schwere Sorgen bereiten. Kein befreiender Ausweg war zu sehen.

In Rom verwirrten sich die Zustände, auch die Angehörigen der Athenais-Eudokia betreffend. Der Senator Maximus, der Mitmörder Kaiser Valentinians, ließ sich zum Kaiser ausrufen und zwang Eudoxia, ihn zu heiraten; ihre ältere Tochter Eudokia wurde mit dem Sohn des Maximus, dem vom Vater zum Caesar erhobenen Palladius, vermählt. Als Eudoxia erfuhr, daß ihr jetziger Gemahl Maximus an der Ermordung ihres früheren Gatten beteiligt gewesen, muß sie Grauen überwältigt haben; anders hätte sie, um sich an Maximus zu rächen, nicht den Gedanken gefaßt, Geiserich aus Afrika herbeizurufen, um sie von Maximus zu befreien. Sie tat also, was ihre Schwägerin Honoria mit ihrem Angebot an Attila getan hatte.

Ende Mai 455 erschien Geiserich vor Rom. Als er sich der Stadt näherte, töteten die Römer Maximus und seinen Sohn Palladius. Greuel häuften sich zu Greuel. Zwar gelang es Papst Leo I., Geiserich zu bewegen, Rom nicht zu zerstören, doch eine vierzehntägige Plünderung der Stadt konnte er nicht verhindern. Dabei wurden keine Bauwerke zerstört; der Begriff »Vandalismus« kam erst in der Französischen Revolution auf.

Mit der Beute brachte Geiserich Eudoxia und ihre beiden Töchter nach Karthago; die ältere Eudokia, Witwe nach dem ermordeten Cäsar Palladius, wurde mit Hunnerich, dem Sohn des Geiserich, verheiratet; die jüngere Tochter war mit dem adligen Römer Olybrius vermählt, der vor den Vandalen nach Konstantinopel entkommen war.

Konstantinopel blieb von diesen Ereignissen unberührt. Hier hatte Pulcheria den Krieg gegen die Monophysiten begonnen. Es ging ihr vor allem darum, den starken, von Athenais-Eudokia gestützten Anhang in Palästina zu vernichten.

Das von Konstantinopel bedrohte Jerusalem, wo die monophysitischen Christen in der Überzahl waren, geriet in Aufruhr. Die mehr als 10 000 Mönche rebellierten gegen die Beschlüsse von Chalcedon, die zahllosen Anachoreten strömten aus ihren Einsiedeleien nach Jerusalem, vertrieben gewaltsam den aus Konstantinopel geschickten Juvenalis, der die Ordnung herstellen sollte, und setzten den monophysitischen Theodosius zum Patriarchen ein. Athenais-Eudokia hatte sich den Mönchen und Einsiedlern angeschlossen. Jerusalem blieb für nahezu zwei Jahre in den Händen der Monophysiten, zu denen sich allerlei Stadtgesindel gesellt hatte, um den Kampf auf der Straße auszutragen. Kerker wurden geöffnet, die Entlassenen, unter ihnen Räuber, schlossen sich dem Aufruhr

an, die Häuser der Gegner wurden angezündet und geplündert, Frevel und Grausamkeiten verübt.

Ob wir es wollen oder nicht, wir müssen uns Athenais-
Eudokia als Anführerin dieser Fanatiker vorstellen. War
es noch ein Krieg zwischen verschiedenen Glaubensan-
sichten? War es nicht ein Kampf zwischen Athenais-Eudokia und Pulcheria?

Als das aus Konstantinopel zur Unterdrückung des Auf-
stands in Jerusalem abgesandte Heer unter dem Befehl
des Grafen Dorotheus gegen Jerusalem marschierte,
wurde ihm schon unterwegs in den Städten Widerstand
entgegengebracht. Athenais-Eudokia befahl die Schlie-
ßung der Stadttore Jerusalems, aber es gelang dem Grafen
Dorotheus, in die Stadt einzudringen und sie zu erobern.
Juvenalis, den die Monophysiten aus Jerusalem verjagt
hatten, wurde von dem Grafen Dorotheus als Patriarch
eingesetzt, der Rebell Theodosius floh in die Klöster am
Berge Sinai.

Athenais-Eudokia blieb unbeugsam; dennoch wurde sie
geschont. Von verschiedenen Seiten bemühte man sich,
sie von dem Irrtum ihrer Glaubensmeinung zu überzeugen, auch Papst Leo I. schrieb ihr, schonend und taktvoll.
In jenen Tagen erreichten sie die Nachrichten von den
Schicksalen ihrer Tochter und ihrer beiden Enkelinnen in
Rom und ihrer Wegführung als Gefangene Geiserichs
nach Karthago, schließlich die Nachricht vom Tod Pulcherias in Konstantinopel (am 10. September 453). Sie
war im Alter von 55 Jahren gestorben. Sie hatte ihr Hab
und Gut den Armen vermacht, zahlreiche Kirchen, Wai-
senhäuser und Spitäler legten Zeugnis von ihr ab, einer
der seltsamen Frauen in der byzantinischen Geschichte.
Von einigen frommen Männern wurde Athenais-Eudokia
gebeten, einen heiligen Mann des Landes zu befragen, um

den Irrtum ihres Glaubens zu erkennen. Dieser Heilige war Simon Stilites, der sich, um den zahllosen Rat- und Hilfesuchenden aus Syrien, Persien und Armenien und aus dem Osten und Westen des Reichs zu entgehen und sich seiner Andacht in Ruhe widmen zu können, in ein Häuschen auf einer Säule zurückgezogen hatte. Bei dem in luftiger Höhe hausenden »Säulenheiligen«, der ursprünglich Schäferknabe in Susan in Kilikien gewesen und Einsiedler geworden war, ließ Athenais-Eudokia um Rat fragen. Simon Stilites verwies sie an Euthymius, einen uralten Wüstenanachoreten, der im Ruf eines Wundertäters und Sehers stand. Es heißt, Athenais-Eudokia habe unweit der Laura, der Behausung des Euthymius, auf einem Hügel in der Wüste Ruban ein hölzernes, turmartiges Haus bauen lassen, um mit dem frommen Manne ungestört ihre Gespräche führen zu können.

Auch hier muß es genügen, die Tatsache anzuführen. Athenais-Eudokia schwor der monophysitischen Lehre, der sie bisher hartnäckig angehangen, ab und trat 456 zum Katholizismus über.

Wer wollte zu deuten versuchen, was in ihrem Geist, in ihrem Herzen und in ihrer Seele vorgegangen war und sie zu diesem Entschluß bewogen haben mochte.

War es ihr persönliches Leid, waren es die schweren Schicksalsschläge in ihrer Familie, die sie dazu veranlaßten? War sie des Streits mit Worten überdrüssig und müde geworden? Trat sie nun die Nachfolge Christi in der Gesinnung an, daß alle menschlichen Gebrechen, wozu auch ihr Mord an Saturnius zählte, nur durch Erbarmen und reine Menschlichkeit gesühnt werden können?

Die byzantinischen Chronisten und Geschichtsschreiber können sich nicht genug tun zu rühmen, was Jerusalem ihr verdankt: die Wiederherstellung der Stadtmauer, die Errichtung und Ausstattung von Armenhäusern und Klöstern, den Bau der Kirche des hl. Stephan und eines Stadions.

Ein hinterlassenes Erbe hat sich durch Jahrhunderte verborgen gehalten, bis es von dem Philologen Bandini um 1760 in der mediceischen Bibliothek in Florenz entdeckt wurde, Bruchstücke der Versdichtung »Cyprianus und Justina«, die Bandini »ein unschätzbares Kleinod« nannte.

Das dreiteilige Werk erzählt die Geschichte der Bekehrung des heidnischen Zauberers und der Magie ergebenen Cyprianus zum Christentum. Athenais-Eudokia hat ihre eigene Lebensgeschichte mit der Legende verschmolzen; sie ist in verkleideter Form Selbstbiographie und Confessio.

Ihr Weg hatte aus Athen als Heidin und Tochter eines Rhetors der Platonischen Akademie über Christianisierung im hellenistisch-orientalischen Konstantinopel ins heilige Jerusalem geführt, wo sie ihre seelische Heimat fand; ein Weg, der in einem halben Jahrhundert eine Epoche umfaßte.

»Cyprianus und Justina« enthält keimhaft den Faust-Stoff. Calderon behandelte die Legende in seinem Drama »El Magico prodigioso«.

Im Dichten fand Athenais-Eudokia, alt geworden, tröstende Zuflucht, schreibend betete sie. In einzelnen Versen spricht die Dichterin unmittelbar an, so in dem reumütigen Bekenntnis und der demütigen Hoffnung, das Heil der Seele zu erlangen:

> Da, teure Männer,
> Die ihr mein Elend kennt, erzähl ich auch
> Von meines Lebens Qual, auf daß ihr,

Sie erwägend, mitleidlos mir sagtet, ob
Ich jemals Christus mir versöhnen könne,
Und er, wenn mein Bekenntnis er gehört,
Mir helf', die nächt'gen Wege zu verlassen,
Die ich bisher gegangen bin.

(Übersetzt von Gregorovius)

Athenais-Eudokia starb in Jerusalem um 460, war also
etwa sechzig Jahre alt. Sie wurde in der von ihr gebauten
Kirche des hl. Stephan beigesetzt.

Die Tochter und die Enkelinnen

Auf die Bitte des byzantinischen Kaisers Leo entließ Geiserich 462 die Tochter und die Enkelin der Athenais-Eudokia, Eudoxia und Placidia, behielt aber die zweite Enkelin Eudokia als Gattin seines Sohnes Hunnerich zurück. Eudoxia ging mit ihrer Tochter nach Konstantinopel zurück, wo sie mit dem Römer Olybrius vermählt wurde.

471 gelang es Eudokia, nach sechzehn Jahren aus Karthago nach Konstantinopel zu entkommen. Von dort pilgerte sie nach Jerusalem, wo sie starb und neben ihrer Großmutter in der Kirche des hl. Stephan beigesetzt wurde.

Der aus der Ehe zwischen Hunnerich und Eudokia stammende Sohn Hilderich lebte einige Zeit in Konstantinopel; nach Karthago zurückgekehrt, wurde er von seinem Vetter Gelimer gestürzt und 533 getötet. Um diesen Mord zu rächen, schickte der byzantinische Kaiser ein Heer unter Belisar gegen Karthago; Belisar zerstörte das afrikanische Vandalenreich und brachte die Tochter Hilderichs und Eudokias nach Konstantinopel, wo sie als Nachkomme Theodosius' II. ehrenvoll aufgenommen wurde.

Placidia, die zweite Enkelin der Athenais-Eudokia, kehrte mit ihrem Gatten Olybrius in den römischen Caesarenpalast zurück, aus dem sie mit der Mutter und Schwester als Gefangene Geiserichs weggeführt worden war. Olybrius wurde zum Kaiser ausgerufen, starb aber schon nach sieben Monaten. Placidia kehrte nach Konstantinopel zurück, soll lange in Jerusalem, schließlich am Hof Theoderichs des Großen in Ravenna gelebt haben und dort gestorben sein.

Somit hatten die Nachkommen Athenais-Eudokias die Stürme vor dem Ende des weströmischen Reichs in erlöschendem Glanz und Elend erlebt und durchlitten bis hin zur Absetzung des letzten weströmischen Kaisers Romulus Augustus durch Odoaker 476.

Das ausgeplünderte und verwüstete Rom ward von den Kaisern verlassen, Konstantinopel, das neue Rom, überlebte mit seinen Kaisern bis zur Eroberung durch die Türken 1453.

IRENE

Der Bilderstreit

Ob wir es verstehen wollen, verstehen können oder nicht, die Tatsache besteht, daß in Konstantinopel trotz Kriegen, Belagerungen und Palastrevolutionen mehr als ein Jahrhundert unerbittlich darüber gestritten wurde, ob religiöse Bilder gemalt und verehrt werden dürfen oder nicht. Der Streit, der theoretisch begann, gewann durch das Eingreifen der Kaiser Ausbreitung, Vertiefung und Erschütterung im Staat und darüber hinaus in der gesamten Christenheit, ob im Osten oder Westen; Konstantinopel und Rom gerieten in eine neue, sich gegenseitig bekämpfende Konfliktsituation. Der Streit wurde im byzantinischen Reich zu einem Kampf, der hart, schließlich grausam geführt wurde.

Daß eine Idee dieser Art Völker durch so lange Zeit zu entzweien vermochte, ist die eine Seite. Die andere ist die, daß sich in der Bilderfreundschaft und Bilderfeindschaft ein urphänomenaler Gegensatz offenbart, der nicht auf die Zeit und das einmalige Objekt der religiösen Bilder beschränkt bleibt. Er lebt im Gegensatz von konkreter und abstrakter Kunst weiter.

Die zunächst religiös gestellte Frage war, ob Gott und seine Heiligen darstellbar sind, dargestellt werden dürfen, selbst heilig sind und daher im Bild verehrt und angebetet werden dürfen. Die das bejahten, nannten sich Bilderfreunde (Ikonodulen). Sie wurden von den Bilderfeinden (Ikonoklasten) als Götzendiener verworfen, während die Bilderfreunde die Bilderfeinde Bildverbrenner und Christusschänder nannten.

Es ist hier nicht darzustellen, welcher Art die Begründungen sind, die einander gegenüberstanden; die eine, die

Gott als transzendent über aller irdischen Sichtbarkeit meint, oder die andere, daß der unsichtbare Gott immanent im Sichtbaren lebe und wirke, daher auch sichtbar dargestellt und verehrt werden könne. Hier offenbaren sich zwei verschiedene Auffassungen und Deutungen Gottes, die zu sich ausschließenden Positionen führen mußten. (Man erinnert sich der Gedanken Adalbert Stifters zu dieser Frage. »Ist nicht Gott in seiner Welt am allerrealsten?« fragt er und gibt schon durch die Fragestellung eine bejahende Antwort. Im Sinn der chinesischen Weltanschauung und Bildnerei gilt ihm die eine Ehrfurcht vor dem Göttlichen und den realen Dingen in der Welt als Ausdruck des Göttlichen, gilt ihm auch »das Landschaftsbild als Bild eines göttlichen Werkes religiös«). –

Die Auseinandersetzungen im Bilderstreit dauerten während der Regierungszeit von sechs bilderfeindlichen Kaisern im Zeitraum von 726 bis 842.

726 verbot Kaiser Leo III. die Verehrung und Anbetung von Heiligenbildern, auch mit der Absicht, den bilderfeindlichen Juden und Mohammedanern den Übertritt zum Christentum zu erleichtern. 730 ließ er Heiligenbilder aus den Kirchen entfernen oder übertünchen, was im Volk, in der Kirche und bei den Mönchen zu einem Sturm der Entrüstung führte. Im Gegensatz dazu billigte Papst Gregor III. 732 die Bilderverehrung.

Kaiser Konstantin V., der wegen seiner Bilderfeindschaft der Mißnamige (Kopronymos) genannt wurde, ließ nach einer Synode von 754 die bilderfreundlichen Mönche grausam verfolgen, eine Verschwörung des bilderfreundlichen Volkes mit aller Härte unterdrücken. Darauf antwortete Rom durch eine Synode von 769 mit der Verdammung der Bilderfeinde.

Kaiser Leo IV. hielt das Bilderverbot gewaltsam aufrecht, aber nach seinem Tod erlaubte seine Witwe Irene, die für den minderjährigen Konstantin VI. regierte, auf dem 7. ökumenischen Konzil zu Nicaea 787 den Bilderdienst durch Anbetung der Bilder, Küssen und Kniebeuge, Weihrauch und Kerzen.

815 wurden nach dem Tod Irenes die Beschlüsse der Synode von Nicaea aufgehoben und strenge Maßnahmen gegen den Bilderdienst erlassen. Danach war es wiederum eine Frau, die Kaiserin Theodora als Vormund Michaels III., die die Beschlüsse der Synode von Nicaea bestätigte. Das geschah am 19. Februar 842, wiederum in Nicaea; dieser Tag, von dem an die Bilder feierlich in Kirchen, Klöster und Wohnhäuser zurückgebracht werden durften, gilt für die Ostkirche als Feier- und Gedenktag.

Der Bilderstreit war beendet.

Irenes Ankunft

Es ist nicht bekannt, auf welche Weise Irene, die einer angesehenen Familie in Athen entstammte, an den kaiserlichen Hof nach Konstantinopel kam. Eine Flottille von Galabooten mit Segeln aus weißer Seide brachte sie am 1. November 769 vor den Kaiserpalast in Hiereia auf der kleinasiatischen Seite des Bosporus.

Irene war siebzehn, der kaiserliche Bräutigam Leo IV., der Sohn Konstantins V., neunzehn Jahre.

Die Hochzeitsfeierlichkeiten vollzogen sich im üblichen Prunk. Im Speisesaal des Augustaions wurde Irene, nachdem Vater, Sohn und der Patriarch ihren Gesichtsschleier gelüftet, das goldbrokatene Brautkleid angelegt; dann wurde sie gekrönt. Auf der Terrasse vor dem großen »Saal der neunzehn Betten« jubelte ihr das Volk zu. In der Kapelle des hl. Sebastian krönte der Patriarch Niketas nach vollzogener Trauung das Paar mit der Hochzeitskrone.

Das war der prachtvolle Anfang trüber und verworrener Jahre.

Noch trat der Gegensatz zwischen Irene und ihrem Schwiegervater nicht in Erscheinung. Der Bilderstreit war auf einem Höhepunkt und wurde leidenschaftlich ausgetragen. Konstantin V. führte wegen seiner Verfolgung der Bilderfreunde den Namen Kopronymus, der Mißnamige. Der tüchtige Kaiser, dem das Kriegsglück hold war, war ein schroffer und grausamer Mann. Die schöne Irene war ehrgeizig, herrschsüchtig, intrigant und rücksichtslos.

Sie hätte keine Athenerin sein dürfen! Sie war durch die Umwelt ihrer Vaterstadt, in welcher noch die marmornen

Tempel und trotz der Plünderungen viele Bildwerke standen, eine Bilderfreundin. Das wurde ruchbar und machte sie beim Volk und bei einem großen Teil der Geistlichkeit beliebt. Die unermüdliche Intrigantin wußte das auszunutzen, indem sie eine Partei gegen die andere ausspielte und auf diese Weise die ihr notwendig scheinenden Opfer einfing. Darin war sie skrupellos.

780 ließ ihr Schwiegervater Bilderfreunde aus dem engeren Kreis Irenes verhaften und hinrichten. Auch Irene kam in Verdacht. Als ihr Gatte unter ihrem Kopfkissen zwei Heiligenbilder entdeckte, schwor sie, nicht zu wissen, wie diese Bilder hierhergekommen seien. Ehe das Mißtrauen weiter gedeihen konnte, starb der Kaiser.

Irene als Regentin

Irenes Sohn, der Thronerbe Konstantin VI., war beim Tod seines Vaters 780 erst zehn Jahre alt. Irene übernahm für ihn die Regentschaft. Es sollte sich herausstellen, daß sie sie nicht mehr aus ihren Händen lassen wollte.

Sie betrieb eine rücksichtslose Personalpolitik, um ihre Günstlinge in die hohen Amtsstellungen zu bringen. Ihre Bilderfreundlichkeit mußte sie jetzt nicht mehr verbergen. 784 zwang sie den bilderfeindlichen Patriarchen Paulus zum Rücktritt und setzte für ihn den Laien Tarasios ein, an dem die Weihen erst nachgeholt werden mußten. Der Patriarch von Konstantinopel war der höchste Priester und von entscheidendem Einfluß auf die Dinge des Staates.

Ein zeitgenössischer Chronist berichtet: »Die frommen Leute begannen wieder, sich frei zu äußern, das Wort Gottes konnte sich ohne Hindernis ausbreiten; wer das ewige Heil suchte, hatte es nicht mehr schwer, sich aus der Welt zurückzuziehen; die Klöster blühten, und überall kam das Gute zum Vorschein.«

Die von den Kaisern bekämpfte bilderfreundliche Welt wurde von Irene von einem Tag zum andern ins Gegenteil gekehrt. Der größte Teil des Volkes und der Priesterschaft dankte Gott, »der durch die Hand einer Witwe und eines verwaisten Knaben die Gottlosigkeit gestürzt und der Sklaverei der Kirchen ein Ende gemacht«.

Es wird nicht zu entscheiden sein, ob Irenes Bilderfreundlichkeit einer Glaubensüberzeugung entsprang oder ob sie den Bilderstreit nur politisch zu ihrem Vorteil ausnützte, um, auf die Volksmeinung und die Kirche gestützt, ihre Macht zu festigen.

Mit dem Bilderkult war der Kult der Reliquien verbunden. Auf Befehl Kaiser Konstantins V. waren die Reliquien der heiligen Euphemia, einer Märtyrerin der diokletianischen Verfolgungen, ins Meer geworfen worden; sie wurden durch ein Wunder wiedergefunden und feierlich in ihren Schrein zurückgebracht. Bei den spektakulären religiösen Festen trat Irene in den Vordergrund.

786 lud sie die Prälaten der Christenheit nach Konstantinopel, um ihre Bilderverehrung endgültig durchzusetzen. Ein Teil der Bischöfe und auch die kaiserliche Garde leisteten in der Erinnerung an Kaiser Konstantin V., einen hartnäckigen Bilderfeind, Widerstand. Als der Abt Platon des berühmten Klosters Sakkudion eine zündende Predigt zugunsten der Bilderverehrung hielt, drang die Garde in die Kirche und drohte die Bilderfreunde zu töten. Trotz des Eintretens Irenes kam es zu Gewalttätigkeiten gegen die Bilderfreunde, wozu die Bilderfeinde Beifall klatschten. Man verehrte Irene wegen ihres mutigen Eintretens als Märtyrerin, die mit Mühe und Not »den Klauen der Löwen« entgangen war.

So weit, so gut, die Turbulenz des Bilderstreits kam der intriganten Politik Irenes zugute, aber einmal mußte hier Ruhe geschaffen werden. Die 7. ökumenische Synode von Nicaea anno 787 ließ Irene endgültig für die Verehrung der Bilder entscheiden. Die Bilderfeinde wurden in Bann getan. Die Heiligenbilder wurden in Kirchen, Klöster und Wohnungen zurückgebracht, Weihrauch, Kerzen und Anbetung mit Kuß und Kniebeuge waren wieder erlaubt. Die bilderfreundlichen Maler, die nach Italien geflohen waren, um den Verfolgungen zu entgehen und dort die byzantinische Kunst eingeführt hatten, kehrten zurück. Im byzantinischen Reich erlebte die Ikonenmalerei eine neue Blüte.

Wenn die Zeitgenossen die Regentschaft Irenes für ihren unmündigen Sohn als eine Zeit des Glücks und Wohlstands rühmen, der Regentin alle nur möglichen guten Eigenschaften zuschreiben, später selbst ihre Greuel als notwendig rechtfertigen, so sind das Urteile von Männern der Kirche, die durch den wiedereingeführten Bilderdienst gewonnen hatten. Die Priesterschaft wuchs, die Klöster – viele neue wurden gebaut – füllten sich. Aber auch die heutigen Biographen Irenes – es sind meist Franzosen – sparen nicht mit Lob. Gasquet rühmt »ihre Talente, ihre überlegene Geschicklichkeit, die Geschmeidigkeit ihres Geistes, die Klarheit ihrer Beobachtung und die Festigkeit ihres Charakters«. Schlumberger urteilt: »Diese Frau war wirklich für den Thron geboren. Sie war von einer männlichen Intelligenz und besaß zum Erstaunen sämtliche Eigenschaften, die den großen Herrscher ausmachen. Sie verstand sich darauf, zum Volk zu sprechen und sich von ihm lieben zu lassen, sie war meisterlich in der Wahl ihrer Räte und verfügte über einen vollkommenen Mut und bewunderungswürdige Kaltblütigkeit.« Paul Adam sieht in ihr eine Gestalt von faszinierender Größe und versteigt sich zu dieser Emphase: »Die Lust, ein ganzes Volk im Hauch ihres Geistes zittern zu lassen, ließ sie keuchen und schwindelig werden.«
Wie sieht neben einer solchen poetischen Verklärung die Wirklichkeit aus?
Irene tat alles, um die Macht in ihren Händen zu behalten. Sie konnte es nur dadurch, daß sie den Aufstieg und die Entfaltung ihres Sohnes verhinderte. Sie löste sein Verlöbnis mit Rotrud, einer Tochter Kaiser Karls des Großen, auf, um den Siebzehnjährigen dieses gefürchteten Rückhalts zu berauben. Nach einer Verschwörung der Freunde ihres Sohnes gegen sie, wurden diese ver-

bannt, gefoltert oder eingekerkert. Konstantin wurde von der Mutter wie ein Kind mit Ruten gezüchtigt.

Um allen eigenen Wünschen ihres Sohnes zuvorzukommen, bestimmte sie ihm eine Frau, die ihr genehm war; sie erwartete, daß sie – Maria von Amnia stammte aus Kleinasien, kam aus einfachen Verhältnissen und war schön, klug und fromm – ihr für die Erhöhung zur Prinzengemahlin dankbar und untertan sein werde. Die Vermählung fand 788 statt.

Der junge Konstantin wurde weiterhin bevormundet, zu keinen Staatsgeschäften herangezogen und lebte abgesondert.

Dieses Mal aber war Irene zu wenig wachsam. 790 griff ein Aufstand der kleinasiatischen Truppen gegen das »Weiberregiment« auf die anderen Provinzen über und gelangte bis Konstantinopel. Das Militär forderte die Anerkennung Konstantins als alleinigen Kaiser und die Absetzung Irenes als Regentin. Die Revolte gelang. Irene mußte ihre Favoriten entlassen, ihre Feinde sah sie im Lager ihres Sohnes. Irene mußte sich in ihren prächtigen Eleutherionspalast zurückziehen und wurde von den Staatsgeschäften ausgeschlossen.

Konstantin VI. als Alleinherrscher

War Konstantin VI., der Sohn dieser Mutter, eine sanfte Natur, ein gütiger Mensch? Er wäre der einzige dieser Art in der vergifteten Luft gewesen, in der die Machtgier, wie stets, Hand in Hand mit dem Bösen ging. Oder konnte er sich dem Einfluß der Mutter, die ihn seit der Geburt beherrschte, nicht entziehen? Meinte er, ihrer Hilfe nicht entbehren zu können? Hatte sie ihn so unselbständig gemacht?

Ein Jahr nach ihrem Sturz holte Konstantin seine Mutter wieder an den Hof, verlieh ihr wieder den Titel Kaiserin und machte sie zu seiner Mitregentin; selbst ihr Günstling, der bei ihr allmächtig gewesene Staurakios, wurde aus der Verbannung zurückgeholt.

Irene konnte ihren Sturz nicht verwinden. Ihr Stolz, Augusta des Reiches gewesen zu sein, war tief verletzt. Sie brütete und sann auf Rache. Sie, die zuweilen voreilig rasch, aus jäher Leidenschaft gehandelt hatte, ließ sich nun Jahre Zeit, ihren Plan, wieder Alleinherrscherin zu werden, vorzubereiten. Sie ließ sich sieben Jahre Zeit.

Der nunmehr neunzehnjährige Konstantin erwies sich, als er 790 allein regierender Kaiser geworden war, als tüchtiger Feldherr. Er behauptete das Übergewicht gegenüber den unruhigen, gegen das byzantinische Reich vordrängenden Bulgaren; in den Kämpfen, die Konstantin bis 796 führen mußte, verlor er mehrere der alten bewährten Generäle, so den tüchtigen Michael Lachanodrakon, der bei den Feinden gefürchtet war.

Konstantin war im Landkrieg erfolgreich gegen den grimmigen Kalifen Harun-al-Raschid, verlor aber die Seeschlacht im Golf von Attalia. Harun-al-Raschid ließ den in seine Gefangenschaft geratenen Admiral Konstantins, Theophilos, töten, weil dieser nicht in seine Dienste treten und den islamischen Glauben annehmen wollte.

In den verwickelten politischen Geschäften erwies sich Konstantin wenig tauglich; er war durch die Mutter zu lange davon abgehalten worden, daher zu wenig geschult. Es wurde Irene nicht allzuschwer, insgeheim den Sturz ihres Sohnes vorzubereiten.

Es ging ihr zunächst darum, das Ansehen, das Konstantin genoß, zu untergraben. Sie verstand, ihn gegen die Freunde, die ihn auf den Thron gebracht hatten, mißtrauisch zu machen. Sie trieb ihr altes Spiel der Verleumdung und Intrige und hatte Erfolg. Konstantin ließ auf Anraten seiner Mutter Alexios Moseles, einen Anführer der Revolte gegen die »Weiberwirtschaft« der Irene, einkerkern und blenden. Die Truppen begehrten auf. Konstantin schlug die Revolte mit ungewöhnlicher Härte nieder, was ihm das Heer noch mehr entfremdete. Auch einen der fünf Brüder seines Vaters, die den Titel Caesar trugen, ließ er, geheimer Umtriebe verdächtig, blenden, den anderen die Zunge abschneiden.

Irene veranlaßte ihn, seine von ihm nicht geliebte Frau, die er auf Wunsch der Mutter geheiratet und die ihm zwei Töchter geboren hatte, zu verlassen, in ein Kloster zu bringen und eine Ehrendame der Kaiserin-Mutter, Theodote, zu heiraten.

Das erregte, zumal Theodote einer angesehenen Familie Konstantinopels angehörte, bei der orthodoxen Geistlichkeit und beim Volk einen Sturm der Entrüstung gegen die Bigamie des Kaisers. Bis in die fernsten Provinzen erregte diese Heirat Abscheu. Der Kaiser zog sich, unter dem Vorwand, Erholung zu suchen, in die Bäder des byzantinischen Prusa zurück und wartete darauf, daß der

Sturm sich legen würde. Er versuchte, mit dem streng orthodoxen Kloster Sakkudion in ein gutes Einvernehmen zu kommen, wurde aber starrsinnig abgelehnt. Daraufhin ließ Konstantin Mönche verhaften und auspeitschen, schließlich löste er das hochangesehene Kloster auf.

Alles das kam Irene gelegen.

Konstantin war im Oktober 796 zur Geburt eines Sohnes seiner zweiten Gemahlin Theodote nach Konstantinopel zurückgekehrt. Der Abt Platon beschimpfte ihn öffentlich und nannte ihn einen Herodes.

Die Saat des Hasses und der Rache Irenes war aufgegangen. Die Pläne zu einem Staatsstreich waren ausgereift. Ihr alter Vertrauter, der Eunuch Staurakios, hatte die Führung.

Es mußte rasch gehandelt werden. Ein neuer Angriffskrieg der Araber stand bevor, ein Sieg Konstantins hätte ihm die alten Sympathien der Garde und des Volkes zurückgebracht.

Eine Gefangennahme Konstantins auf dem Weg vom Hippodrom in den Palast mißlang; Konstantin entkam an die kleinasiatische Küste. Irene griff nach einem bewährten Mittel. Sie drohte einigen Vertrauten des Kaisers, die sich mit ihr in Verbindung gesetzt hatten, sie dem Kaiser zu verraten; sie besaß handschriftliche Dokumente. Die durch Irenes Denunziation Bedrohten mußten sich der Revolte anschließen.

Konstantin wurde gefangengenommen und nach Konstantinopel gebracht. Am 19. August 797 stach ihm auf Befehl Irenes ein Henker im Purpurzimmer, in dem er das Licht der Welt erblickt hatte, die Augen aus.

Der Chronist Theophanes berichtet: »Die Sonne blieb siebzehn Tage verdunkelt und sandte keine Strahlen mehr aus, so daß die Schiffe auf dem Meere umherirrten. Und alle sagten, die Blendung des Kaisers sei schuld, daß die Sonne ihr Licht verweigerte. Und so bestieg Irene, die Mutter des Kaisers, den Thron.«

Die letzten Lebensjahre Irenes

Die Machtgier hatte das tiefste Gefühl des Weibes, die Mutterliebe, erstickt. Wie sehr Irene trotzdem in der Gunst des Volkes, vor allem der Kirche, stand, beweist, daß ihre Untat als gerechte Strafe vor allem für die Bigamie des Sohnes bewertet wurde, die doch ein Werk Irenes war.

Aber auch ein heutiger Biograph, Paul Adam, rechtfertigt die Blendung und Entthronung Konstantins durch seine Mutter: »Sie zog es eben vor, das Individuum zum Besten der Rasse auszutilgen. Das absolute Recht befugte sie dazu.« –

Konstantin wurde auf einen seiner Landsitze verbannt. Theodote, die zu ihrem Gemahl gehalten hatte, durfte ihm folgen. Sie gebar in der Verbannung einen zweiten Sohn. Ob der blinde Kaiser – er war bei seiner Verbannung erst 26 Jahre alt – seine Mutter, die 893 ebenfalls in der Verbannung starb, überlebt hat, ist nicht bekannt. –

Der nun endlich allein herrschenden Kaiserin waren nur noch fünf Jahre absoluter Herrschaft gegönnt. Wie sie nach der Blendung und Verbannung ihres jungen Sohnes diese Jahre menschlich ertrug, wissen wir nicht. Ihre Regentschaft läßt sich verfolgen.

Sie genoß sie zunächst als wahre Augusta. Auf ihren Münzen erscheint sie als »Irene – Kaiser und Selbstherrscher der Römer«. Ein Standbild wurde ihr zu Ehren errichtet, aber herrlicher erschien sie, wenn sie an einem der hohen kirchlichen Feiertage bei der Prozession vom Palast zur Kirche der Apostel in purpurgoldenem Kaisergewand in einem goldenen Wagen thronte, dessen vier Schimmel von den vier Großwürdenträgern an goldenen

Zügeln geführt wurden. Sie warf Geld unter das ihr huldigende Volk.

Sie beschenkte das Volk auch sonst, gewährte Steuernachlässe, senkte die Zölle, half den Armen, ließ Klöster bauen und dotierte sie großzügig. War in das Reich eingezogen, was ihr Name bedeutete: Eirene – Frieden?

An den Grenzen des Reichs war Unruhe. Der Kalif drang bis Ephesos vor; der Frieden mit Harun-al-Raschid mußte teuer bezahlt werden. Der furchtbare Bulgaren-Khan Krum rüstete zu neuem Angriff.

Merkte sie nicht, daß im Palast nur eine Ruhe vor dem Sturm herrschte? Konnte sie meinen, die vielen verstoßenen Freunde ihres Sohnes hätten ihren Kaiser und das, was ihm angetan worden war, vergessen? Hatte sie nicht erfahren, daß jede Palastrevolte im Keim schon die folgende enthielt? Täuschte sie sich über die grollenden Bilderfeinde hinweg?

Sie war zu klug, um alles das nicht zu bedenken und zu beobachten. Innerhalb des Palastes regierte sie unerbittlich. Ob das half?

Da erreichte sie eine Nachricht, die sie entsetzte. Am Weihnachtstag des Jahres 800 war der fränkisch-langobardische König Karl in Rom vom Papst zum Kaiser gekrönt worden. Bisher hatte sich Byzanz als Nachfolger des römischen Reiches empfunden, und der Kaiser in Konstantinopel war unbestritten rechtlich der Nachfolger des römischen Kaisers. Nun hatte sich jenseits der Adria ein fränkischer König zum römischen Kaiser krönen lassen. Der Gegensatz zwischen westlichen »Lateinern« und östlichen »Griechen« war zur Kluft geworden, und der Bischof von Rom wollte als Haupt der gesamten Christenheit den Patriarchen von Konstantinopel in den Schatten stellen. Das alles bedeutete umstürzende Veränderungen. Hinzu kam, daß das von Konstantinopel beherrschte Exarchat Ravenna durch den fränkischen König Pippin schon 756 dem römischen Stuhl geschenkt worden war und die byzantinischen Besitzungen und Stützpunkte in Italien verlorengingen. Würde und Geltung des byzantinischen Reichs waren in Frage gestellt. Was war zu tun?

Die alternde Kaiserin – sie war eben fünfzig Jahre geworden – geriet in Zeitdruck. Bemächtigte sich ihrer eine Alterspanik? Ihre Leidenschaft, Macht zu gewinnen und zu behalten, steigerte sich zu einem Wahn.

Einmal schon war der Plan aufgetaucht, eine Verbindung zwischen Griechen und Lateinern anzubahnen, aber Irene hatte die Heirat ihres Sohnes mit einer Tochter des fränkischen Königs vereitelt. Sie hatte eine Gefährdung des Reiches von seiten des fränkischen Königtums nicht für möglich gehalten. Nun war sie offenkundig.

Karl der Große war einverstanden, eine eheliche Verbindung mit Irene anzubahnen. Er wußte gewiß über die Frau Bescheid, aber die Staatsräson hatte den Vorrang vor dem üblen Ruf Irenes. Ging es doch um die Möglichkeit, durch diese Heirat Rom und Konstantinopel unter *einem* Zepter zu vereinigen und dadurch den orbis romanus des Augustus und Konstantin wiederherzustellen.

Die fränkischen Gesandten trafen in Konstantinopel zu Verhandlungen ein, doch sie kamen zu spät; sie konnten nur noch Augenzeugen vom Sturz Irenes werden.

Er vollzog sich kurz und ohne Blutvergießen, am 31. Oktober 802.

Der kaiserliche Großschatzmeister Nikephoros vereinigte die gegen die Kaiserin gerichteten Kräfte aus den Anhängern Konstantins VI., der Bilderfeinde und sonstigen Unzufriedenen und Benachteiligten. Irene wurde in der Nacht gestürzt, Nikephoros am Morgen in der Hagia Sophia gekrönt und von dem Patriarchen Tarasios, den Irene in dieses Amt gebracht hatte, gesalbt und geweiht.

Vor Irene spielte Nikephoros eine Komödie. Bei seinem Besuch am Tage seiner Krönung weinte er, beteuerte, zur Annahme der Kaiserwürde gezwungen worden zu sein und bewies das mit seinen schwarzen Schuhen, die er statt der kaiserlichen Purpurstiefel trug. Irene gab sich gelassen. Nikephoros versprach, ihr ihre Schätze zu belassen und ihren Wunsch zu erfüllen, in ihrem Eleutherionspalast wohnen bleiben zu dürfen. Er versprach mehr als Irene erbat – und hielt nichts.

Lug und Trug waren am byzantinischen Hof selbstverständlich.

Irene wurde in ein von ihr gegründetes Kloster auf einer der Prinzeninseln im Marmarameer verbannt. Mitten im Winter 802 brachte man sie auf die Insel Lesbos. Befürchtete man neue Intrigen? Auch wenn sie von Irene geplant gewesen wären – der Tod machte ihnen ein Ende. Irene starb am 9. August 803, arm und verlassen, auf Lesbos. Die Tote wurde in ihr Kloster auf der Prinzeninsel im Marmarameer, von dort nach Konstantinopel gebracht und neben vielen Kaisern in der Grabkapelle in der Apostelkirche bestattet.

THEOPHANO

Konstantin VII. und sein Sohn Romanos

Kaiser Konstantin VII. Porphyrogenetos, 905 geboren, wurde erst nach den in Konstantinopel üblichen Thronwirren 944 Alleinherrscher. Den zahlreichen Abwehrkriegen gegen Bulgaren, Russen und Araber folgte eine verhältnismäßig friedliche Zeit. Konstantin besaß in Nikephoros Phokas einen hervorragenden Feldherrn, der das Reich gegen Nordsyrien ausdehnen konnte.

Konstantin war ein milder Herrscher, war dem Vater Leo VI. nachgeraten, der den Nachnamen des Weisen bekam. Er widmete sich den inneren Reichsangelegenheiten und lebte in inniger Liebe zu seinem Sohn Romanos (geboren um 940): er ließ ihm eine gute Ausbildung angedeihen; die Werke, die Konstantin als Schriftsteller verfaßte, waren vor allem für die Erziehung und Weiterbildung des Sohnes gedacht: über die Staatskunst, über die Streitkräfte des Reichs, vor allem eine für das höfische Leben wichtige Zeremonienordnung.

Romanos war ein schöner, wohlgestalteter Mann mit breiten Schultern und schlank. Er war, wobei er leidenschaftlich jagte und Sport liebte, von liebenswürdigem Auftreten; er hatte eine sanfte, wohlklingende Stimme. Es wird berichtet: »Der Vater hatte ihn unterwiesen, wie ein Kaiser zu sprechen, sich zu halten, zu lächeln, zu kleiden und sich zu setzen habe.« Romanos war ein lebensfroher Mensch, der sich durch leichtsinnige Freunde zu allen möglichen Vergnügungen, Streichen und Abenteuern verleiten ließ.

Er war mit Eudokia (Bertha), einer Tochter Hugos von der Provence, des Königs von Italien, verheiratet, die schon bald nach der Eheschließung kinderlos starb. Romanos hat ihr eine einstimmige Elegie gewidmet. Seine zweite Frau war Theophano, die ihm und der Familie zum Verhängnis wurde.

Liudprand, der im Dienst Berengars von Ivrea, Königs von Italien, stand – später im Dienst Otts I. – und Bischof von Cremona war, wurde 949 mit einer Gesandtschaft nach Konstantinopel betraut. Er wurde dort von Kaiser Konstantin VII. freundlich aufgenommen, war doch dessen Schwiegertochter eine Tochter Hugos von der Provence, dem Liudprand ebenfalls gedient hatte.

Der prunkvolle und durch seine strenge Etikette bekannte byzantinische Hof jener Zeit ist häufig romanhaft geschildert worden. Aber es scheint besser, die Chronik des Liudprand (»Das Buch der Vergeltung«) sprechen zu lassen, die anschaulicher ist, als es jede poetische Ausschmückung sein kann.

Liudprand kam am 17. September 949 in Konstantinopel an und wurde sogleich vom Kaiser empfangen.

»In Konstantinopel ist eine Halle, die an den kaiserlichen Palast stößt, von wunderbarer Größe und Schönheit; die Griechen nennen sie . . . Magnavra, als ob sie magna aura sagen wollten. Diese Halle ließ Konstantinus, sowohl wegen der hispanischen Gesandten, welche kürzlich dort angelangt waren, als auch für mich und Liutfrid, folgendermaßen einrichten: Vor dem Thron des Kaisers stand ein eherner, aber vergoldeter Baum, dessen Zweige angefüllt waren von Vögeln verschiedener Art, diese ebenfalls von Erz und vergoldet, die sämtlich, ein jeder nach seiner Art, den Gesang der verschiedenen Vögel ertönen ließen. Der Thron des Kaisers aber war so künstlich gebaut, daß er in einem Augenblick niedrig, im nächsten größer, und gleich darauf hoch erhaben erschien. Löwen von ungeheurer Größe, ich weiß nicht, ob aus Metall oder Holz, aber mit Gold überzogen, standen gleichsam als Wächter des Thrones, indem sie mit dem Schweif auf den Boden schlugen und mit offenem Rachen, mit beweglicher Zunge ein Gebrüll erhoben. In diesem Saale also wurde ich, unterstützt von zwei Verschnittenen, vor das Antlitz des Kaisers geführt. Bei meinem Eintritt brüllten die Löwen, und die Vögel zwitscherten jeder nach seiner Weise; mich aber ergriff weder Furcht noch Staunen, da ich mich nach allem diesen bei Leuten, welche damit wohlbekannt waren, genau erkundigt hatte. Als ich nun zum dritten Male vor dem Kaiser niedergefallen war und den Kopf emporrichtete, da erblickte ich ihn, den ich vorher auf einer mäßigen Erhöhung hatte sitzen sehen, fast bis an die Decke der Halle emporgehoben und mit anderen Kleidern angetan als vorher. Wie dieses zugegangen, kann ich nicht begreifen, es sei denn, daß er in derselben Weise wie die Bäume der Kelterpresse gehoben wurde. Mit eigenem Munde sprach der Kaiser bei dieser Gelegenheit kein Wort; denn wenn er es auch gewollt hätte, so wäre solches wegen der großen Entfernung nicht anständig gewesen; durch seinen Logotheten oder Kanzler aber erkundigte er sich nach Berengars Leben und Wohlergehen. Nachdem ich darauf in gebührender Weise geantwortet hatte, trat ich auf den Wink des Dolmetschers ab und ward in die mir angewiesene Herberge geführt ... Nach Verlauf von dreien Tagen ließ mich der Kaiser in den Palast rufen, redete zu mir mit eigenem Munde, lud mich zur Tafel und beehrte mich und mein Gefolge nach der Mahlzeit mit ansehnlichen Geschenken ... An der nördlichen Seite der Rennbahn liegt eine Halle von außerordentlicher Höhe und Schönheit, die Decanneacubita genannt wird; den Namen aber hat sie nicht ohne Grund, sondern um einer augenfälligen Ursache willen erhalten. Deca nämlich heißt auf Griechisch zehn, ennea neun, cubita aber kommt von cubare, liegen. Diese Benennung rührt daher, daß am Jahrestag der Menschwerdung unseres Herrn Jesu Christi in jener Halle neunzehn Tische gedeckt werden, an welchen der Kaiser und seine Gäste nicht wie gewöhnlich sitzend, sondern liegend speisen. An diesem Tage kommen auch nicht, wie sonst, silberne, sondern nur goldene Schüsseln auf die Tafel. Nach der Mahlzeit gibt es Früchte in drei goldenen Schalen; diese aber werden wegen ihrer ungeheuren Schwere nicht von Menschen getragen, sondern auf Wagen hineingefahren, die mit Purpurdecken behangen sind. Auf die Tafel aber werden sie auf folgende Weise gebracht: Durch die Öffnung der Decke werden drei mit vergoldetem Leder überzogene Seile herabgelassen, an denen goldene Ringe befestigt sind; diese werden an Haken gelegt, welche aus den Schüsseln hervorragen, und dann werden sie mittels einer über der Decke angebrachten Winde auf den Tisch gehoben, während von unten noch vier oder mehr Menschen nachhelfen.

Es trat ein Mann auf, der auf seiner Stirn ohne Beihilfe der Hände eine Stange trug, deren Länge 24 Schuh und wohl noch mehr betrug, und an welcher, eine Elle unterhalb des oberen Endes, ein zwei Ellen langes Querholz angebracht war. Dann führte man zwei nackte, doch mit Schürzen versehene Knaben herein. Diese kletterten an der Stange hinauf, vollführten oben allerlei Kunststücke und stiegen dann, die Köpfe nach unten gekehrt, wieder herab, wobei die Stange sich so wenig bewegte, als ob sie in der Erde fest eingewurzelt wäre. Zuletzt, nachdem der eine Knabe schon herabgestiegen war, blieb der andere noch allein oben und machte seine Kunststücke, was mich in noch größere Verwunderung versetzte. Denn so

lange beide an der Stange kletterten, schien mir die Sache
noch einigermaßen erklärlich, weil sie, wenngleich mit
sehr wunderbarer Kunst, doch durch ihr gleiches Gewicht die Stange, an der sie kletterten, senkrecht erhalten
hatten. Daß aber der eine, welcher oben auf der Stange
blieb, nun dergestalt das Gleichgewicht zu beobachten
wußte, daß er seine Kunst dort zeigen konnte und unverletzt herabkam, das versetzte mich in solches Staunen,
daß meine Verwunderung selbst dem Kaiser merklich
wurde. Er ließ daher den Dolmetsch rufen und mich
fragen, wen ich mehr bewundere, den Knaben, der sich
so behutsam bewegt hatte, daß die Stange unbeweglich
blieb, oder den Mann, der sie so geschickt auf der Stirn
gehalten hatte, daß sie weder durch das Gewicht der
Knaben noch durch deren Kunststücke im mindesten aus
ihrer Stellung gewichen war. Und da ich antwortete, ich
wisse nicht, was mehr zu bewundern sei, da lachte der
Kaiser herzlich und sagte, er wisse es auch nicht . . .
In der Woche vor Palmsonntag teilt der Kaiser sowohl an
das Kriegsheer wie auch an die verschiedenen Staatsbe-
amten nach Maßgabe ihres Ranges goldene Münzen aus.
Er wollte, daß ich bei dieser Austeilung zugegen wäre
und ließ mich deshalb rufen. Auf einem Tisch, der zehn
Ellen lang und vier Ellen breit war, lag für jeden ein
Beutel mit dem Golde, das ihm zukam, und außen darauf
war eine Zahl geschrieben. Sie traten aber vor den Kaiser
nicht alle durcheinander, sondern in bestimmter Reihen-
folge, so wie sie aufgerufen wurden von einem, der die
Liste sämtlicher Männer nach der Rangordnung ihrer
Ämter ablas. Zunächst wurde der Hausmeier vorgerufen,
und ihm gab man das Gold nicht in die Hand, sondern
lud es ihm auf die Achsel, nebst vier Ehrenkleidern. Nach
ihm wurden die Generäle gerufen, von denen der eine

über das Landheer, der andere über die Flotte gesetzt ist. Weil diese einander im Rang gleichstehen, erhielten sie auch eine gleiche Anzahl von Goldstücken und Ehrenkleidern, die sie aber wegen der großen Menge nicht einmal auf den Schultern wegtrugen, sondern, von mehreren anderen unterstützt, mit großer Anstrengung fortschleppten. Hierauf wurden vierundzwanzig Oberbeamte vorgelassen, und nach ihrer Anzahl jedem auch vierundzwanzig Pfund Goldes nebst zwei Ehrenkleidern verabreicht. Nach diesen kam die Reihe an die Patrizier, deren jeder zwölf Pfund Goldstücke und ein Ehrenkleid erhielt. . . .Hierauf wurde eine zahllose Menge gerufen, welche je nach ihrem Range von sieben bis zu einem Pfund erhielten. – Man fing damit an am Donnerstag von der ersten Stunde des Tages bis zur vierten, und am Freitag und Sonnabend beendigte der Kaiser die Verteilung. Denn an diejenigen, welche weniger als ein Pfund erhalten, geschieht die Verteilung nicht mehr durch den Kaiser, sondern durch den Oberkämmerer während der ganzen Woche vor Ostern. Wie ich nun so dabeistand und der Sache mit Verwunderung zusah, ließ mich der Kaiser durch seinen Kanzler fragen, wie mir das gefalle. Ich antwortete: ›Es würde mir recht gut gefallen, wenn ich nur etwas davon hätte . . .‹ Der Kaiser lächelte, und sich ein wenig schämend, winkte er mir, daß ich zu ihm hinan treten sollte; dann reichte er mir ein großes Feierkleid und ein Pfund Goldes, welches ich mit noch größerem Vergnügen in Empfang nahm als er es hergab.«

Theophano

In diese wundersame, seltsame Welt des byzantinischen Hofes, in die wir einen Blick warfen, trat die blutjunge und bildhübsche Theophano. So nannte sie sich als Kaiserin.

Eigentlich hieß sie Anastasia. Ihr Vater, der aus Lakonien, höchstwahrscheinlich aus Sparta nach Konstantinopel gekommen war, rief sie Anastaso, wenn sie einem Gast in seiner Schenke den geharzten Wein oder die nach Knoblauch duftende Hammelkeule und die Schüssel mit Porree-Salat bringen sollte.

Wie konnte sie Kaiserin werden, von der ihre Lobpreiser rühmten, Gott habe sie erkoren? Es geschah vermutlich auf dem in Ostrom üblichen, in Westrom unbegreiflichen Weg, Brautwerber durch die Lande zu schicken, um für den Prinzen eine besonders schöne Frau zu finden. Schönheit galt in Konstantinopel viel, galt mehr als Stand und Herkunft. Der schöne und junge Prinz Romanos sollte eine schöne Frau bekommen. Die Brautsucher fanden sie diesmal in einem nicht gerade vornehmen Viertel Konstantinopels, in einer Schenke, die nicht in gutem Ruf stand.

Aus der spartanischen Väterheimat stammend, war sie schön wie die spartanische Helena, mit der sie verglichen wurde – und Theophano sollte so viel Unheil anrichten wie die Verursacherin des Trojanischen Krieges. Schönheit ging mit Verruchtheit Hand in Hand. Zeitgenossen können sich nicht genug tun, ihre »strahlende, übermenschliche, göttliche Schönheit« zu preisen; »durch ihre Schönheit und Anmut war sie allen ihren Mitschwestern überlegen«. »Sie war von unvergleichlicher Schönheit, ein wahres Meisterwerk der Natur«. – Es war die Schönheit der Schlange.

Vor dieser Schönheit vergaß Romanos die guten und klugen Ratschläge und Unterweisungen des Vaters. Vielleicht war der Vater selber von Theophanos Liebreiz angetan und hatte an dieser Schwiegertochter Gefallen. Romanos war achtzehn, Theophano sechzehn Jahre, als sie 957 heirateten. Ein Jahr nach der Hochzeit wurde im Purpurzimmer des Frauenpalastes ein Sohn, der spätere Basilios II., geboren.

Wie immer man Theophano zunächst vor ihren Untaten beurteilte, herrschsüchtig war sie vor allem anderen. Nach ihrer Hochzeit war sie sogleich darauf bedacht, alle, die auf ihren Gatten Einfluß nehmen wollten oder konnten, vom Hof zu entfernen. Sie bestand auf der Entlassung der hohen Beamten des Verwaltungsdienstes und setzte durch, daß ihre Schwiegermutter, die Kaiserin Helena, mit ihren fünf Töchtern vom Hof entfernt wurde. Konstantin hatte sie geliebt; vor allem Agathe, die ihm als Sekretärin diente, hatte er an politischen Geschäften teilnehmen lassen. Gerade das wollte Theophano unterbinden. Die Klagen Helenas und ihrer Töchter rührten sie nicht. Nur Helena erhielt die Erlaubnis, weiterhin im Palast wohnen zu dürfen: ihre Töchter wurden, voneinander getrennt, in Klöster gebracht, also so gut wie gefangengesetzt. Als ihnen der Patriarch Polyeuktes bei der Einkleidung als Nonnen die Haare abschnitt, wehrten sie sich vergeblich.

Zwei Jahre nach Romanos' und Theophanos Hochzeit, im November 959, starb Konstantin VII.

Es kam – aus der Tradition des Kaiserhauses, in dem Vergiftungen nicht selten waren – sogleich das Gerücht auf, Theophano habe Romanos angestiftet, seinen Vater zu ermorden, um allein herrschen zu können. Was kann an dem Gerücht wahr sein? Der Hofchronist berichtet, Theophano habe »eine völlig ehrliche Seele«. Ein armenischer Chronist nennt sie »niederträchtig, zu allem Bösen fähig«. Das sollte sich allerdings später erweisen. Schlumberger kennzeichnet sie als »höchst lasterhaft, höchst verdorben . . . eine gekrönte Sirene, ein vollkommen schamloses und laszives Geschöpf«.

Am 15. März 963 starb in einem der prunkvollen Zimmer des vom Palast abseits stehenden Frauentraktes Kaiser Romanos II. an Krämpfen. Er war dreiundzwanzig Jahre alt. Es hieß, Vergnügen und Ausschweifungen hätten ihn geschwächt; er war nach einem Ritt, der ihn erschöpft hatte, gestorben.

Sogleich wurde behauptet, er sei von Theophano vergiftet worden.

Andererseits fragte man: Warum sollte sie ihren jungen Gatten ermordet haben, dem sie zwei Söhne und zwei Töchter geboren hatte? Zwei Tage vor Romanos' Tod hatte sie Anna zur Welt gebracht. Sie stand nun allein und hilflos mit den Kindern da, in einem riesigen, allseits gefährdeten Reich. Wollte sie nicht allein sein? Sie konnte für ihren unmündigen Sohn Basilius regieren. Sollte sich eine Theophano hilflos fühlen?

Am 16. August 963 wurde der ruhmreiche Feldherr Nikephoros Phokas, der schon Konstantin große Dienste erwiesen hatte, zum Kaiser ausgerufen; am 20. September desselben Jahres – sechs Monate nach dem Tod des Romanos – heiratete ihn Theophano.

Nikephoros Phokas

Nikephoros Phokas führte den Namen zu Recht: der Siegträger.

Er wurde um 913 geboren und stammte aus einer adeligen kappadozischen Familie, also aus der Landschaft um den Euphrat. Das Soldatische lag in der Tradition der Familie. Konstantin VII. hatte ihn zum Oberbefehlshaber des Heeres gemacht, als welcher er in den Kriegen gegen die Araber in Süditalien und Asien siegreich war.

961 war es ihm gelungen, das seit 159 Jahren von den Arabern besetzte Kreta zu erobern. Bei seiner Rückkehr nach Konstantinopel wurde ihm im Hippodrom ein triumphaler Empfang bereitet, wobei er »alle Schätze der Barbaren gleich einem Strom in den Zirkus fließen ließ«. Der an sich populäre Mann wurde zum Idol des Volkes.

Er war ein bildhäßlicher Mann, streng, hart, schweigsam, mit Anfechtungen von Schwermut, düster, geldgierig und verschlagen. Er war Witwer und hatte durch einen Unfall seinen einzigen Sohn verloren. Dies mochte die Ursache sein, daß der soldatische Asket ebenso leidenschaftlich fromm wurde. Er gelobte Keuschheit, aß kein Fleisch, trug das Büßerhemd seines heiligmäßig gestorbenen Onkels, des Mönches Maloines, und schlief auf dem Steinboden auf einem Pantherfell. Sein Beichtvater war Athanasios, der das erste Kloster auf dem Berg Athos baute; darin behielt sich Nikephoros eine Zelle vor, denn er gedachte Mönch zu werden. Die Zelle blieb leer.

So wie der gefürchtete Krieger zeitweise zum reumütigen Asketen werden sollte, übermannte ihn jetzt die Schönheit Theophanos.

Am 20. September 963 fand die Trauung des 51jährigen

Nikephoros Phokas mit der 21jährigen Theophano statt. Er mag sie geliebt haben. Der geizige Mann machte seiner jungen schönen Frau kostbare Geschenke, wie prächtige Kleider, Juwelen, er gönnte ihr allen Luxus und stattete sie mit Landgütern aus, verschaffte ihr ein Vermögen.

Bei der Hochzeit hatte der sehr strenge, rechtliche, unerschrockene, ganz in den Normen der Kirche denkende Patriarch Polyeuktes Schwierigkeiten gemacht. Es widersprach den kirchlichen Gesetzen, daß ein Witwer eine Witwe heirate, außerdem war Nikephoros Phokas als Taufpate der Söhne Theophanos mit der Familie geistlich verwandt. Trotzdem fand die Vermählung statt, aber der Patriarch verweigerte Nikephoros Phokas das Abendmahl.

Nikephoros Phokas und den Patriarchen verband die Abneigung gegen den höchsten Minister, Bringas, der beide haßte. Für Theophano drohte die Gefahr, daß sich Bringas zum Kaiser machen und sie und ihre Kinder verstoßen könnte. Sie schloß sich immer enger an Nikephoros Phokas an, der sie vor diesem Schicksal bewahren konnte. Als dieser erfuhr, daß ihn Bringas blenden lassen wollte, brachte er sich in der Hagia Sophia in Sicherheit und erhielt in einer Versammlung, die der Patriarch sofort einberief, außerordentliche Vollmachten.

So sehr hing Nikephoros Phokas an seiner Frau, daß er sie auf Feldzügen mitnahm oder vorzeitig aus dem Krieg nach Konstantinopel zurückkehrte.

Er war weiterhin siegreich gegen die Araber in Kilikien und Syrien und es gelang ihm, Antiochia zu erobern.

Er hatte eine neue blutige Palastrevolution des Bringas niederzuschlagen, den er mitsamt seinen Anhängern unschädlich machte.

Seine Beliebtheit im Volke nahm ab. Die Kriege, seine

Habsucht, die wieder aufkommende Prunksucht des Hofes mit ihrer Verschwendung forderten hohe Steuern, gegen die das Volk murrte. Nikephoros Phokas verbot Gaben und Spenden an Klöster und Kirchen, was den Unwillen des Volkes, vor allem der Geistlichkeit, steigerte.

Nikephoros Phokas wurde immer härter, er verknöcherte, wurde mißtrauisch, sein Gemüt verdüsterte sich, dabei war er hämisch und zynisch, andererseits frönte er wieder seinen asketischen Neigungen und einem düsteren Mystizismus.

So traf ihn Liudprand bei seinem zweiten Besuch in Konstantinopel an, zweiundzwanzig Jahre nach seinem ersten Besuch bei Kaiser Konstantin VII. Diesmal kam Liudprand im Auftrag Ottos I. als Brautwerber für dessen Sohn Otto II. Diese Eheschließung sollte dem schon zu lange anhaltenden Kampf der Byzantiner und des deutschen Kaisers in Süditalien ein Ende machen.

Diesmal wurde Liudprand sehr ungnädig aufgenommen, als Gefangener und schlecht behandelt, so daß er um sein Leben fürchten mußte.

Demgemäß ist sein Bericht an Kaiser Otto I. Anschaulich tritt uns Kaiser Nikephoros Phokas ein Jahr vor seiner Ermordung entgegen.

Konstantinopel fand Liudprand gegenüber seinem ersten Aufenthalt zum Schlechten verändert vor. Die »ehemals so reiche und blühende Stadt« sieht er »verhungert wieder, meineidig, lügenhaft, treulos, räuberisch, habsüchtig, gierig, geizig und eitel ruhmsüchtig«. Er meint damit auch den Hof.

Nun folgt die Beschreibung des Nikephoros Phokas: »Am heiligen Pfingsttage wurde ich in eine Halle, die sie den Krönungssaal nennen, vor den Nikephoros geführt, einen Menschen von ganz abenteuerlichem Aussehen, pygmäenhaft, mit dickem Kopfe und kleinen Augen wie ein Maulwurf, entstellt durch einen kurzen, breiten, dichten, halbgrauen Bart, garstig durch einen zollangen Hals. Sein langes dichtes Haar gibt ihm das Aussehen eines Schweines, an Gesichtsfarbe gleicht er den Äthiopiern, er ist so einer, dem um die Mitte der Nacht du nicht zu begegnen verlangst. Dazu hat er einen aufgedunsenen Bauch, magere Lenden, Schenkel, die für seine kleine Statur unmäßig lang sind, kurze Beine und unverhältnismäßig große Füße. Er war angetan mit einem kostbaren Prachtkleid, das aber übermäßig alt und vom langen Gebrauch übelriechend und verblichen war, und mit sikonischen Schuhen. Unverschämt im Reden, arglistig von Gemüt, ist er mit Lügen und falschen Eiden ein Ulysses.« Einmal sah ihn Liutprand reitend: »Aber das könnt ihr mir glauben, daß der Anblick mich nicht wenig zum Lachen reizte. Denn er saß auf einem mutigen und unbändigen Rosse, der ganz kleine Mann auf dem großen Tier, und da sah ich ihn in Gedanken vor mir wie eine jener Puppen, welche eure slawischen Stallknechte auf die Füllen binden, die sie dann ohne Zügel der Mutter nachlaufen lassen.«

»Der Beherrscher der Griechen trägt langes Haar, Schleppkleider, weite Ärmel und eine Weiberhaube, ist ein Lügner, ein Betrüger, ein unbarmherziger, fuchslistiger, übermütiger Mensch, voll heuchlerischer Demut, geizig, habsüchtig, nährt sich von Knoblauch, Zwiebeln und Porree und säuft Badewasser.« So nennt Liudprand den verwässerten Harzwein, der ihm das Leben in Konstantinopel besonders verleidet. Er beschreibt den Kirchgang des Kaisers zu Pfingsten: »Eine große Menge von Handelsleuten und gemeinem Volk hatte sich zum Emp-

fang des Nikephoros und zum Lobgesang versammelt;
sie hielten die beiden Seiten der Straße vom Palast bis zur
Sophienkirche besetzt, verunziert durch ganz kleine
dünne Schilde und erbärmliche Spieße. Die Unanständig-
keit ihres Aufzugs wurde noch dadurch vermehrt, daß
der größte Teil des Gesindels dem Kaiser zu Ehren barfuß aufmarschiert war. Aber auch die Großen seines Hofes, welche mit ihm durch die Reihen dieses barfüßigen
Pöbels zogen, waren mit weiten und vor Alter löchrigen
Gewändern angetan. Mit Gold und Edelsteinen war niemand geschmückt als allein Nikephoros, der in den kaiserlichen, nach dem Maß seiner Vorgänger verfertigten
Gewändern noch garstiger aussah . . .Man stellte mich
auf einen erhöhten Platz neben den Psalten, das heißt
Sängern.
Und als er nun wie ein kriechendes Ungeheuer dahinschritt, riefen die Psalten: ›Sieh, da kommt der Morgen-
stern! Der Lucifer geht auf! Sein Blick ist ein Wieder-
schein der Sonnenstrahlen! Der bleiche Tod der Sarazenen!‹ Es wurde auch gesungen: ›Dem Herrscher Nikephoros viele Jahre! Ihr Völker beugt euch vor diesem,
verehret ihn, huldigt diesem großen Fürsten!‹ Wieviel
passender wäre es gewesen, wenn sie so gesungen hätten:
›Du ausgebrannte Kohle, komm, schleichend wie ein altes Weib, häßlich wie ein Waldteufel, du Tölpel, du
Schmutzfink, du ziegenfüßiger, gehörnter Halbmensch,
du borstiger, störrischer, bäurischer Barbar, du unverschämter, zottiger, widerspenstiger Kappadokier!‹ Durch
solche lügenhafte Lobgesänge aufgeblasen, betritt er also
die Kirche der heiligen Sophia, während seine Herren
ihm von fern nachfolgen und sich beim Friedenskuß bis
zur Erde vor ihm verneigen. Sein Waffenträger setzt mit
einem Pfeil in der Kirche die Ära, welche anhebt von der

Zeit seiner Thronbesteigung, und hieran erkennen nun
auch diejenigen, welche dieses nicht gesehen haben, das
Jahr der Ära.«

Tzimiskes

Dieser Bericht über die Pfingstprozession des Kaisers Nikephoros Phokas, ein kleines Meisterwerk der Beobachtung und Beschreibung, wurde am 7. Juni 968 niedergeschrieben. In der Nacht vom 10. auf den 11. Dezember des folgenden Jahres war die Ära der Regierungszeit des Nikephoros Phokas, die der Waffenträger in der Hagia Sophia mit dem Pfeil angezeigt hatte, abgelaufen.

Nach der Beschreibung des Kaisers durch Liudprand stellt sich die Frage: Hat die schöne junge Theophano diesen Mann lieben können? – Wer sollte und könnte ergründen, warum sie ihn geheiratet?

Nikephoros Phokas schien kriegsmüde geworden zu sein – oder wollte er Theophano nicht allein lassen, wollte er in ihrer Nähe sein? Mißtraute er ihr?

Nikephoros Phokas hatte einen Neffen, Tzimiskes, einen ebenfalls kriegstüchtigen Mann, der große Erfolge im Kampf gegen die ruhelosen Araber errungen hatte. Er war 44 Jahre alt, klein wie sein Oheim, aber von gefälligem Wuchs, hatte blaue Augen und goldblonde Haare, einen rötlichen Bart, eine weiße Haut. Er war geschmeidig, lebhaft, Lebensgenüssen und dem Luxus zugetan. In Theophanos einförmiges Leben im Palast an der Seite eines alternden und seltsam gewordenen Mannes mag Tzimiskes eine willkommene Abwechslung gebracht haben.

Ob Nikephoros Phokas die Zuneigung seiner Frau zu seinem Neffen bemerkt haben mag? Er war verstört und mißtrauisch geworden, fürchtete um seine Sicherheit, wie es nahezu jeder byzantinische Kaiser mußte, und lebte in seinem Palast, den er streng bewachen ließ, wie in einem Gefängnis.

Der ehrgeizige Tzimiskes hatte im Krieg einen Mißerfolg
erlitten, weswegen es zwischen ihm und dem Oheim zu
Mißhelligkeiten, schließlich zu einer Auseinandersetzung
kam, in deren Verlauf der Kaiser, der nichts so schlecht
wie eine Niederlage hinnehmen konnte, Tzimiskes beleidigte. Er befahl ihm, sich auf eines seiner Güter zurückzuziehen. Der gekränkte Tzimiskes mußte gehorchen.
Die von Tzimiskes getrennte Theophano fürchtete einen
Anschlag des ergrimmten Kaisers, durch den er sich ihrer
und ihrer Kinder entledigen wollte.
Anfang 969 kehrte Nikephoros Phokas von einem Feldzug aus Syrien zurück. Obwohl siegreich, war er unruhig. Theophano riet ihrem Mann, Tzimiskes zurückzurufen; einen so geeigneten und verdienten General dürfe
man wegen eines Mißerfolgs nicht verstoßen, außerdem
habe der Kaiser in ihm für jeden Fall einen Rückhalt.
Man müsse dafür sorgen, für Tzimiskes eine Frau zu
finden.
Nikephoros Phokas gab nach. Tzimiskes durfte nach
Konstantinopel zurückkehren.
Der Anschlag auf Nikephoros Phokas wurde in den
Frauengemächern vorbereitet.
Der Frauentrakt lag für sich abgeschlossen innerhalb der
Palaststadt, abseits von den offiziellen Gemächern und
den privaten Wohnräumen des Kaisers. Der Frauentrakt
war alles andere als ein orientalischer Harem, die Kaiserin
konnte sich in ihm ungehindert bewegen und für sich
leben. Was orientalisch an ihm war, war die prunkvolle
Ausstattung und der märchenhafte Luxus.
Am Abend des 10. Dezember 969 – es schneite, der
Sturm und das Brausen des aufgewühlten Meeres brande-
ten gegen die Mauern des Palastes – befahl der Kaiser eine
Durchsuchung der Frauengemächer. Entweder war er

gewarnt worden oder es hatte sich seiner eine düstere Vorahnung bemächtigt. Man fand nichts. Die Verschwörer waren als Frauen verkleidet worden. Es ist auch möglich, daß die Verschwörung schon so allgemein geworden war, daß man dem Kaiser die Wahrheit vorenthielt.

Aufgeschreckt durch die Absicht des Kaisers, ihre Wohngemächer durchsuchen zu lassen, begab sich Theophano zu ihm, als wüßte sie von nichts. Es war schon Schlafengehenszeit. Sie plauderte unbefangen mit dem Kaiser, erzählte von den jungen Bulgarinnen, die zu Besuch gekommen waren, gab vor, sie kurz zu begrüßen und sogleich zurückzukommen; der Kaiser möge die Tür nicht versperren.

Der Kaiser betete und rüstete sich, zur Ruhe zu gehen.

Im Frauentrakt fand Theophano alles für den Anschlag vorbereitet, aber Tzimiskes, der ihn anführen sollte, fehlte. Gegen Mitternacht erschien er. Er landete trotz des Sturmes und Schneetreibens in einer Barke vor dem Frauentrakt und wurde in einem Weidenkorb an einem Strick hochgezogen.

Tzimiskes führte die Verschwörer vor das Schlafgemach des Kaisers, und es wurde überlegt, wie man ohne viel Lärm, der die Palastwache alarmiert hätte, eindringen könne, fand aber die Tür nicht verschlossen. Doch das Bett war leer. Ein Eunuch entdeckte den zusammengekrümmt auf einem Pantherfell liegenden Kaiser. Der Kaiser wollte sich aufrichten, ein Schwertstreich spaltete seinen Schädel. Der Kaiser stammelte ein Stoßgebet zur Muttergottes, erstickte aber an seinem Blut. Der zornige Tzimiskes riß dem Kaiser den Bart aus, die Mörder schlugen auf den am Boden liegenden Sterbenden ein, Tzimiskes kehrte ihn mit einem Fußtritt um und schlug mit dem Schwert zu.

Kaiser Nikephoros Phokas war kein Porphyrogenetos, kein Purpurgeborener; aber er starb in der purpurnen Lache seines Blutes, das ihn als Pfütze umgab.

Die kaiserliche Garde stürmte durch den Hof gegen den Palast – der Lärm hatte sie aufgescheucht. Als man ihr aus einem Fenster, von Fackeln beleuchtet, den abgeschlagenen, blutigen Kopf zeigte, jubelte die Garde Tzimiskes zu und huldigte ihm als Kaiser.

Als Tzimiskes sich in der Hagia Sophia krönen lassen wollte, verweigerte ihm der Patriarch Polyeuktos den Eintritt. Der Patriarch war mit dem Kaiser in schlechtem Einvernehmen gestanden, doch dessen Ermordung konnte er nicht hinnehmen. Er forderte von Tzimiskes die Bestrafung der Mörder. Tsimiskes wehrte jeden Verdacht von sich ab und nannte dem Patriarchen die Verschwörer, auch Theophano. Er opferte sie, um den Thron zu erwerben.

Die 29jährige Theophano wurde auf die Insel Proti verbannt, eine der neun Prinzeninseln im Marmarameer, wohin die in Ungnade gefallenen Mitglieder der kaiserlichen Familie, Beamte und hohe Geistliche gebracht wurden.

Nach einigen Monaten erschien Theophano wieder in Konstantinopel und suchte in der Hagia Sophia Schutz. Hoffte sie noch immer auf Annahme bei Tzimiskes? Der Parakoimenos Basileios, der höchste Palastbeamte, ließ sie, ungeachtet der Heiligkeit des Ortes, gewaltsam aus der Kirche entfernen. Auf ihren Wunsch durfte sie Tzimiskes sehen. Es kam zu einer turbulenten Begegnung, an der auch Basileios teilnahm. Theophano beschimpfte Tzimiskes, der sich weigerte, sie in den Palast aufzunehmen, und stürzte sich in einem Wutanfall mit geballten Fäusten auf den Basileios. Dieser ließ sie mit Gewalt aus

dem Palast führen und schickte sie wieder in die Verbannung, diesmal nach dem fernen Armenien.

Was aus ihr geworden ist und wie sie ihr Schicksal ertragen hat, wissen wir nicht, auch nicht, ob sie Tzimiskes,
der als Johannes I. Kaiser geworden war, überlebt hat.

Johannes I. Tzimiskes erntete als Kaiser den Ruhm und
Triumph vieler großer Siege. Er schlug 971 den russischen Großfürsten Swatoslaw von Kiew, drang auf dem
Balkan bis zur Donaugrenze vor und eroberte in Feldzügen gegen die Araber syrische und mesopotamische Ländereien, Emesa, Baalbek, Damaskus, Nazareth, Akkon
und Caesarea.

Dann ereilte auch ihn das rächende Schicksal; am 10. Januar 976 wurde er, sieben Jahre nach dem Mord an
Nikephoros Phokas, durch seinen Minister Basileios vergiftet.

Sein Nachfolger wurde nach dreijährigem Bürgerkrieg
der Sohn Romanos' II. und Theophanos, Basileios II.
(976-1025). Unter ihm erreichte das byzantinische Reich
seine höchste Entfaltung und letzte Blütezeit.

Theophanos Tochter als deutsche Kaiserin

Am Am 14. April 972 wurde Theophanos Tochter, die
den Namen der Mutter trug, in Rom mit dem 17jährigen
Otto II., dem Sohn Kaiser Ottos I. des Großen, vermählt. Endlich hatten die Bemühungen Erfolg gehabt,
durch eine Heirat den Gegensatz zwischen Deutschland-
Italien und Byzanz zu überbrücken. Ein erster Versuch
durch die Brautwerbung Liudprands bei Kaiser Nikephoros Phokas 968 war gescheitert.

Die Tochter der Theophano war eine vornehme, anmuti-
ge und hochgebildete Frau, die die Kultur und das Zeremoniell ihrer byzantinischen Heimat nach Deutschland
und Italien übertrug. In der politisch erregten Zeit übte
sie durch ihre Klugheit, Umsicht und Energie zugleich
mit Adelheid, der Witwe nach Otto I., einen entscheidenden Einfluß auf ihren noch jungen Gatten aus. Otto II.
starb schon im 28. Lebensjahr; Theophano übernahm für
ihren unmündigen Sohn Otto III. die Regentschaft.

Ihr waren nur 11 Jahre an der Seite ihres Gatten gegönnt
gewesen. Otto II. starb schon 983 in Rom. Sein Sarkophag war ursprünglich mit einer Porphyr-Platte bedeckt
gewesen, die heute in Sankt Peter als Taufbecken dient.
»Auf diesen alten Porphyrstein fielen einst die Tränen der
schönen Theophano, der Gemahlin Ottos, welche aus
dem üppigen Byzanz in das damals noch kulturlose
Deutschland versetzt worden war und ihren jungen Gemahl so bald in Rom bestattete.« (Gregorovius)

Theophano starb, noch nicht vierzig Jahre alt, hochge-
achtet und geehrt, am 15. Juni 991 in Nimwegen.

Bibliographie

W.H. Grauert: Christina von Schweden und ihr Hof. Bonn, 1837

Baron de Bildt: Christine de Suède et cardinal Azzolino. Lettres inédites 1666-1668. Paris, 1899

Casimir von Chtędowski: Rom – die Menschen des Barock. München, 1921

Agostino Ademollo: Beatrice Cenci romana. Firenze, 1849

Émile K. Léonard: Les Angevins de Naples. Paris, 1954

August von Platen: Geschichte des Königreichs Neapel. Gesammelte Werke, Stuttgart und Augsburg, 1856. (Darin ausführlich über Königin Johanna II. von Neapel)

Josef Hofmiller: Catarina von Siena. In: Versuche, Leipzig, 1937

Rambaud: Impératrices d'Orient. Paris, 1891

Ferdinand Gregorovius: Athenais. Leipzig, 1882

Charles Diehl: Kaiserinnen von Byzanz. Stuttgart, 1956

Ferdinand Gregorovius: Geschichte der Stadt Athen im Mittelalter

David Talbot Rice: Kunst aus Byzanz. München, 1959

Martin Warnke (Herausgeber): Bildersturm. München 1973

Horst Dallmayer: Die großen vier Konzilien. München 1961

Die Geschichtsschreiber der deutschen Vorzeit, X.Jahrhundert. Berlin, 1857

Johann Wilhelm Loebell: Gregor von Tours und seine Zeit. Leipzig, 1839

Ferdinand Gregorovius: Geschichte der Stadt Rom im Mittelalter

Ferdinand Gregorovius: Die Grabdenkmäler der Päpste

Maria Luisa Ambrosini: Das Geheime Archiv des Vatikans. München, 1972

Hans Kühner: Neues Papstlexikon. Frankfurt, 1965

Einzelne Hinweise stehen im Text und in den angegebenen Quellenwerken

ANHANG

Stammtafeln 1–6

Anhang 1 (Tafel zu Seite 287)

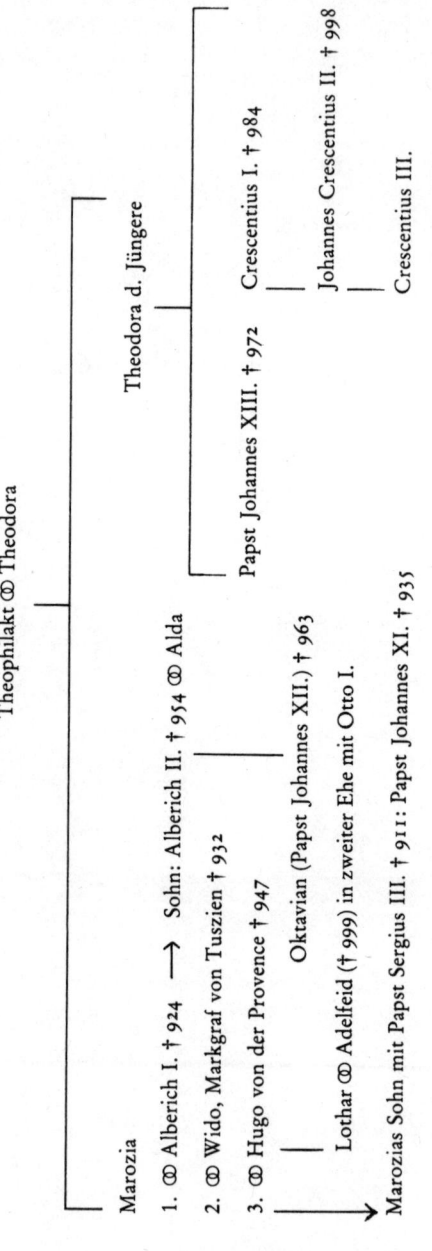

Theophilakt ⚭ Theodora

Theodora d. Jüngere

Marozia

1. ⚭ Alberich I. † 924 → Sohn: Alberich II. † 954 ⚭ Alda
2. ⚭ Wido, Markgraf von Tuszien † 932
3. ⚭ Hugo von der Provence † 947

Oktavian (Papst Johannes XII.) † 963

Lothar ⚭ Adelfeid († 999) in zweiter Ehe mit Otto I.

Marozias Sohn mit Papst Sergius III. † 911: Papst Johannes XI. † 935

Papst Johannes XIII. † 972

Crescentius I. † 984

Johannes Crescentius II. † 998

Crescentius III.

Anhang 2 (Tafel zu Seite 311)

Merowinger

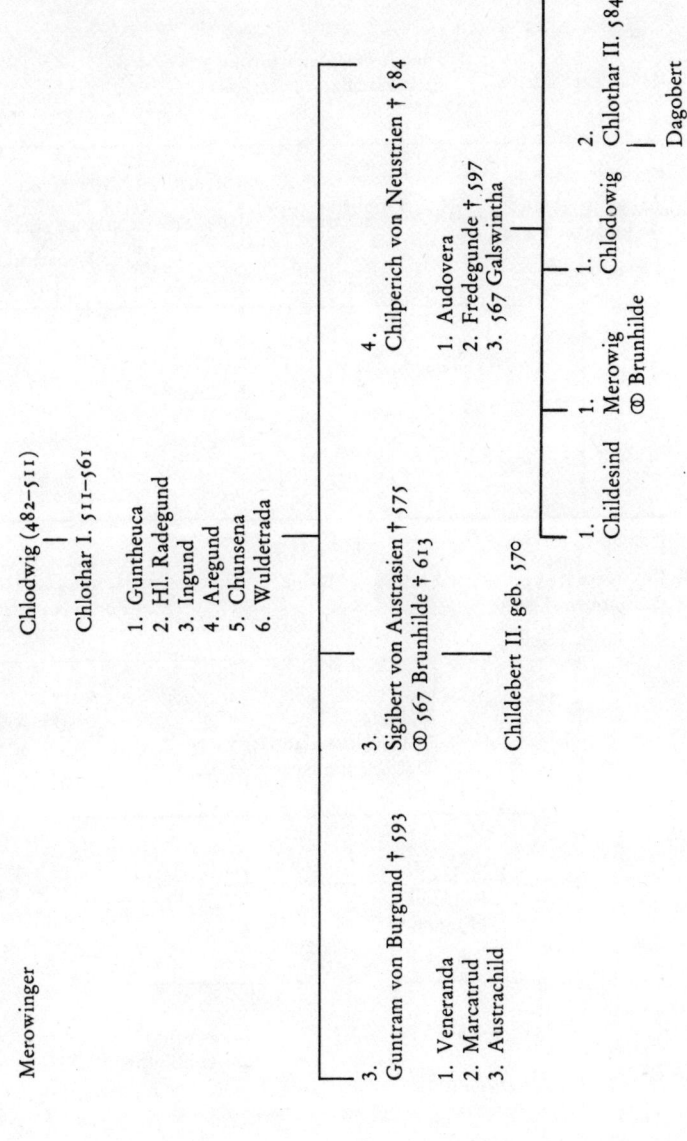

Chlodwig (482–511)

Chlothar I. 511–561

1. Guntheuca
2. Hl. Radegund
3. Ingund
4. Aregund
5. Chunsena
6. Wuldetrada

3.
Guntram von Burgund † 593

1. Veneranda
2. Marcatrud
3. Austrachild

3.
Sigibert von Austrasien † 575
⚭ 567 Brunhilde † 613

Childebert II. geb. 570

4.
Chilperich von Neustrien † 584

1. Audovera
2. Fredegunde † 597
3. 567 Galswintha

1.
Childesind

1.
Merowig
⚭ Brunhilde

1.
Chlodowig

2.
Chlothar II. 584–629

Dagobert

Anhang 3 (Tafel zu Seite 341)

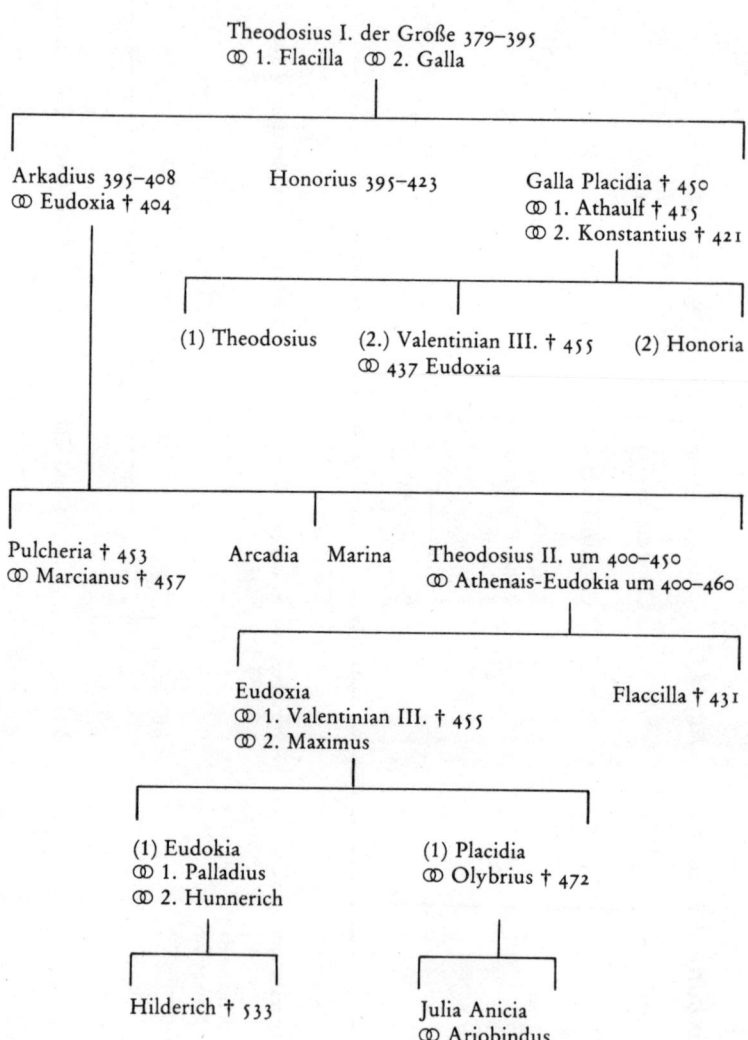

Theodosius I. der Große 379–395
⚭ 1. Flacilla   ⚭ 2. Galla

Arkadius 395–408
⚭ Eudoxia † 404

Honorius 395–423

Galla Placidia † 450
⚭ 1. Athaulf † 415
⚭ 2. Konstantius † 421

(1) Theodosius   (2.) Valentinian III. † 455   (2) Honoria
⚭ 437 Eudoxia

Pulcheria † 453
⚭ Marcianus † 457

Arcadia   Marina   Theodosius II. um 400–450
⚭ Athenais-Eudokia um 400–460

Eudoxia
⚭ 1. Valentinian III. † 455
⚭ 2. Maximus

Flaccilla † 431

(1) Eudokia
⚭ 1. Palladius
⚭ 2. Hunnerich

(1) Placidia
⚭ Olybrius † 472

Hilderich † 533

Julia Anicia
⚭ Ariobindus

Anhang 4 (Tafel zu Seite 387)

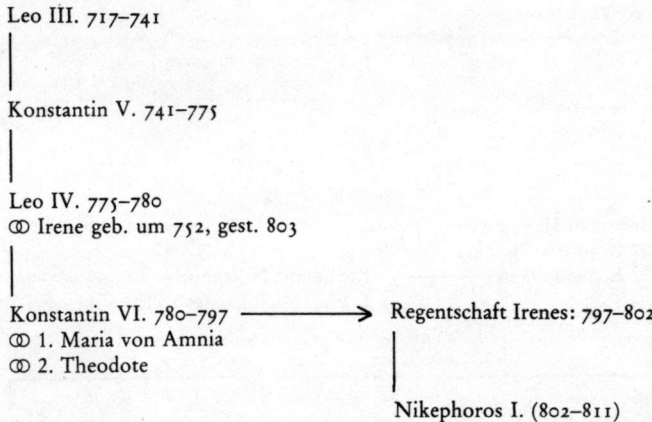

Leo III. 717–741

Konstantin V. 741–775

Leo IV. 775–780
⚭ Irene geb. um 752, gest. 803

Konstantin VI. 780–797 ⟶ Regentschaft Irenes: 797–802
⚭ 1. Maria von Amnia
⚭ 2. Theodote

Nikephoros I. (802–811)

Anhang 6 (Tafel zu Seite 407)

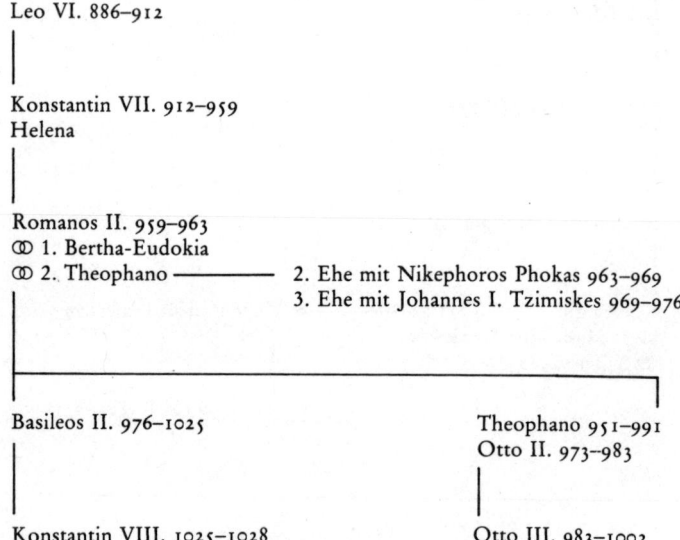

Leo VI. 886–912

Konstantin VII. 912–959
Helena

Romanos II. 959–963
⚭ 1. Bertha-Eudokia
⚭ 2. Theophano ——————— 2. Ehe mit Nikephoros Phokas 963–969
3. Ehe mit Johannes I. Tzimiskes 969–976

Basileos II. 976–1025

Theophano 951–991
Otto II. 973–983

Konstantin VIII. 1025–1028

Otto III. 983–1002